SUTOPPU!

Koko wa kono manga no owari dayo.
Hantaigawa kara yomihajimete ne!
Dewa omatase shimashita!
Tanoshii hitotoki wo dozo!

Egmont-Manga-Chiimu

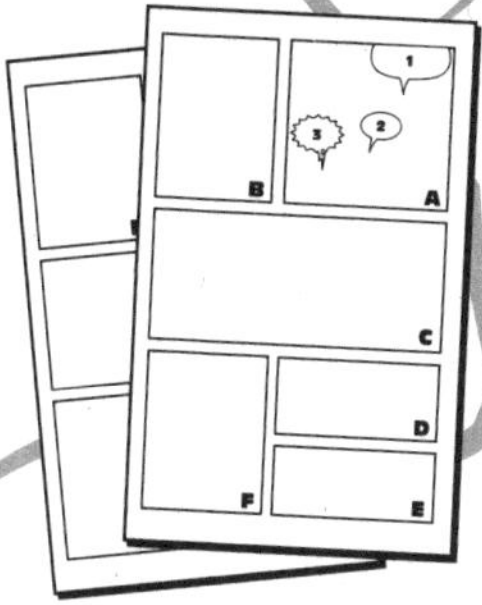

STOPP!

Das ist der Schluss des Mangas.
Fangt bitte am anderen Ende an!
Und nun genug der Vorrede,
viel Spaß beim Lesen!

Euer Egmont-Manga-Team

„Die Stadt in deinen Farben" von Miso Umeda
Aus dem Japanischen von Melania Schmitz
Originaltitel: „Kimi ni Somaru Machi no Iro"

Originalausgabe: Kimi ni Somaru Machi no Iro

First published in Japan in 2020 by SHINSHOKAN CO., Ltd. Tokyo.
German version published by EGMONT Verlagsgesellschaften mbH
Under license from SHINSHOKAN CO., Ltd.

Deutschsprachige Ausgabe erschienen bei:
Egmont Manga verlegt durch Egmont Verlagsgesellschaften mbH,
Alte Jakobstr. 83, 10179 Berlin

3. Auflage 2022

Verantwortliche Redakteurin: Manuela Rudolph
Gestaltung: Claudia V. Villhauer
Printed in the EU

Redaktion: Madlen Beret
Koordination: Angelika Schönhuber
ISBN 978-3-7704-2853-3

www.egmont-manga.de
Unsere Bücher findest du im Buch- und Fachhandel und auf

EGMONT Shop

www.egmont-shop.de

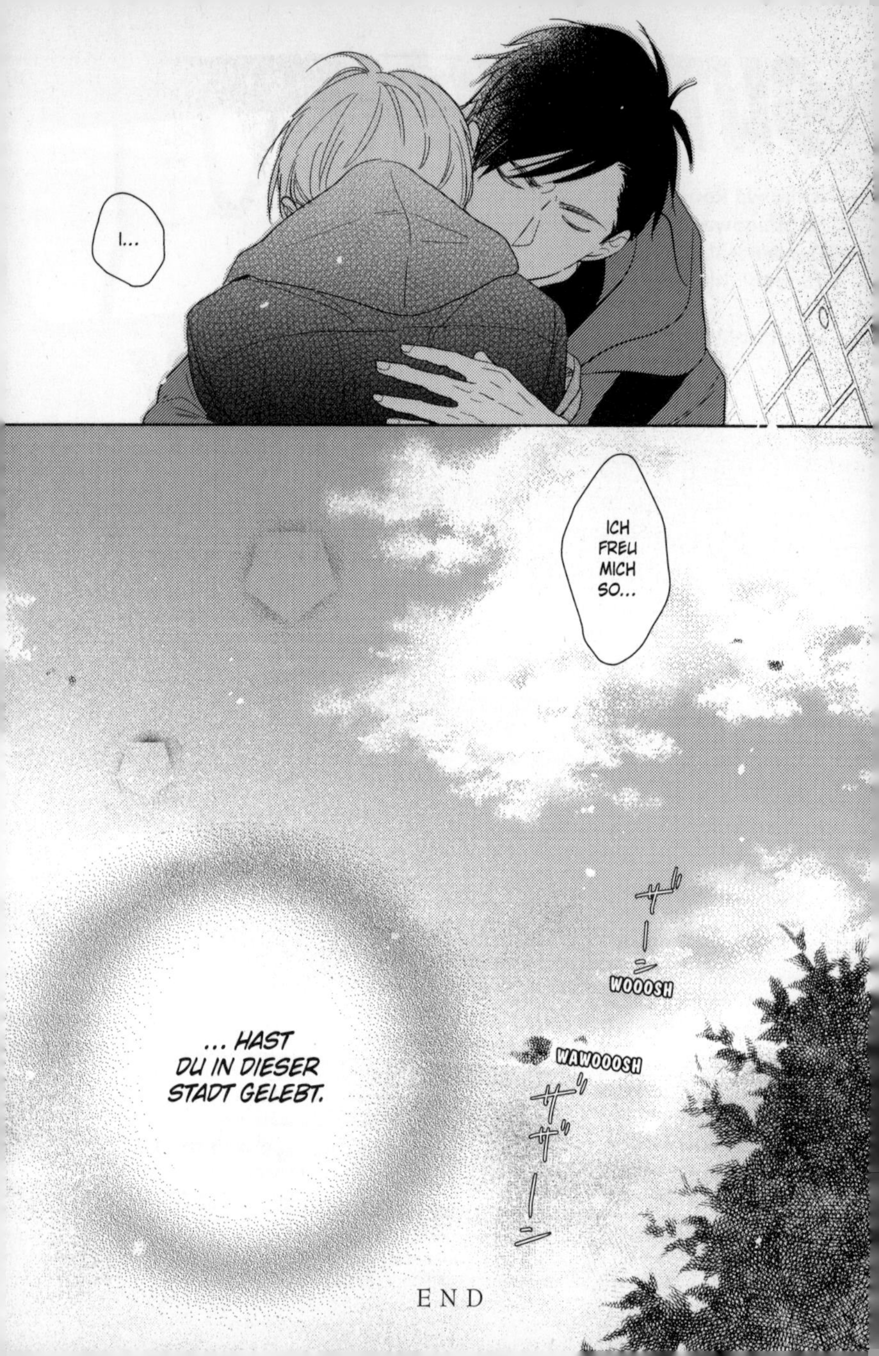
I...
ICH FREU MICH SO...
WOOOSH
WAWOOOSH
... HAST DU IN DIESER STADT GELEBT.
END

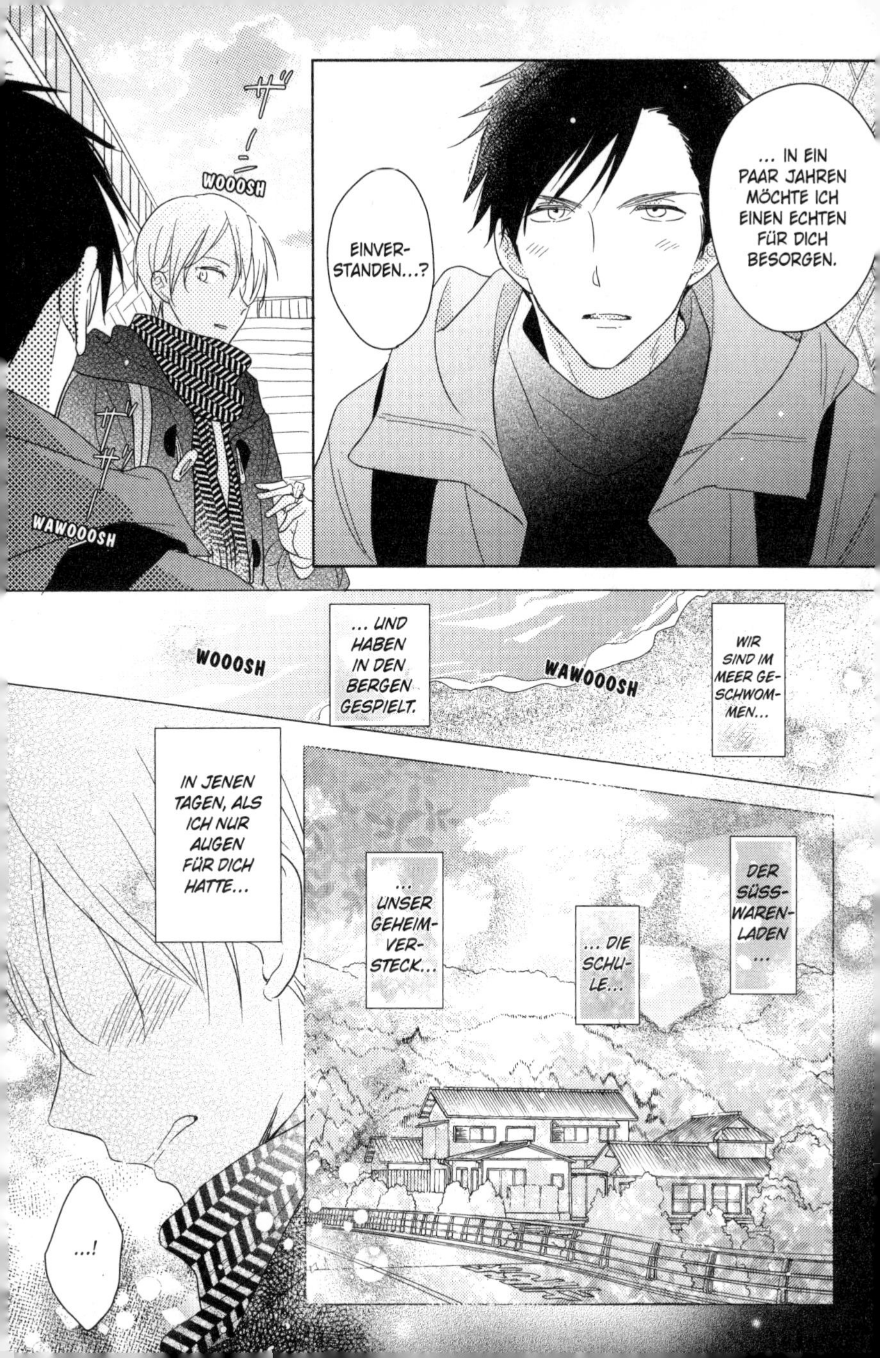
... IN EIN PAAR JAHREN MÖCHTE ICH EINEN ECHTEN FÜR DICH BESORGEN.
EINVERSTANDEN...?
WOOOSH
WAWOOOSH
WIR SIND IM MEER GESCHWOMMEN...
WAWOOOSH
... UND HABEN IN DEN BERGEN GESPIELT.
WOOOSH
DER SÜSSWARENLADEN...
... DIE SCHULE...
... UNSER GEHEIMVERSTECK...
IN JENEN TAGEN, ALS ICH NUR AUGEN FÜR DICH HATTE...
...!

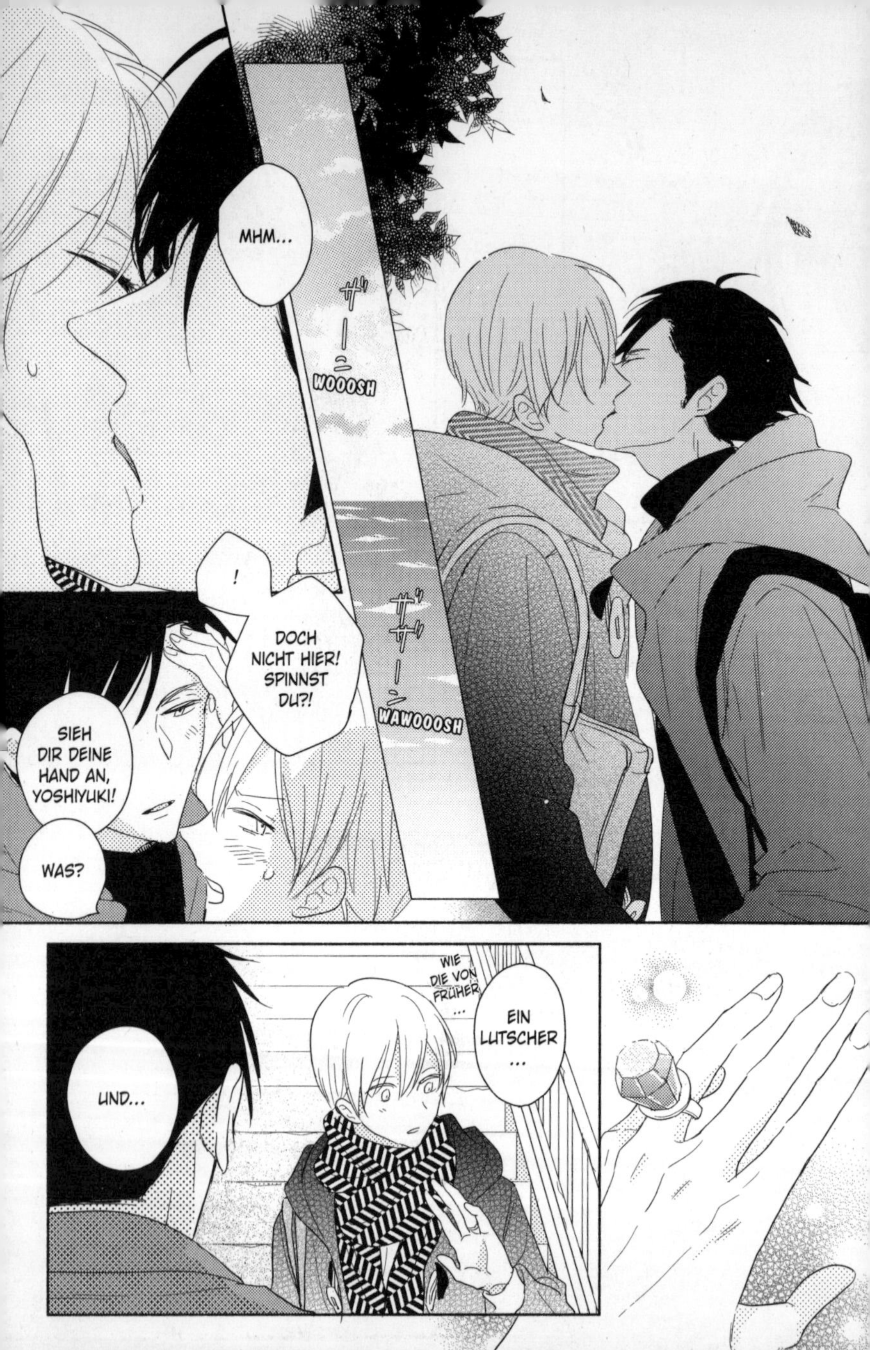
WOOOSH
MHM...
WAWOOOSH
!
DOCH NICHT HIER! SPINNST DU?!
SIEH DIR DEINE HAND AN, YOSHIYUKI!
WAS?
EIN LUTSCHER ...
WIE DIE VON FRÜHER ...
UND...

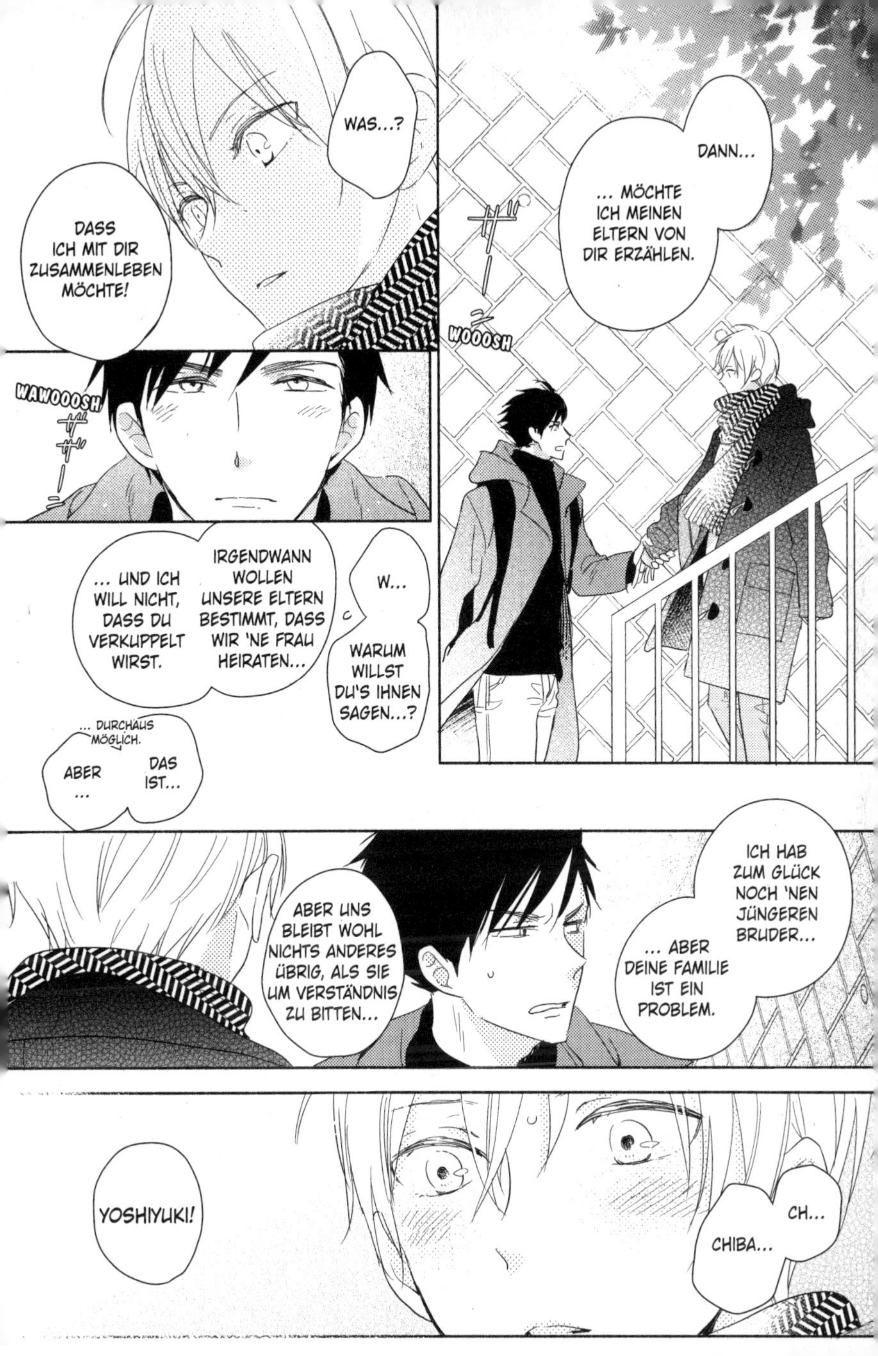
DANN...
... MÖCHTE ICH MEINEN ELTERN VON DIR ERZÄHLEN.
WOOOSH
WAS...?
DASS ICH MIT DIR ZUSAMMENLEBEN MÖCHTE!
WAWOOOSH
W...
WARUM WILLST DU'S IHNEN SAGEN...?
IRGENDWANN WOLLEN UNSERE ELTERN BESTIMMT, DASS WIR 'NE FRAU HEIRATEN...
... UND ICH WILL NICHT, DASS DU VERKUPPELT WIRST.
DAS IST...
... DURCHAUS MÖGLICH.
ABER ...
ICH HAB ZUM GLÜCK NOCH 'NEN JÜNGEREN BRUDER...
... ABER DEINE FAMILIE IST EIN PROBLEM.
ABER UNS BLEIBT WOHL NICHTS ANDERES ÜBRIG, ALS SIE UM VERSTÄNDNIS ZU BITTEN...
CH... CHIBA...
YOSHIYUKI!

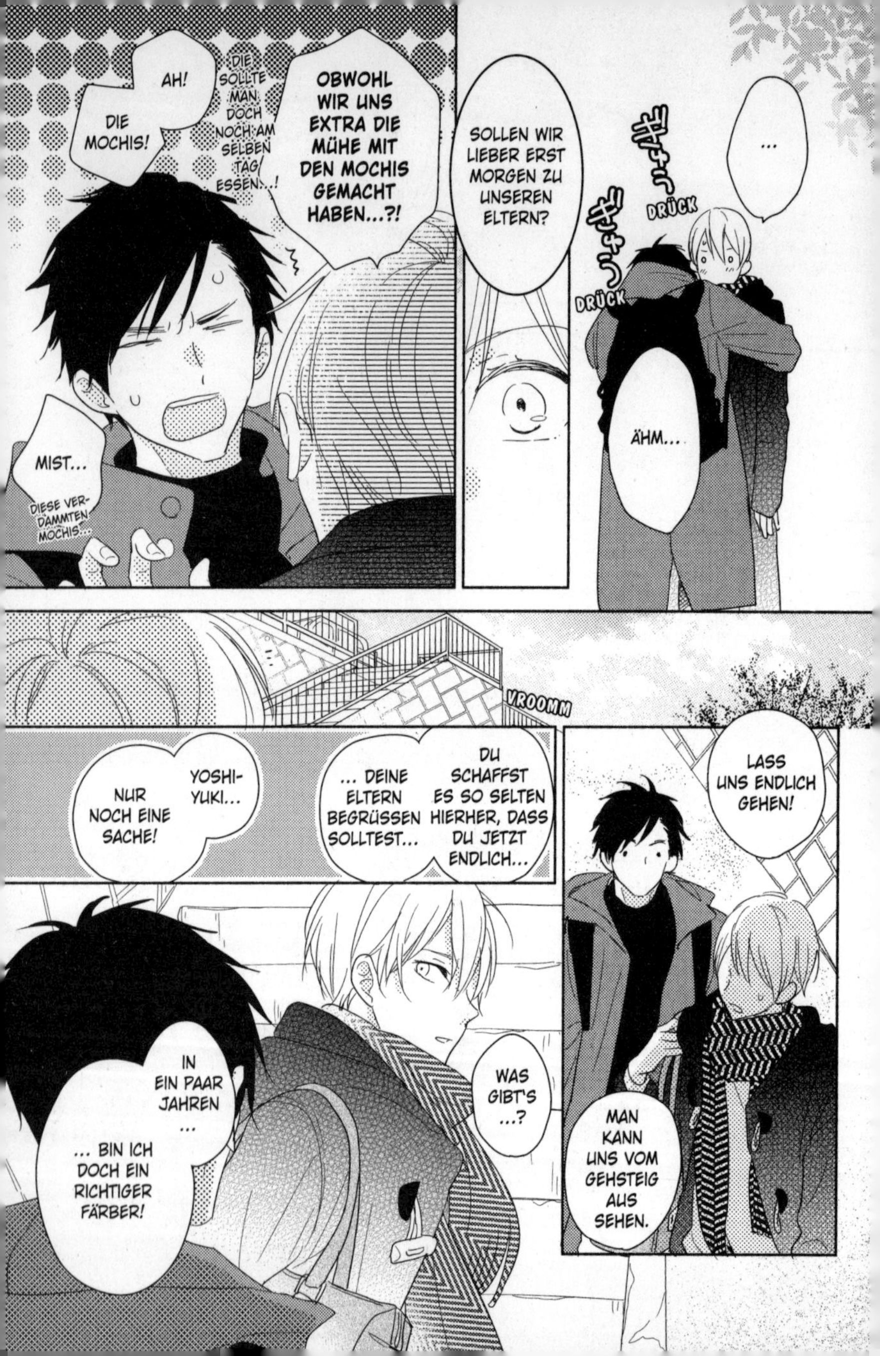
...
DRÜCK
DRÜCK
ÄHM...
SOLLEN WIR LIEBER ERST MORGEN ZU UNSEREN ELTERN?
OBWOHL WIR UNS EXTRA DIE MÜHE MIT DEN MOCHIS GEMACHT HABEN...?!
DIE SOLLTE MAN DOCH NOCH AM SELBEN TAG ESSEN...!
AH! DIE MOCHIS!
MIST...
DIESE VERDAMMTEN MOCHIS...
VROOMM
LASS UNS ENDLICH GEHEN!
MAN KANN UNS VOM GEHSTEIG AUS SEHEN.
DU SCHAFFST ES SO SELTEN HIERHER, DASS DU JETZT ENDLICH...
... DEINE ELTERN BEGRÜSSEN SOLLTEST...
YOSHIYUKI...
NUR NOCH EINE SACHE!
WAS GIBT'S ...?
IN EIN PAAR JAHREN ...
... BIN ICH DOCH EIN RICHTIGER FÄRBER!

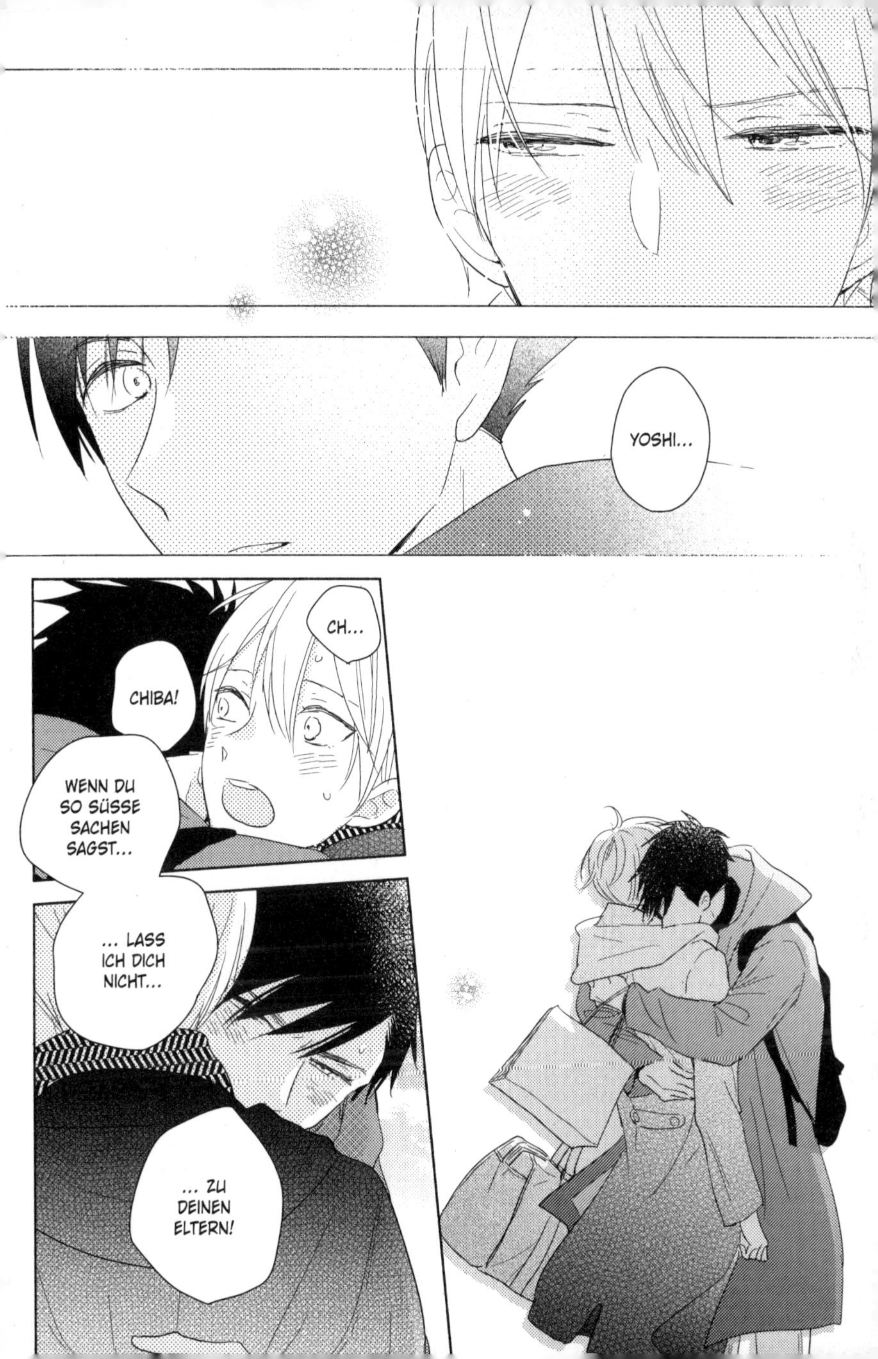
YOSHI…
CH…
CHIBA!
WENN DU SO SÜSSE SACHEN SAGST…
… LASS ICH DICH NICHT…
… ZU DEINEN ELTERN!

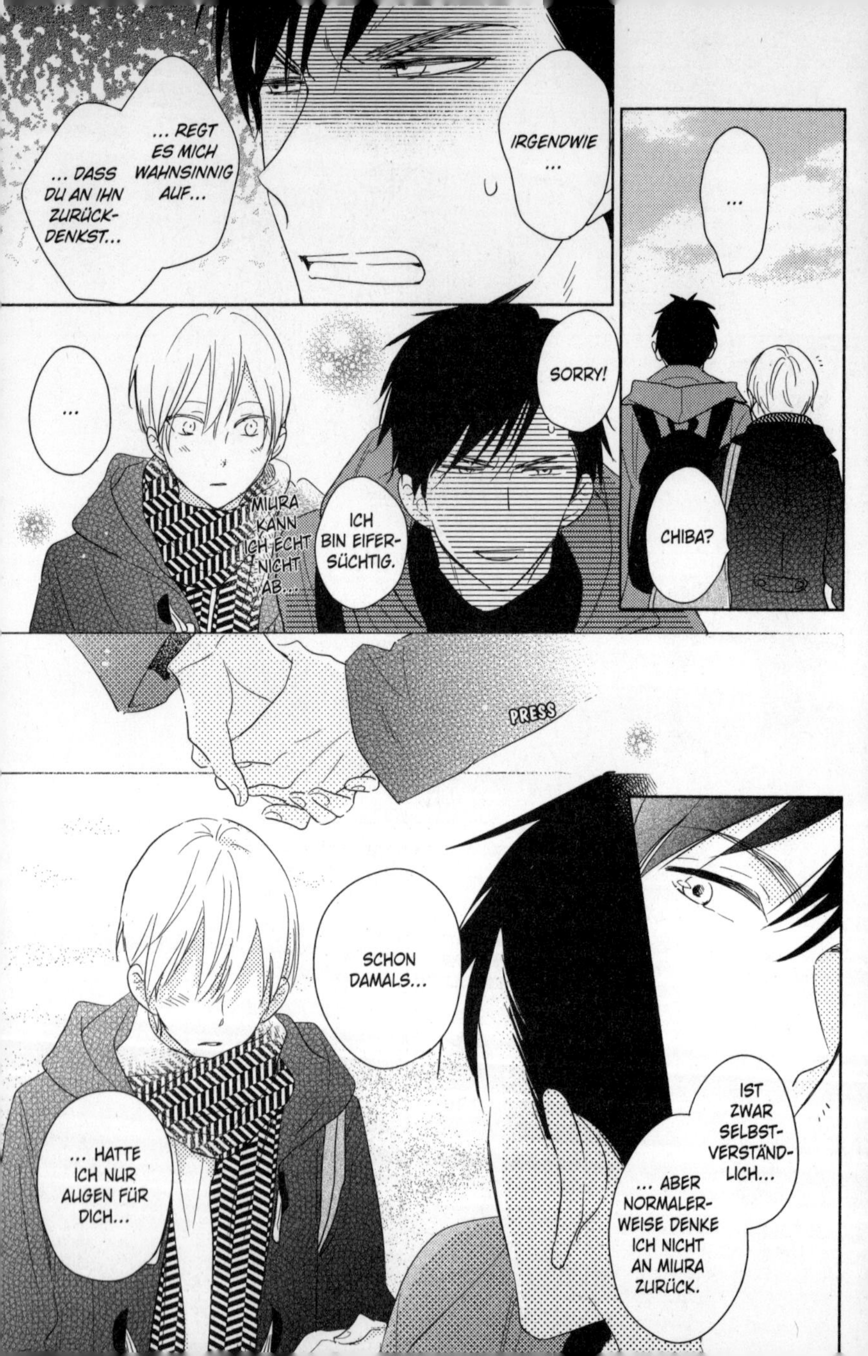
…
CHIBA?
IRGENDWIE …
… REGT ES MICH WAHNSINNIG AUF…
… DASS DU AN IHN ZURÜCK-DENKST…
SORRY!
ICH BIN EIFER-SÜCHTIG.
MIURA KANN ICH ECHT NICHT AB…
…
PRESS
IST ZWAR SELBST-VERSTÄND-LICH…
… ABER NORMALER-WEISE DENKE ICH NICHT AN MIURA ZURÜCK.
SCHON DAMALS…
… HATTE ICH NUR AUGEN FÜR DICH…

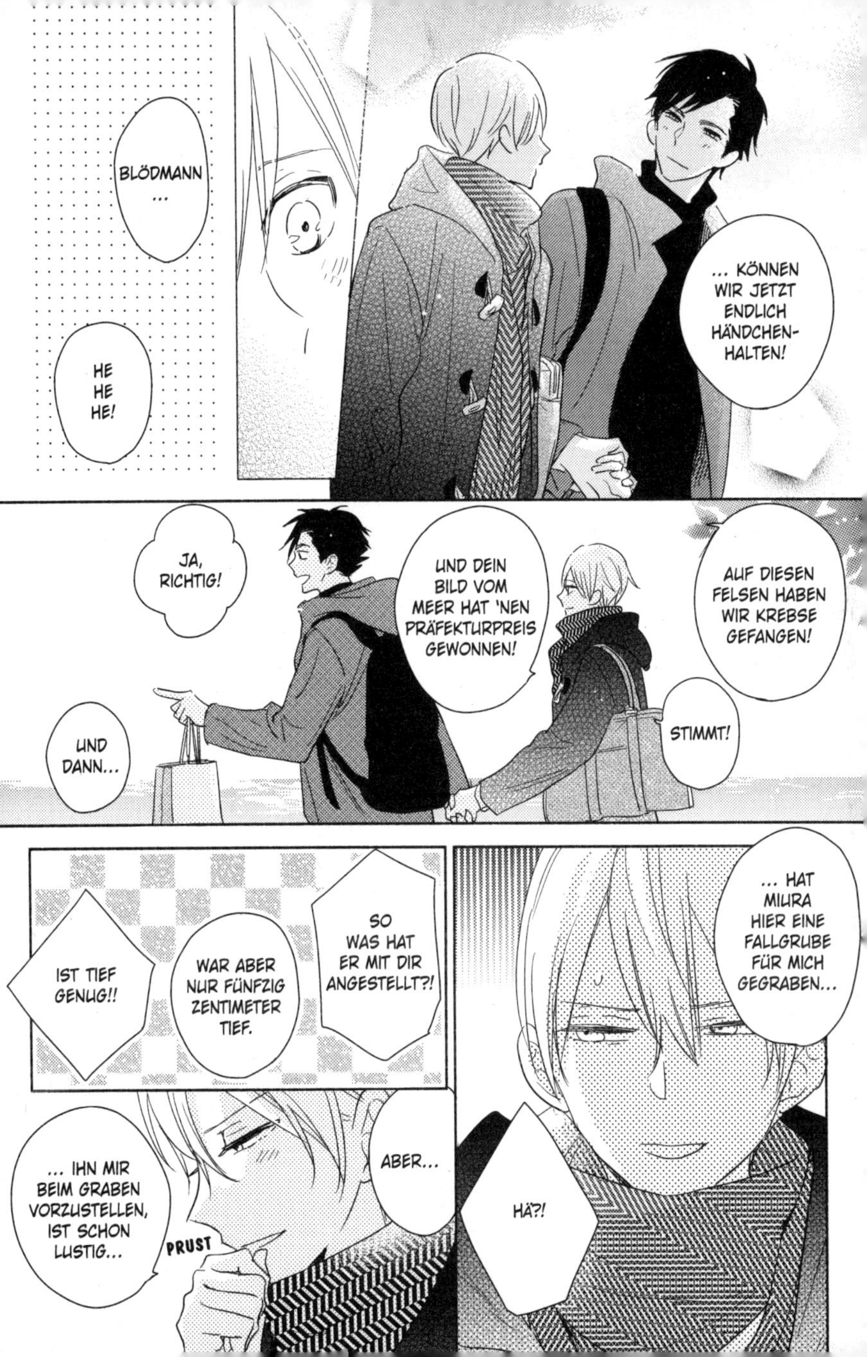
... KÖNNEN WIR JETZT ENDLICH HÄNDCHEN-HALTEN!
BLÖDMANN ...
HE HE HE!
AUF DIESEN FELSEN HABEN WIR KREBSE GEFANGEN!
STIMMT!
UND DEIN BILD VOM MEER HAT 'NEN PRÄFEKTURPREIS GEWONNEN!
JA, RICHTIG!
UND DANN...
... HAT MIURA HIER EINE FALLGRUBE FÜR MICH GEGRABEN...
HÄ?!
SO WAS HAT ER MIT DIR ANGESTELLT?!
WAR ABER NUR FÜNFZIG ZENTIMETER TIEF.
IST TIEF GENUG!!
ABER...
PRUST
... IHN MIR BEIM GRABEN VORZUSTELLEN, IST SCHON LUSTIG...

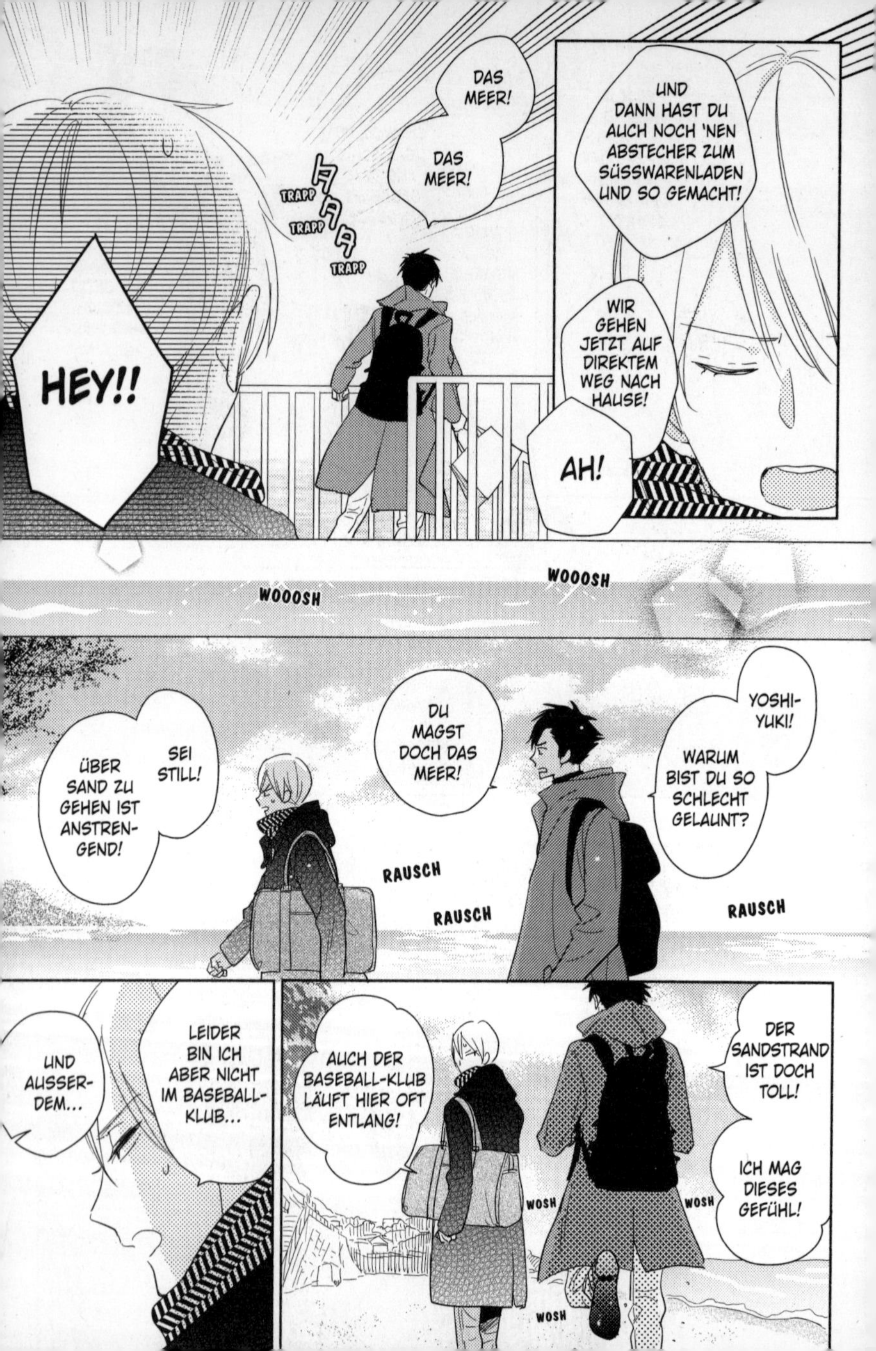
UND DANN HAST DU AUCH NOCH 'NEN ABSTECHER ZUM SÜSSWARENLADEN UND SO GEMACHT!
WIR GEHEN JETZT AUF DIREKTEM WEG NACH HAUSE!
AH!
DAS MEER!
DAS MEER!
TRAPP
TRAPP
TRAPP
HEY!!
WOOOSH
WOOOSH
YOSHI-YUKI!
WARUM BIST DU SO SCHLECHT GELAUNT?
DU MAGST DOCH DAS MEER!
SEI STILL!
ÜBER SAND ZU GEHEN IST ANSTREN-GEND!
RAUSCH
RAUSCH
RAUSCH
DER SANDSTRAND IST DOCH TOLL!
ICH MAG DIESES GEFÜHL!
AUCH DER BASEBALL-KLUB LÄUFT HIER OFT ENTLANG!
WOSH
WOSH
WOSH
LEIDER BIN ICH ABER NICHT IM BASEBALL-KLUB...
UND AUSSER-DEM...

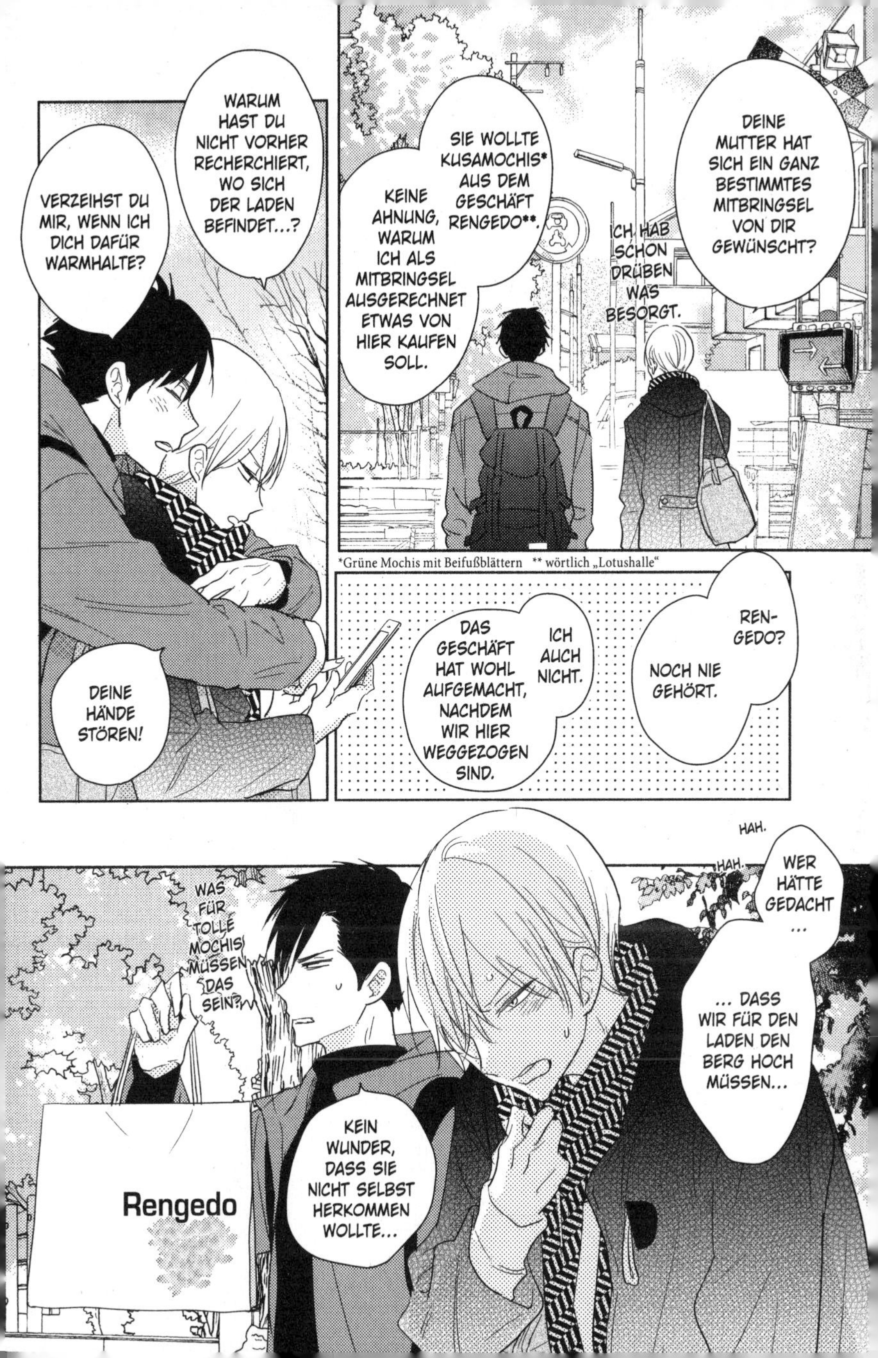

*Grüne Mochis mit Beifußblättern ** wörtlich „Lotushalle“

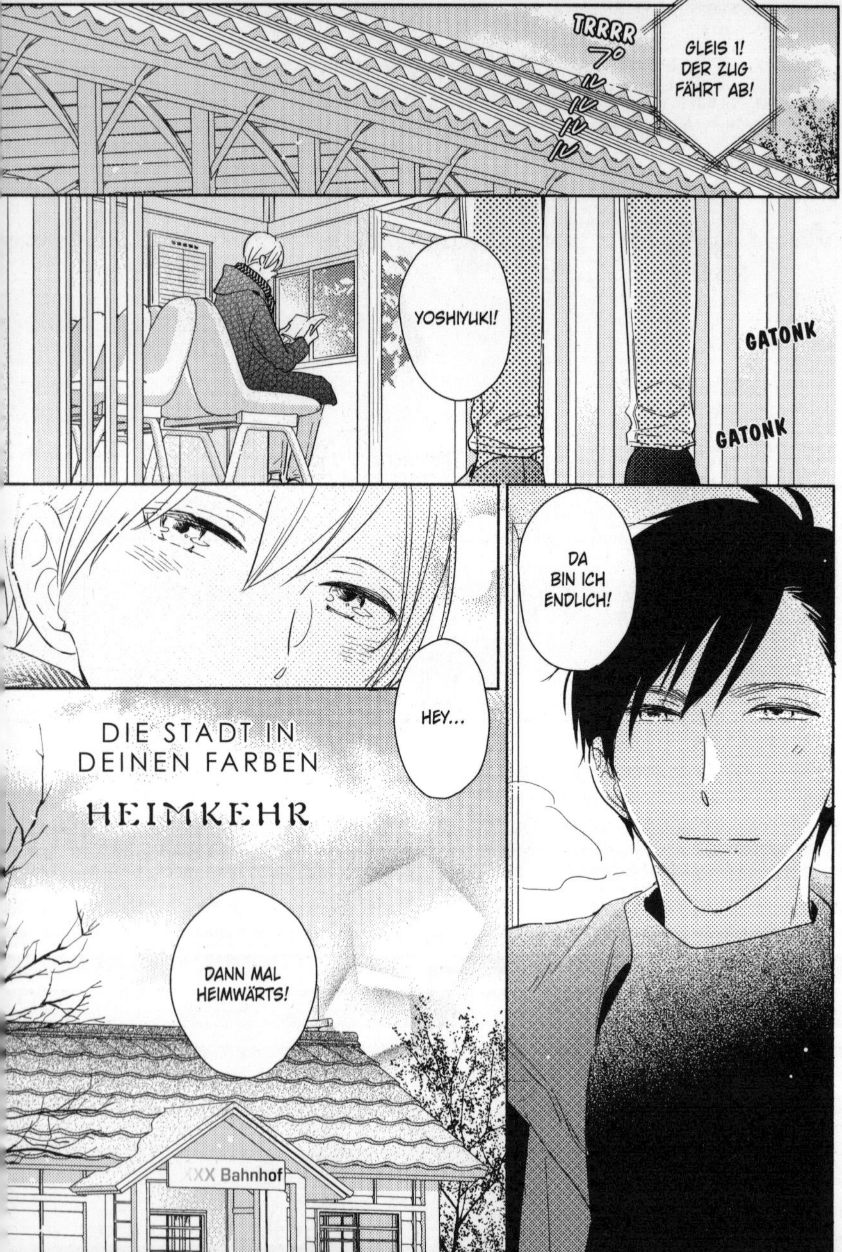
GLEIS 1! DER ZUG FÄHRT AB!
TRRRR
プルルルル
GATONK
GATONK
YOSHIYUKI!
DA BIN ICH ENDLICH!
HEY...
DIE STADT IN DEINEN FARBEN
HEIMKEHR
DANN MAL HEIMWÄRTS!
XXX Bahnhof

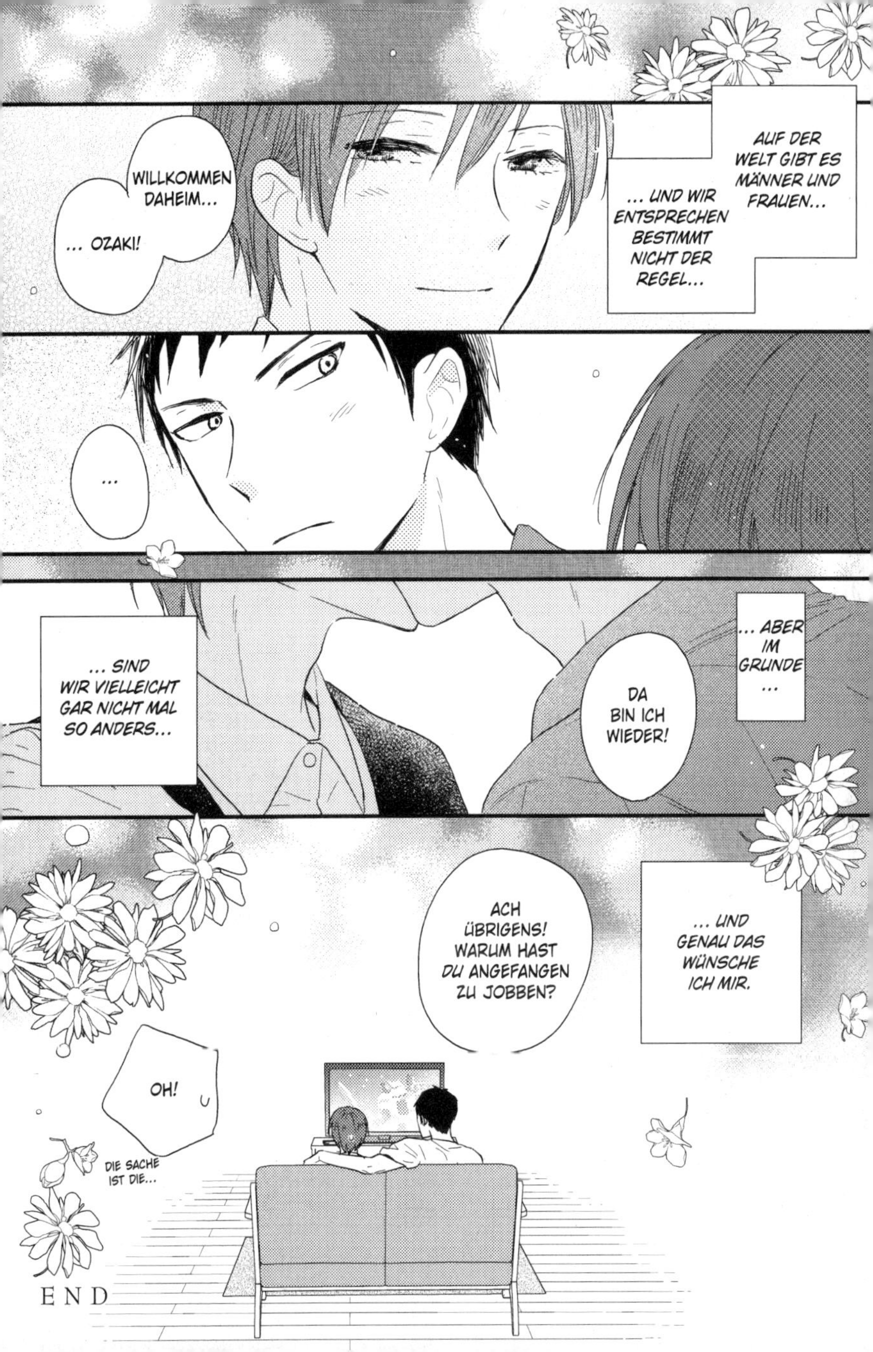
AUF DER WELT GIBT ES MÄNNER UND FRAUEN…
… UND WIR ENTSPRECHEN BESTIMMT NICHT DER REGEL…
WILLKOMMEN DAHEIM…
… OZAKI!
…
… ABER IM GRUNDE …
DA BIN ICH WIEDER!
… SIND WIR VIELLEICHT GAR NICHT MAL SO ANDERS…
… UND GENAU DAS WÜNSCHE ICH MIR.
ACH ÜBRIGENS! WARUM HAST DU ANGEFANGEN ZU JOBBEN?
OH!
DIE SACHE IST DIE…
END

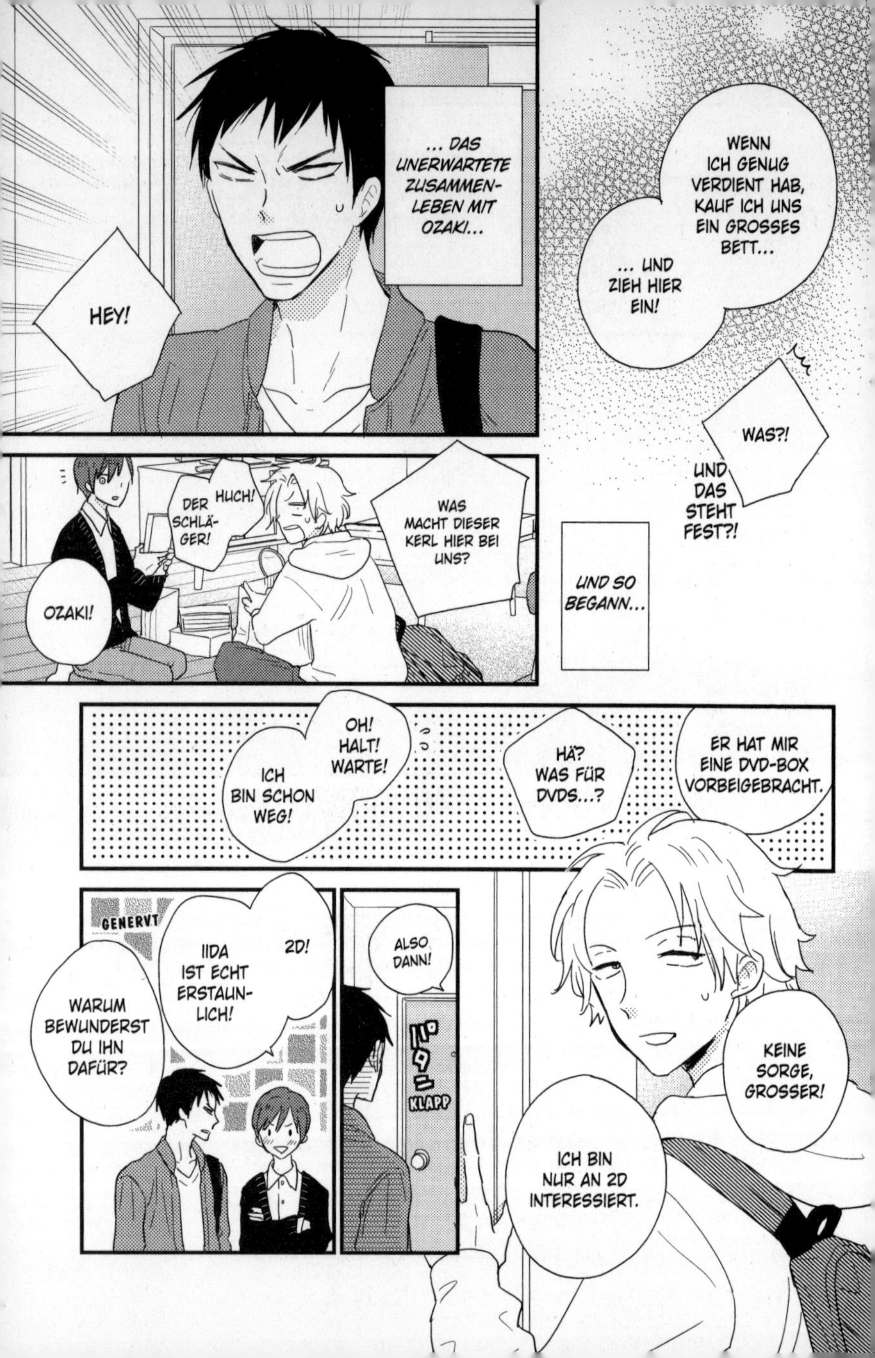

WENN ICH GENUG VERDIENT HAB, KAUF ICH UNS EIN GROSSES BETT...
... UND ZIEH HIER EIN!
WAS?!
UND DAS STEHT FEST?!
UND SO BEGANN...
... DAS UNERWARTETE ZUSAMMENLEBEN MIT OZAKI...
HEY!
WAS MACHT DIESER KERL HIER BEI UNS?
HUCH! DER SCHLÄGER!
OZAKI!
ER HAT MIR EINE DVD-BOX VORBEIGEBRACHT.
HÄ? WAS FÜR DVDS...?
OH! HALT! WARTE!
ICH BIN SCHON WEG!
KEINE SORGE, GROSSER!
ICH BIN NUR AN 2D INTERESSIERT.
ALSO DANN!
KLAPP
2D! IIDA IST ECHT ERSTAUNLICH!
WARUM BEWUNDERST DU IHN DAFÜR?
GENERVT

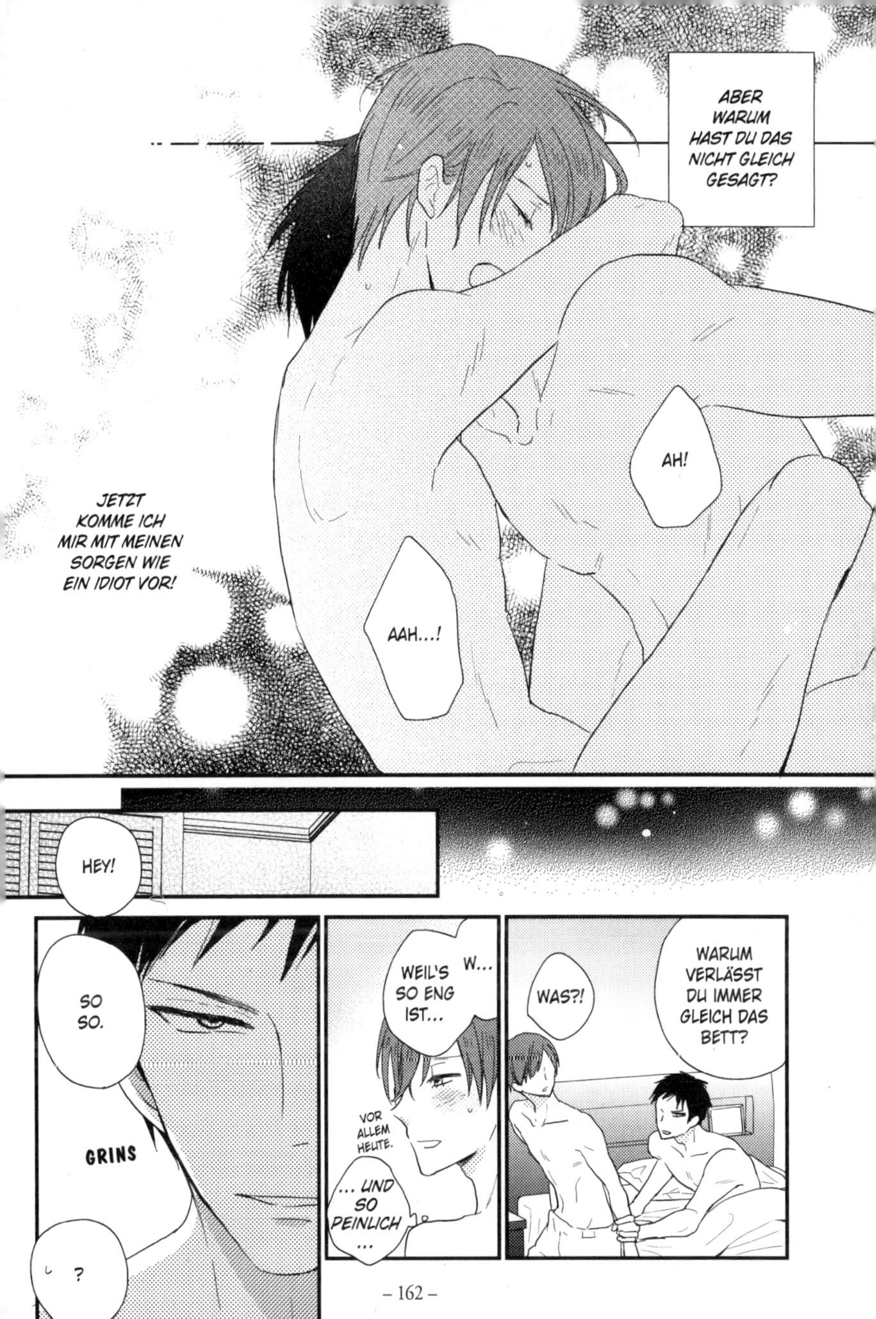
ABER WARUM HAST DU DAS NICHT GLEICH GESAGT?
AH!
AAH...!
JETZT KOMME ICH MIR MIT MEINEN SORGEN WIE EIN IDIOT VOR!
HEY!
WARUM VERLÄSST DU IMMER GLEICH DAS BETT?
WAS?!
W...
WEIL'S SO ENG IST...
VOR ALLEM HEUTE.
... UND SO PEINLICH ...
SO SO.
GRINS
?

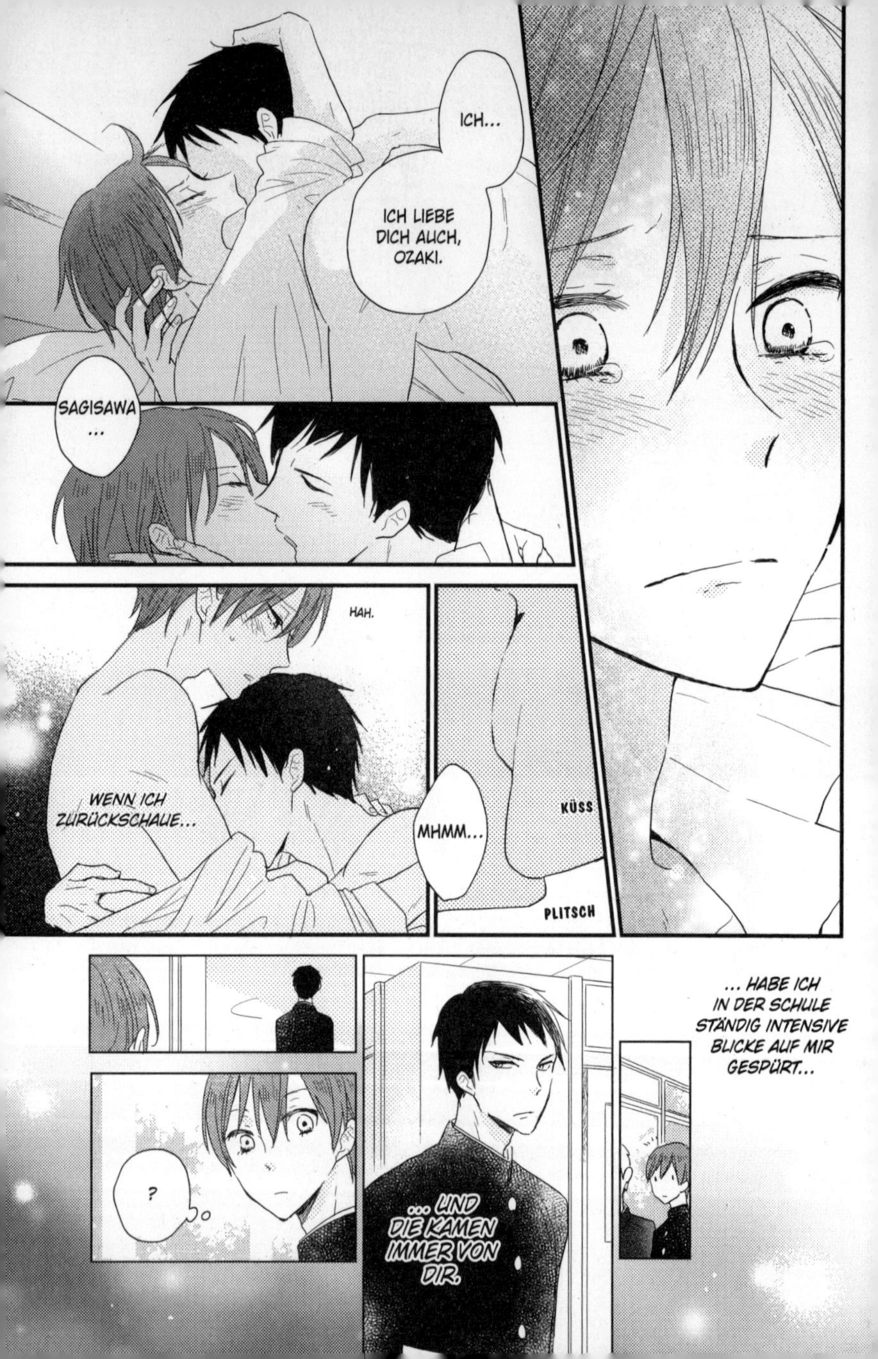

ICH...
ICH LIEBE DICH AUCH, OZAKI.
SAGISAWA ...
HAH.
KÜSS
PLITSCH
MHMM...
WENN ICH ZURÜCKSCHAUE...
... HABE ICH IN DER SCHULE STÄNDIG INTENSIVE BLICKE AUF MIR GESPÜRT...
... UND DIE KAMEN IMMER VON DIR.
?

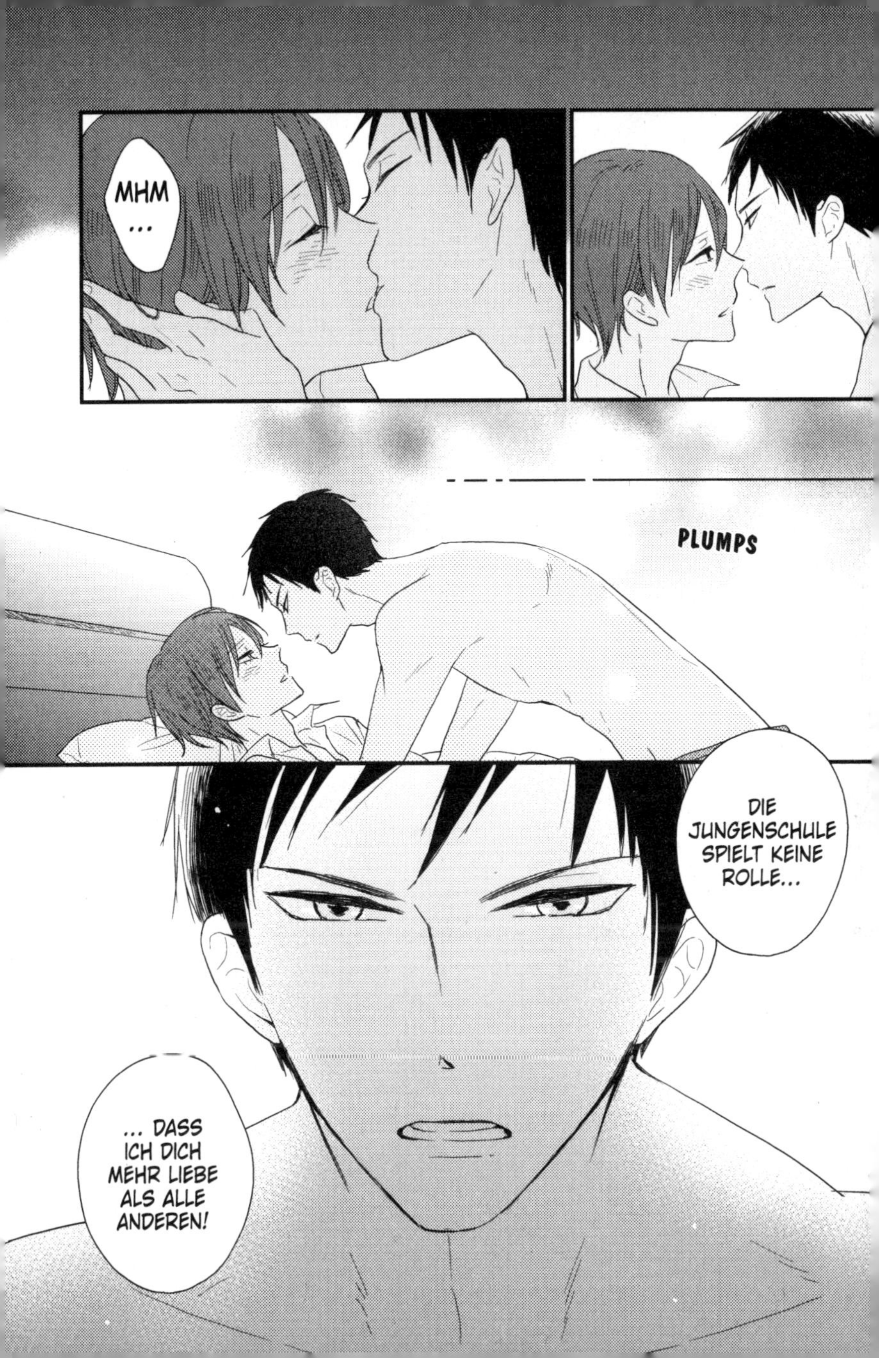
MHM ...
PLUMPS
DIE JUNGENSCHULE SPIELT KEINE ROLLE...
... DASS ICH DICH MEHR LIEBE ALS ALLE ANDEREN!

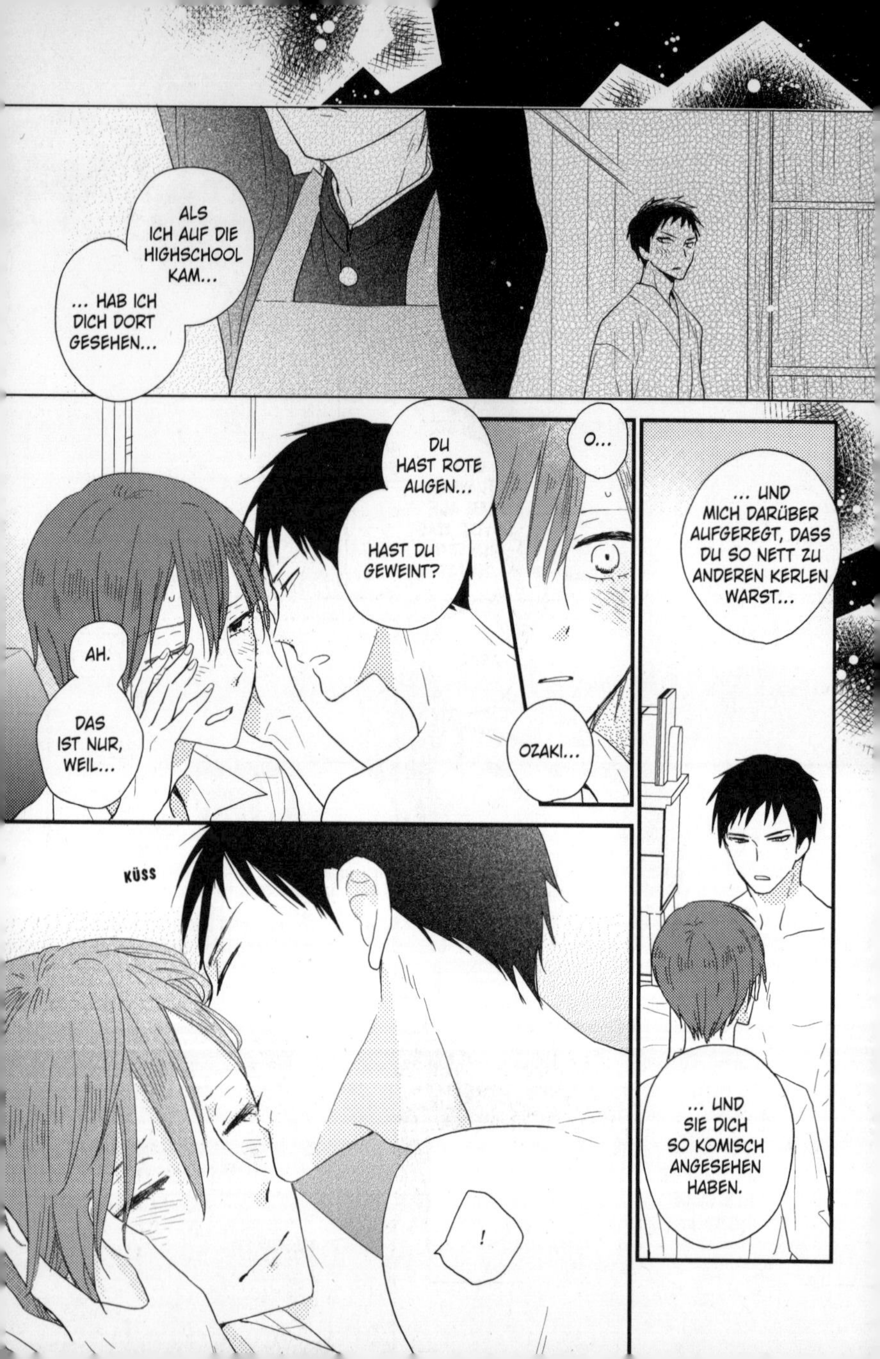
ALS ICH AUF DIE HIGHSCHOOL KAM…
… HAB ICH DICH DORT GESEHEN…
… UND MICH DARÜBER AUFGEREGT, DASS DU SO NETT ZU ANDEREN KERLEN WARST…
… UND SIE DICH SO KOMISCH ANGESEHEN HABEN.
O…
OZAKI…
DU HAST ROTE AUGEN…
HAST DU GEWEINT?
AH.
DAS IST NUR, WEIL…
KÜSS
!

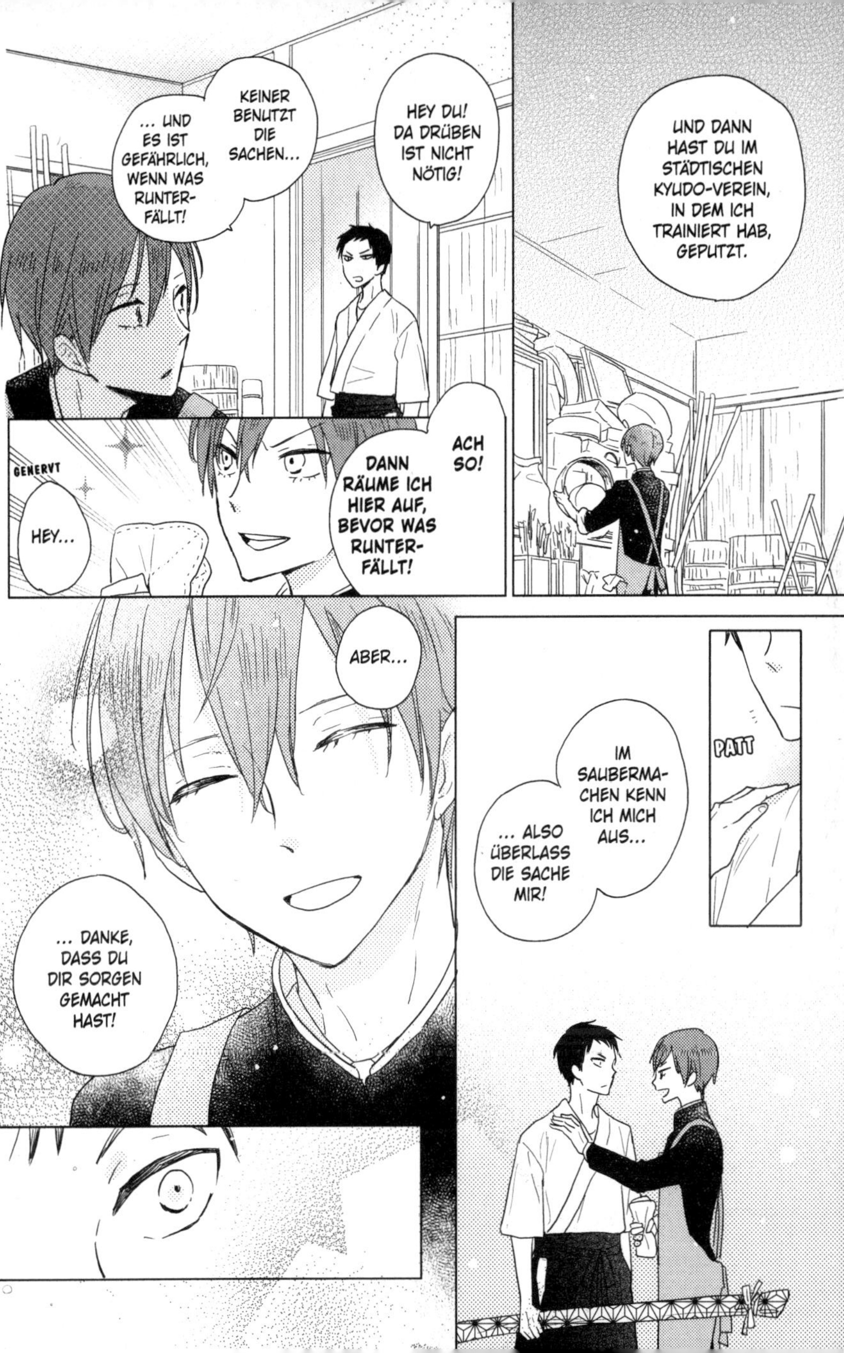
UND DANN HAST DU IM STÄDTISCHEN KYUDO-VEREIN, IN DEM ICH TRAINIERT HAB, GEPUTZT.
HEY DU! DA DRÜBEN IST NICHT NÖTIG!
KEINER BENUTZT DIE SACHEN...
... UND ES IST GEFÄHRLICH, WENN WAS RUNTERFÄLLT!
ACH SO!
DANN RÄUME ICH HIER AUF, BEVOR WAS RUNTERFÄLLT!
GENERVT
HEY...
PATT
IM SAUBERMACHEN KENN ICH MICH AUS...
... ALSO ÜBERLASS DIE SACHE MIR!
ABER...
... DANKE, DASS DU DIR SORGEN GEMACHT HAST!

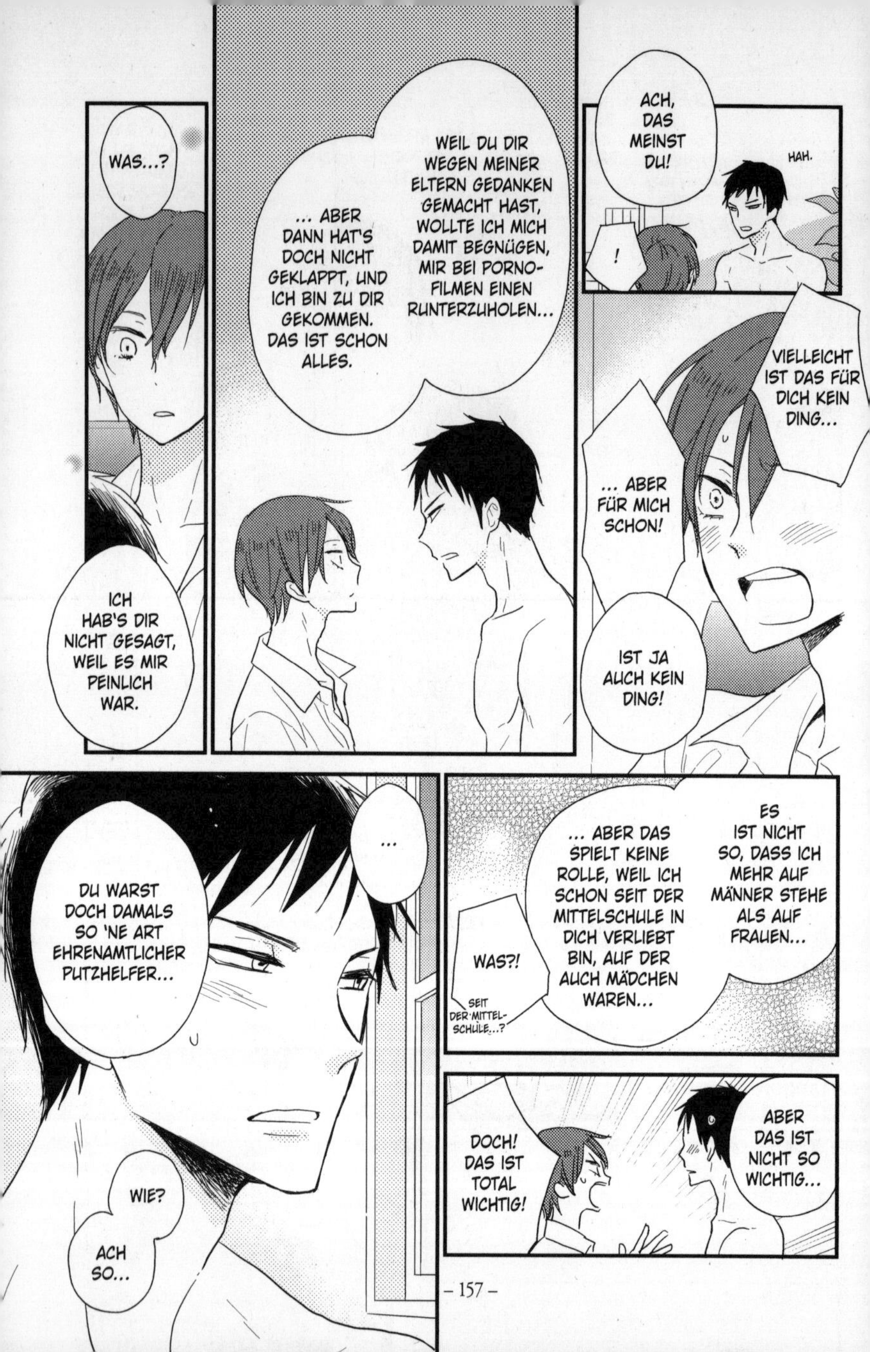
ACH, DAS MEINST DU!
HAH.
!
WEIL DU DIR WEGEN MEINER ELTERN GEDANKEN GEMACHT HAST, WOLLTE ICH MICH DAMIT BEGNÜGEN, MIR BEI PORNO-FILMEN EINEN RUNTERZUHOLEN…
… ABER DANN HAT'S DOCH NICHT GEKLAPPT, UND ICH BIN ZU DIR GEKOMMEN. DAS IST SCHON ALLES.
WAS…?
ICH HAB'S DIR NICHT GESAGT, WEIL ES MIR PEINLICH WAR.
VIELLEICHT IST DAS FÜR DICH KEIN DING…
… ABER FÜR MICH SCHON!
IST JA AUCH KEIN DING!
ES IST NICHT SO, DASS ICH MEHR AUF MÄNNER STEHE ALS AUF FRAUEN…
… ABER DAS SPIELT KEINE ROLLE, WEIL ICH SCHON SEIT DER MITTELSCHULE IN DICH VERLIEBT BIN, AUF DER AUCH MÄDCHEN WAREN…
WAS?!
SEIT DER MITTEL-SCHULE…?
ABER DAS IST NICHT SO WICHTIG…
DOCH! DAS IST TOTAL WICHTIG!
…
DU WARST DOCH DAMALS SO 'NE ART EHRENAMTLICHER PUTZHELFER…
WIE?
ACH SO…

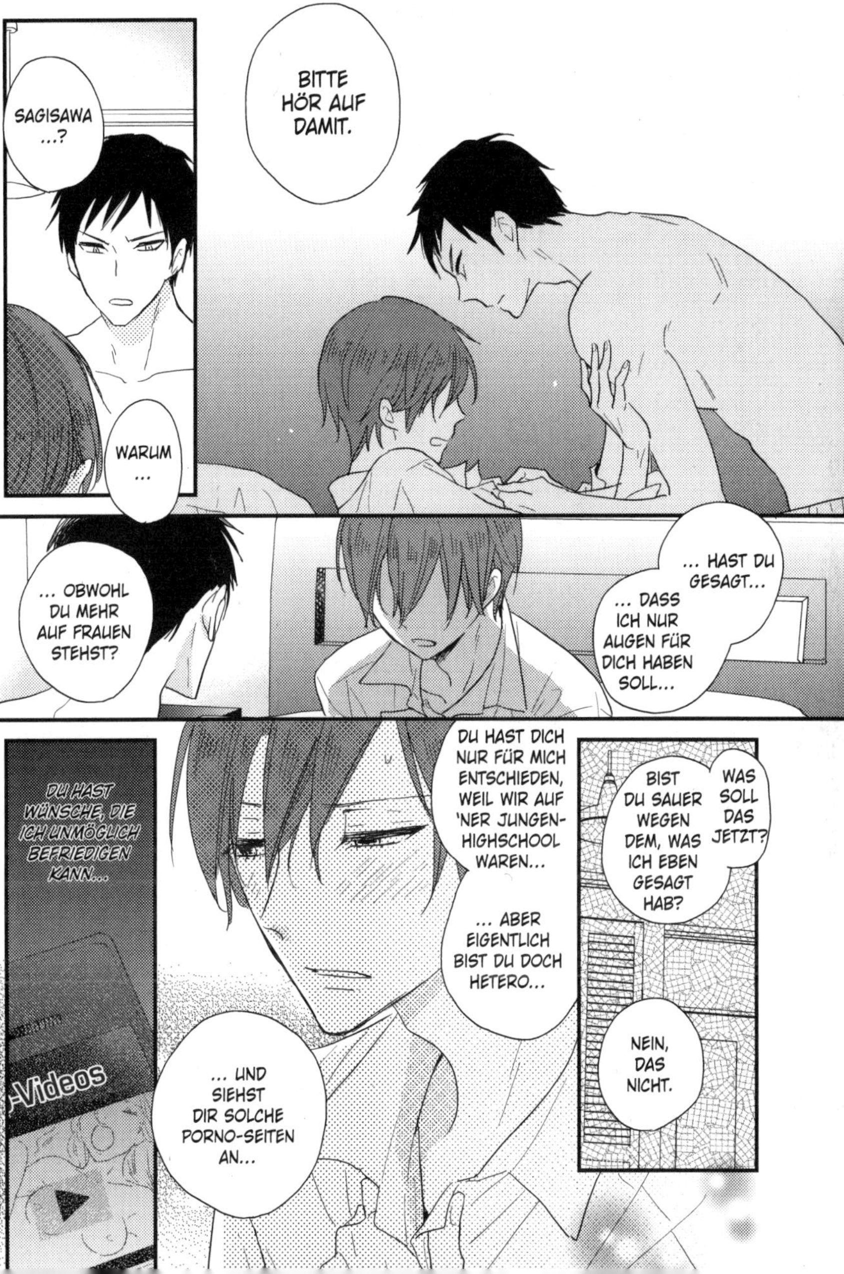
BITTE HÖR AUF DAMIT.
SAGISAWA ...?
WARUM ...
... HAST DU GESAGT...
... DASS ICH NUR AUGEN FÜR DICH HABEN SOLL...
... OBWOHL DU MEHR AUF FRAUEN STEHST?
WAS SOLL DAS JETZT?
BIST DU SAUER WEGEN DEM, WAS ICH EBEN GESAGT HAB?
NEIN, DAS NICHT.
DU HAST DICH NUR FÜR MICH ENTSCHIEDEN, WEIL WIR AUF 'NER JUNGEN-HIGHSCHOOL WAREN...
... ABER EIGENTLICH BIST DU DOCH HETERO...
... UND SIEHST DIR SOLCHE PORNO-SEITEN AN...
DU HAST WÜNSCHE, DIE ICH UNMÖGLICH BEFRIEDIGEN KANN...
-Videos

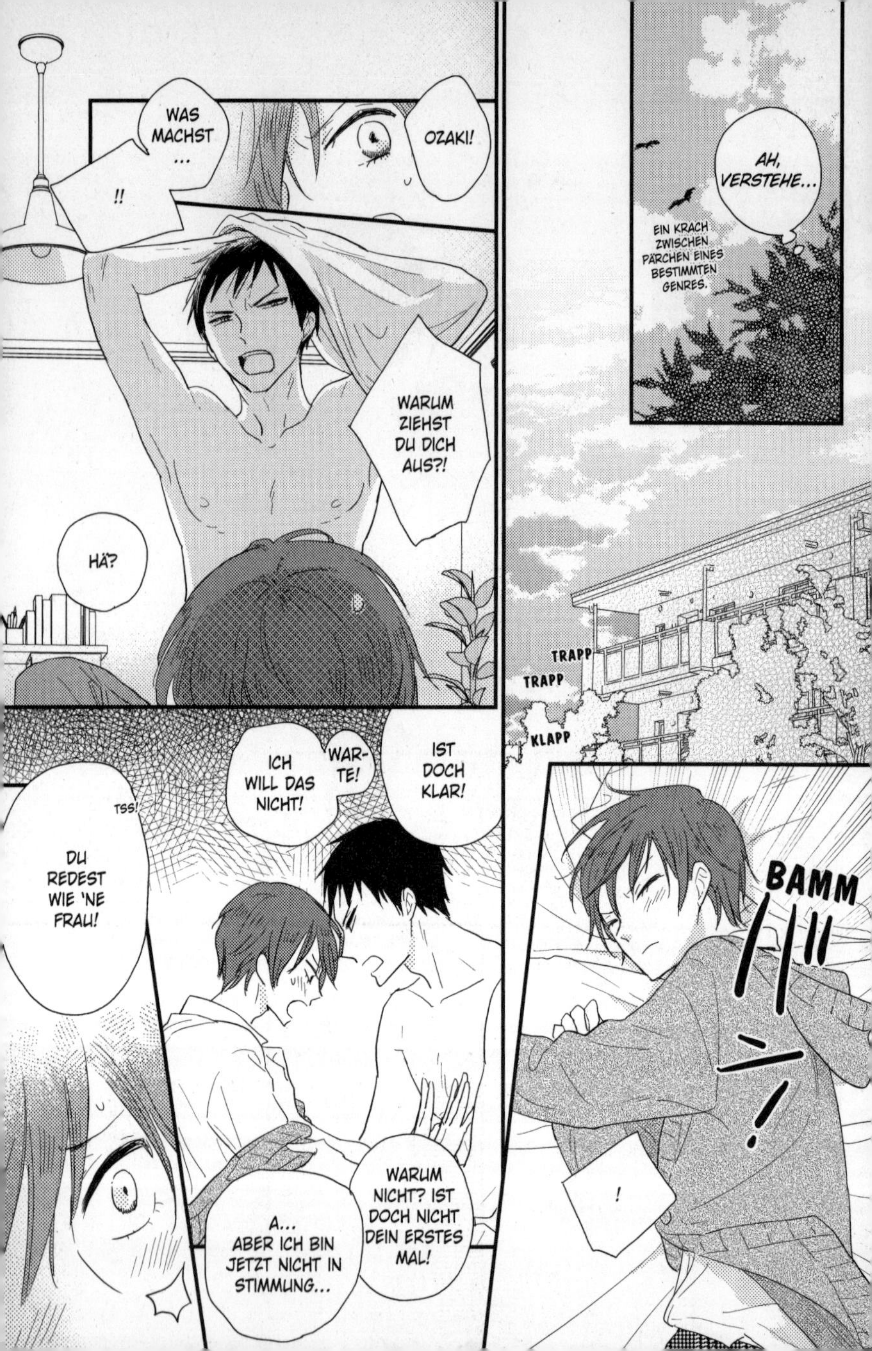
AH, VERSTEHE…
EIN KRACH ZWISCHEN PÄRCHEN EINES BESTIMMTEN GENRES.
TRAPP
TRAPP
KLAPP
BAMM
!
OZAKI!
WAS MACHST …
!!
WARUM ZIEHST DU DICH AUS?!
HÄ?
IST DOCH KLAR!
WAR-TE!
ICH WILL DAS NICHT!
TSS!
DU REDEST WIE 'NE FRAU!
WARUM NICHT? IST DOCH NICHT DEIN ERSTES MAL!
A… ABER ICH BIN JETZT NICHT IN STIMMUNG…

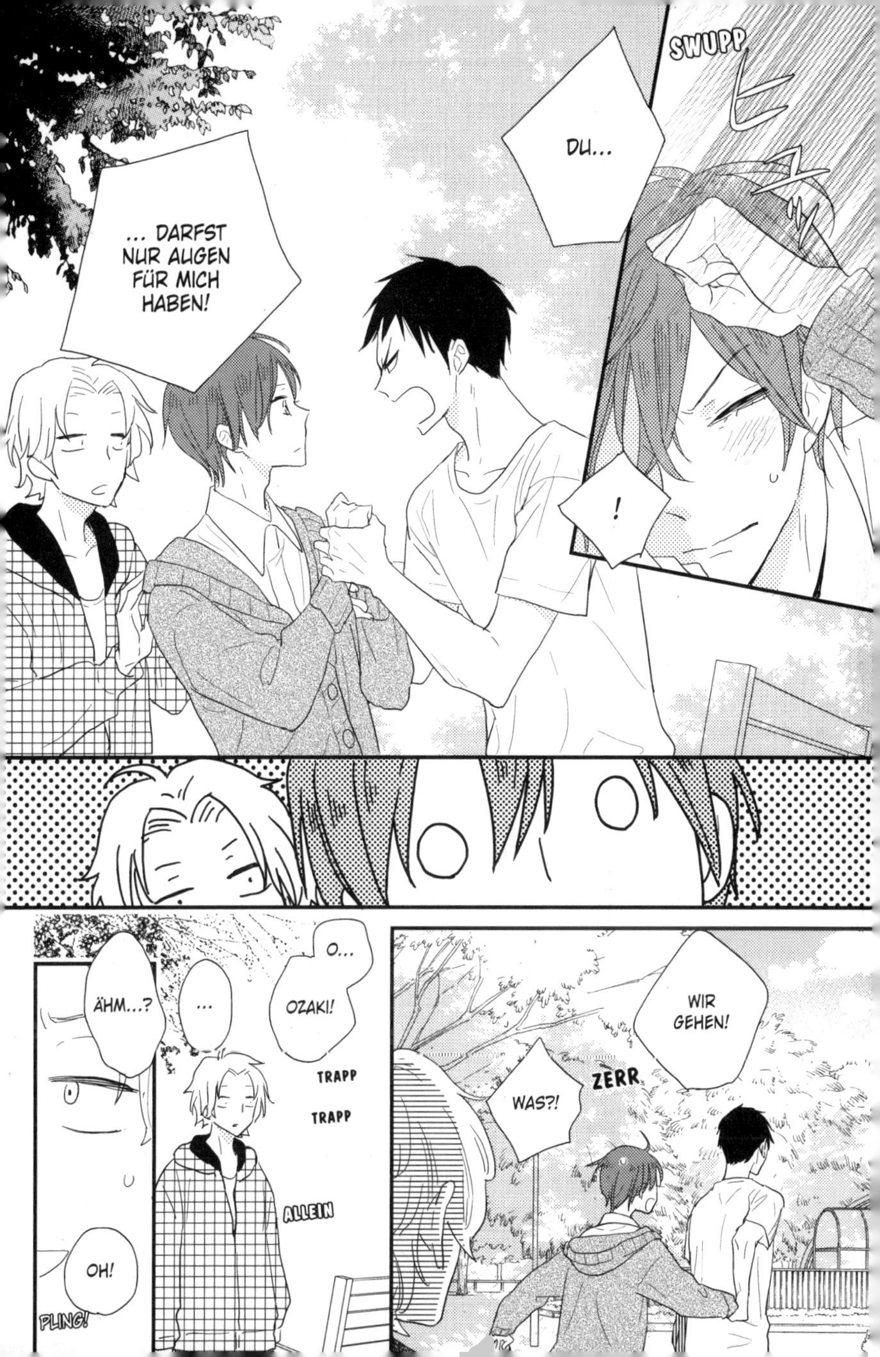
DU...
... DARFST NUR AUGEN FÜR MICH HABEN!
SWUPP
!
WIR GEHEN!
ZERR
WAS?!
O...
OZAKI!
TRAPP
TRAPP
...
ÄHM...?
ALLEIN
OH!
PLING!

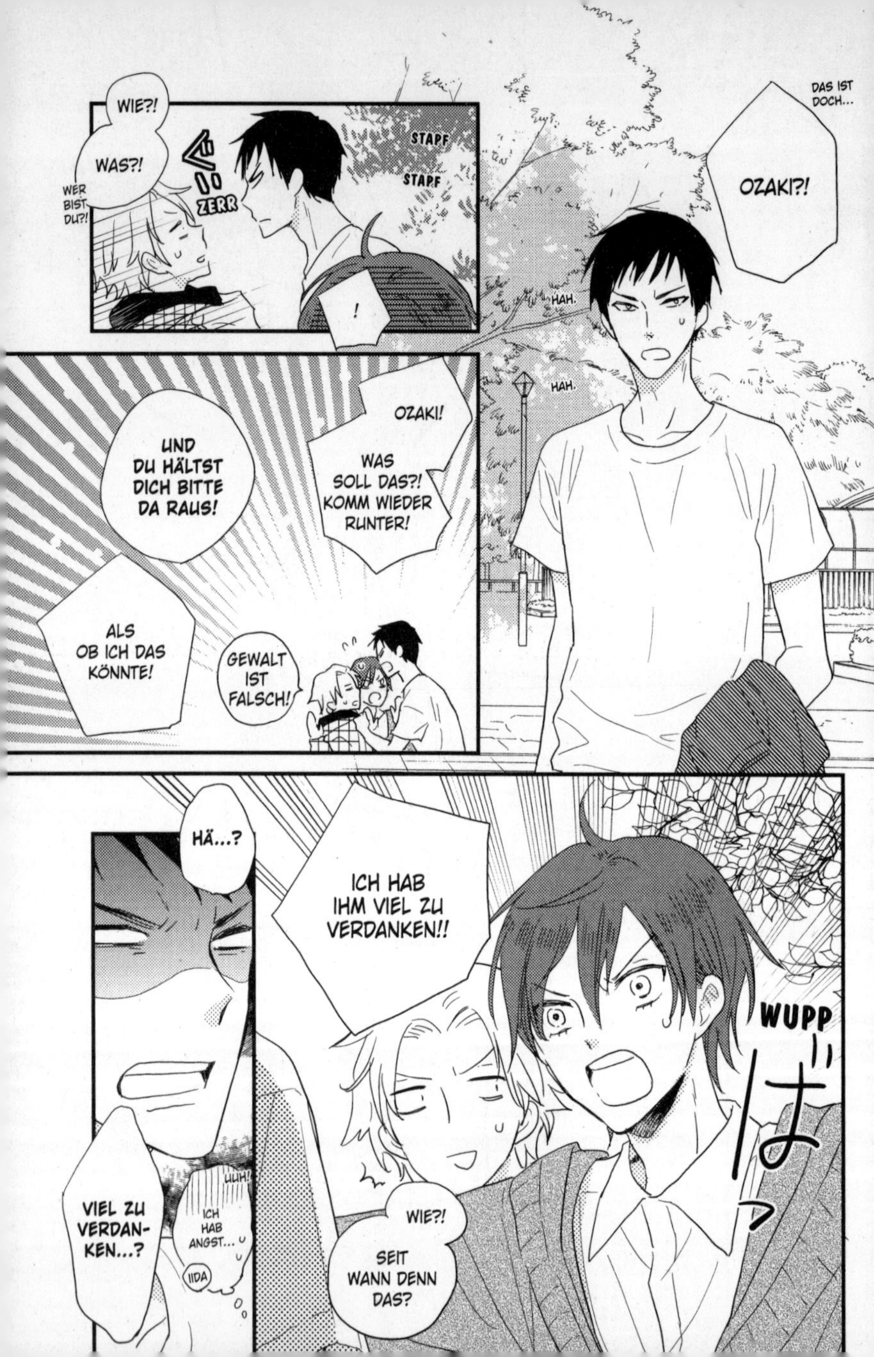
DAS IST DOCH…
OZAKI?!
HAH.
HAH.
WIE?!
WAS?!
WER BIST DU?!
STAPF
STAPF
ZERR
!
OZAKI!
WAS SOLL DAS?! KOMM WIEDER RUNTER!
UND DU HÄLTST DICH BITTE DA RAUS!
GEWALT IST FALSCH!
ALS OB ICH DAS KÖNNTE!
ICH HAB IHM VIEL ZU VERDANKEN!!
HÄ…?
WUPP
WIE?!
SEIT WANN DENN DAS?
VIEL ZU VERDANKEN…?
UUH!
ICH HAB ANGST…
IIDA

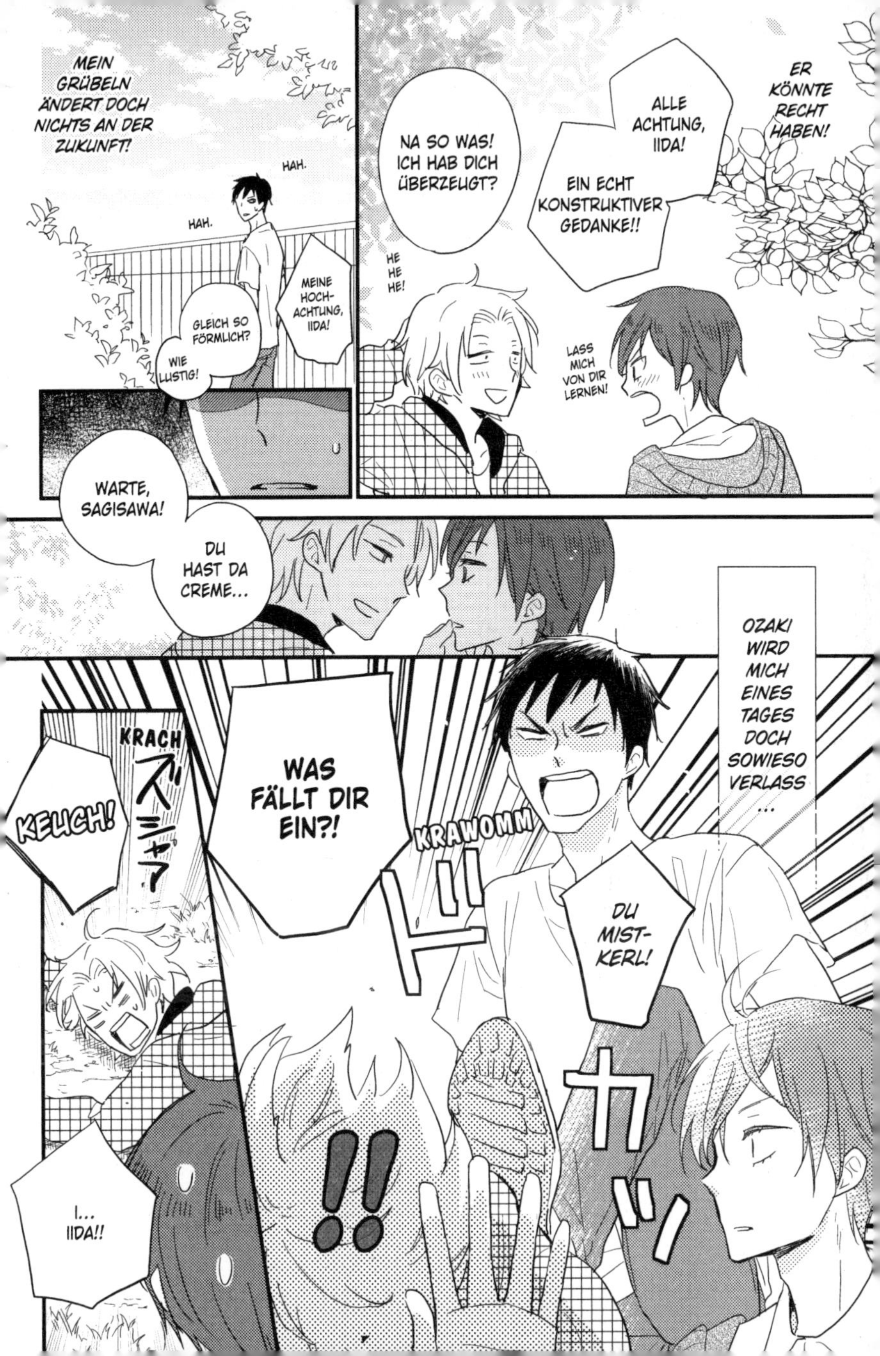
ER KÖNNTE RECHT HABEN!
ALLE ACHTUNG, IIDA!
EIN ECHT KONSTRUKTIVER GEDANKE!!
NA SO WAS! ICH HAB DICH ÜBERZEUGT?
HE HE HE!
LASS MICH VON DIR LERNEN!
MEIN GRÜBELN ÄNDERT DOCH NICHTS AN DER ZUKUNFT!
HAH.
HAH.
MEINE HOCH-ACHTUNG, IIDA!
GLEICH SO FÖRMLICH?
WIE LUSTIG!
WARTE, SAGISAWA!
DU HAST DA CREME…
OZAKI WIRD MICH EINES TAGES DOCH SOWIESO VERLASS …
DU MIST-KERL!
KRAWOMM
WAS FÄLLT DIR EIN?!
KRACH
KEUCH!
I… IIDA!!

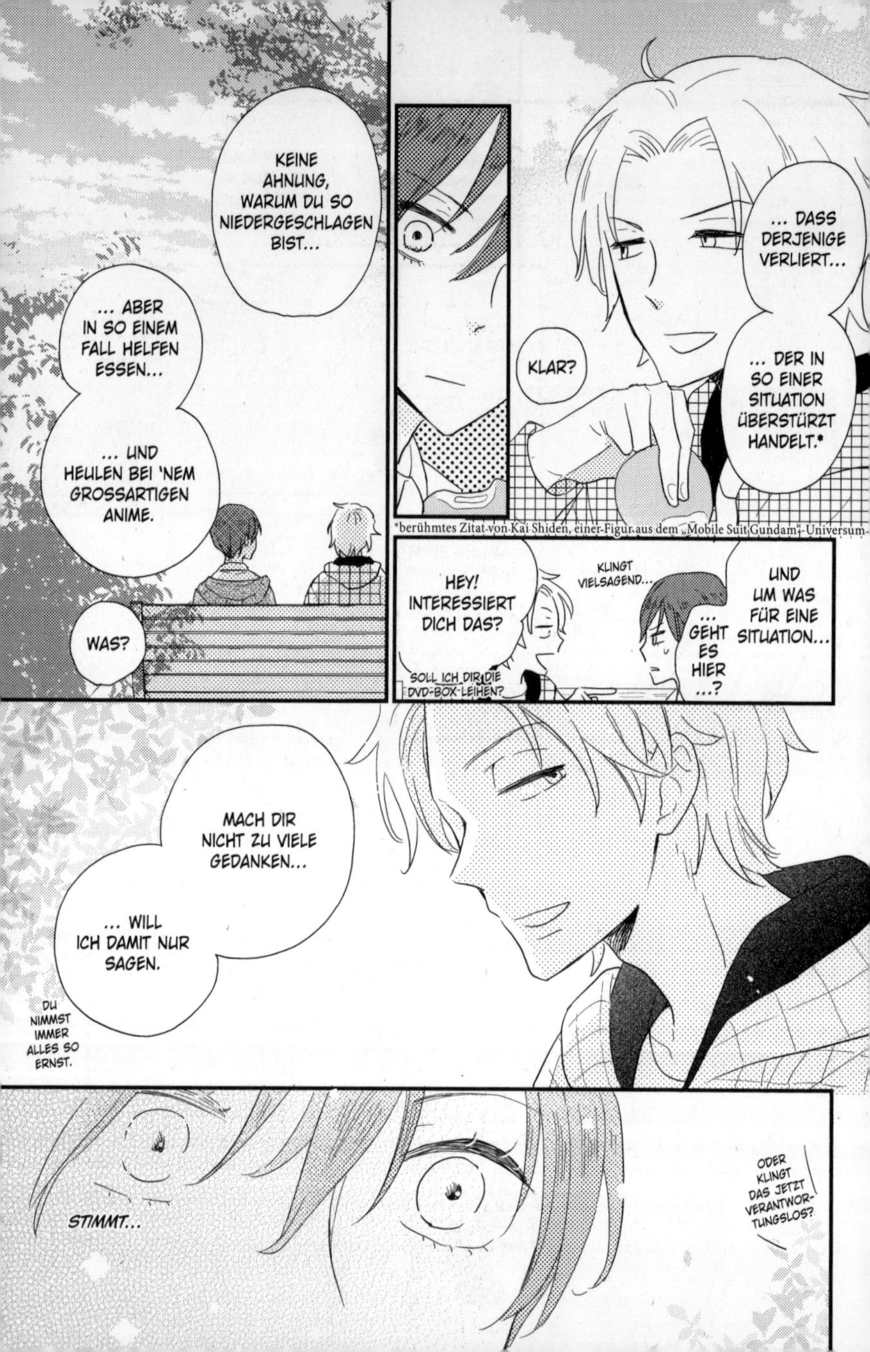

*berühmtes Zitat von Kai Shiden, einer Figur aus dem „Mobile Suit Gundam"-Universum

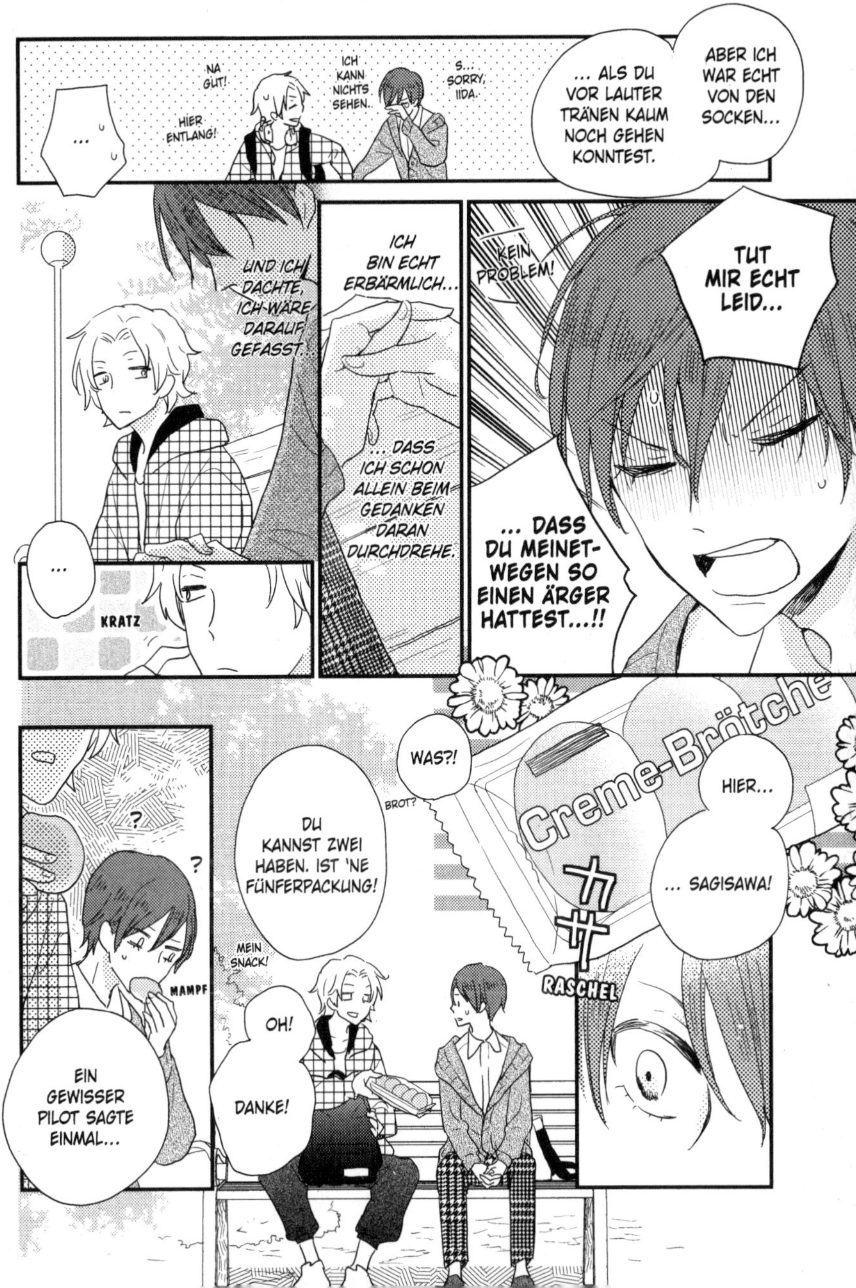

ABER ICH WAR ECHT VON DEN SOCKEN...
... ALS DU VOR LAUTER TRÄNEN KAUM NOCH GEHEN KONNTEST.
S... SORRY, IIDA.
ICH KANN NICHTS SEHEN..
NA GUT!
HIER ENTLANG!
...
TUT MIR ECHT LEID...
KEIN PROBLEM!
... DASS DU MEINETWEGEN SO EINEN ÄRGER HATTEST...!!
ICH BIN ECHT ERBÄRMLICH...
... DASS ICH SCHON ALLEIN BEIM GEDANKEN DARAN DURCHDREHE.
UND ICH DACHTE, ICH WÄRE DARAUF GEFASST...
...
KRATZ
HIER...
... SAGISAWA!
RASCHEL
Creme-Brötche
WAS?!
BROT?
DU KANNST ZWEI HABEN. IST 'NE FÜNFERPACKUNG!
MEIN SNACK!
OH!
DANKE!
?
?
MAMPF
EIN GEWISSER PILOT SAGTE EINMAL...

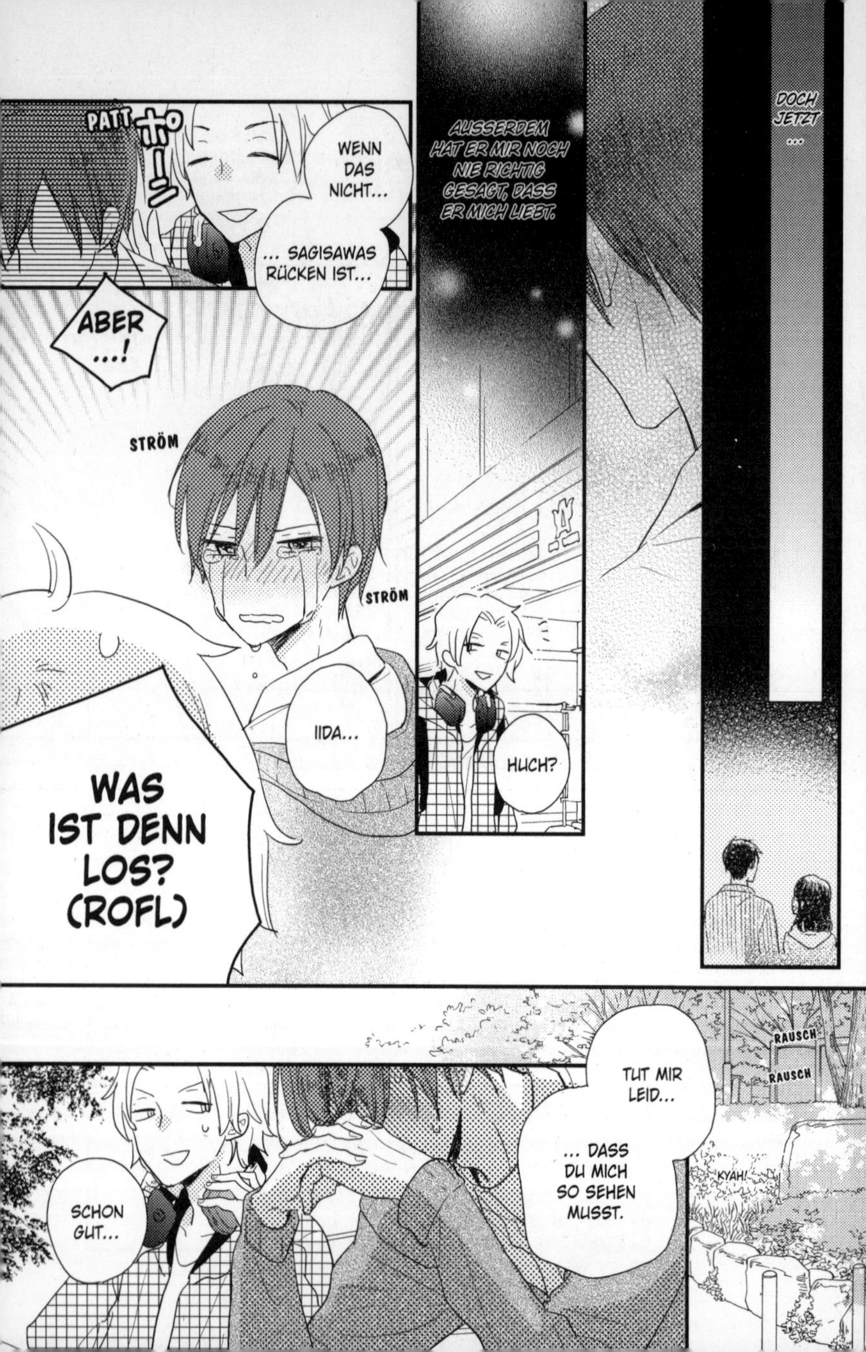
DOCH JETZT ...
AUSSERDEM HAT ER MIR NOCH NIE RICHTIG GESAGT, DASS ER MICH LIEBT.
WENN DAS NICHT...
... SAGISAWAS RÜCKEN IST...
PATT
ABER ...!
STRÖM
STRÖM
HUCH?
IIDA...
WAS IST DENN LOS? (ROFL)
RAUSCH
RAUSCH
KYAH!
TUT MIR LEID...
... DASS DU MICH SO SEHEN MUSST.
SCHON GUT...

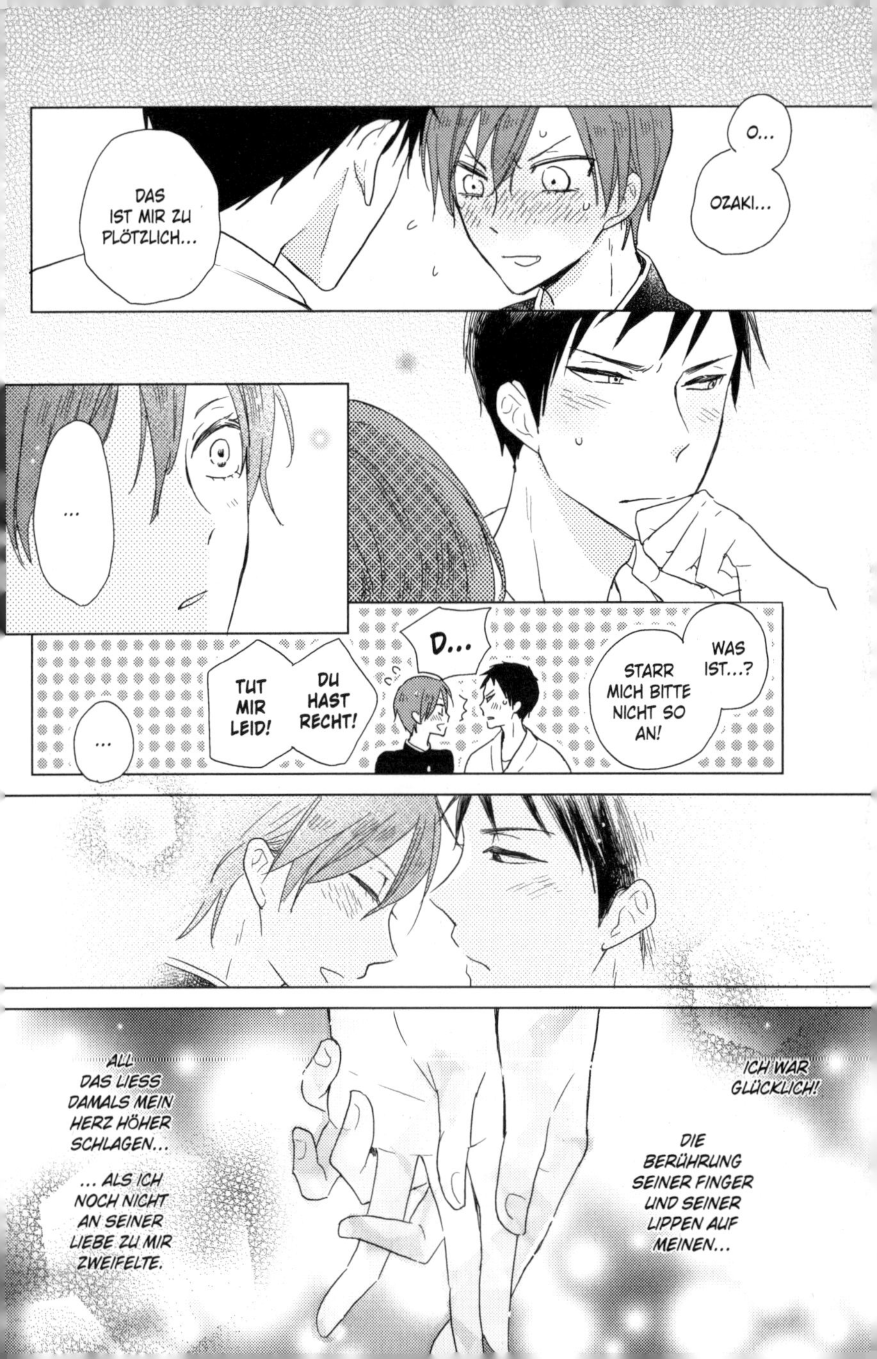
O...
OZAKI...
DAS IST MIR ZU PLÖTZLICH...
...
WAS IST...?
STARR MICH BITTE NICHT SO AN!
D...
DU HAST RECHT!
TUT MIR LEID!
...
ICH WAR GLÜCKLICH!
DIE BERÜHRUNG SEINER FINGER UND SEINER LIPPEN AUF MEINEN...
ALL DAS LIESS DAMALS MEIN HERZ HÖHER SCHLAGEN...
... ALS ICH NOCH NICHT AN SEINER LIEBE ZU MIR ZWEIFELTE.

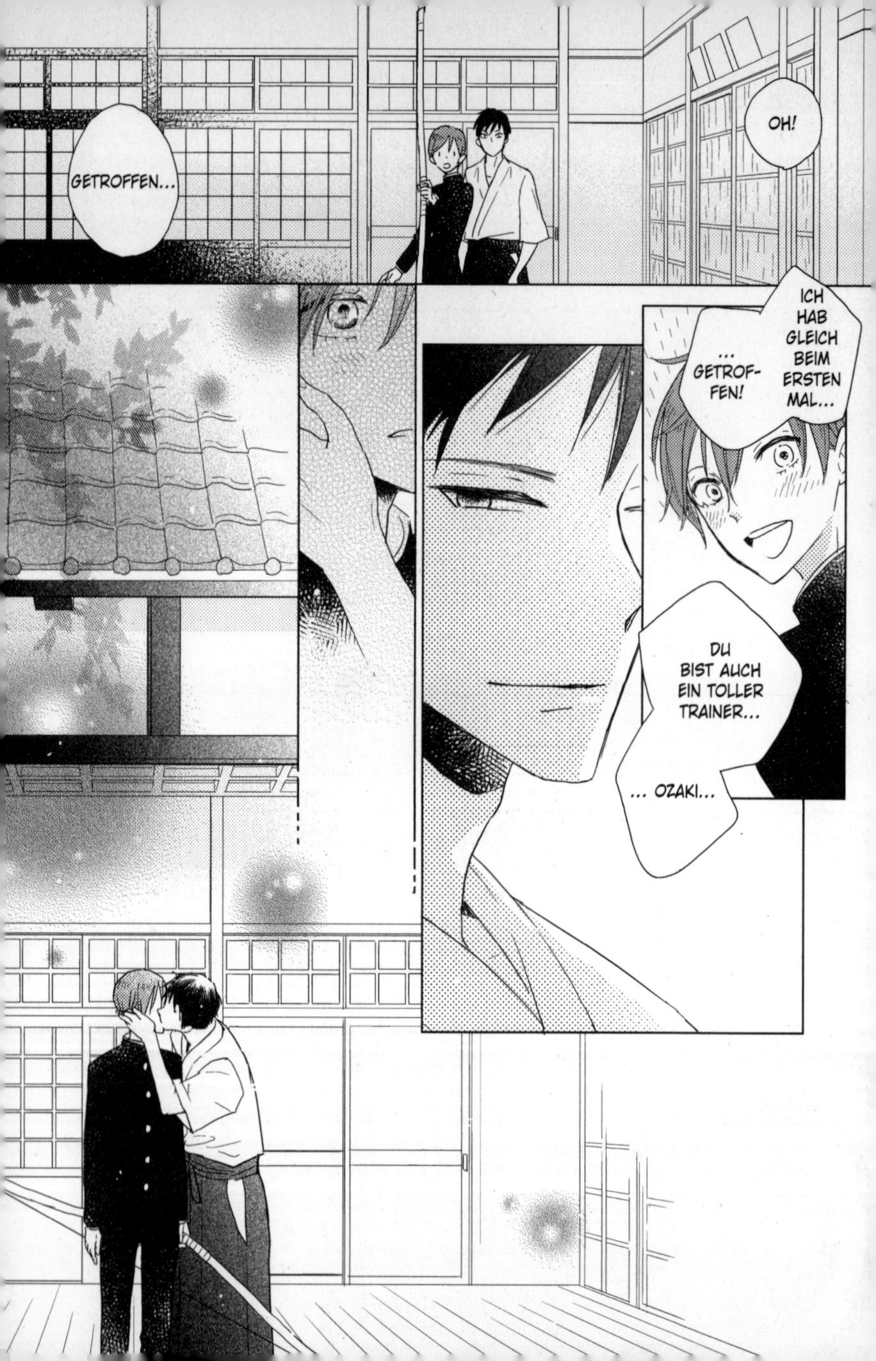
OH!
GETROFFEN...
ICH HAB GLEICH BEIM ERSTEN MAL...
... GETROF-FEN!
DU BIST AUCH EIN TOLLER TRAINER...
... OZAKI...

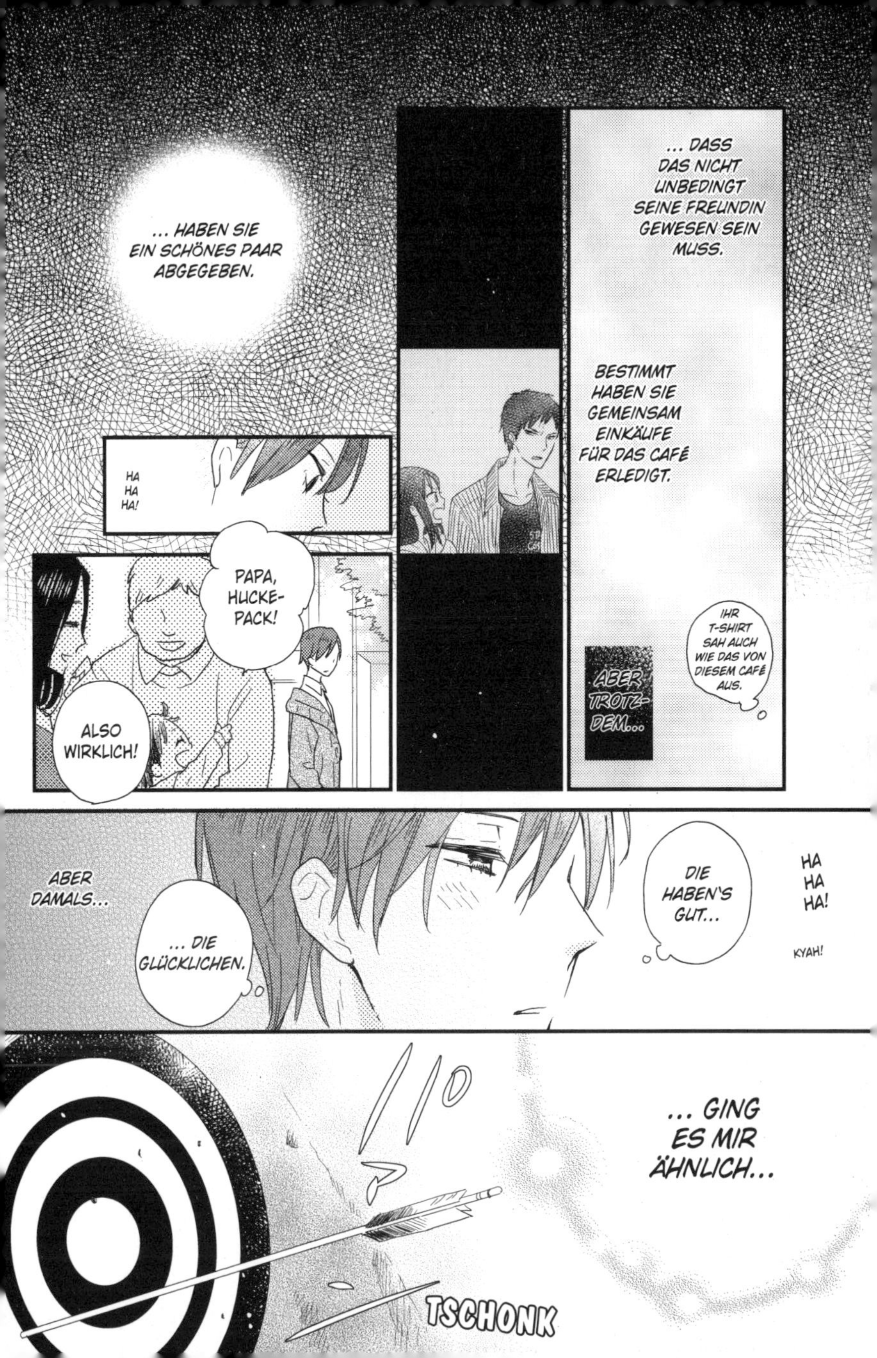
... DASS DAS NICHT UNBEDINGT SEINE FREUNDIN GEWESEN SEIN MUSS.
BESTIMMT HABEN SIE GEMEINSAM EINKÄUFE FÜR DAS CAFÉ ERLEDIGT.
IHR T-SHIRT SAH AUCH WIE DAS VON DIESEM CAFÉ AUS.
ABER TROTZ-DEM...
... HABEN SIE EIN SCHÖNES PAAR ABGEGEBEN.
HA HA HA!
PAPA, HUCKE-PACK!
ALSO WIRKLICH!
HA HA HA!
KYAH!
DIE HABEN'S GUT...
... DIE GLÜCKLICHEN.
ABER DAMALS...
... GING ES MIR ÄHNLICH...
TSCHONK

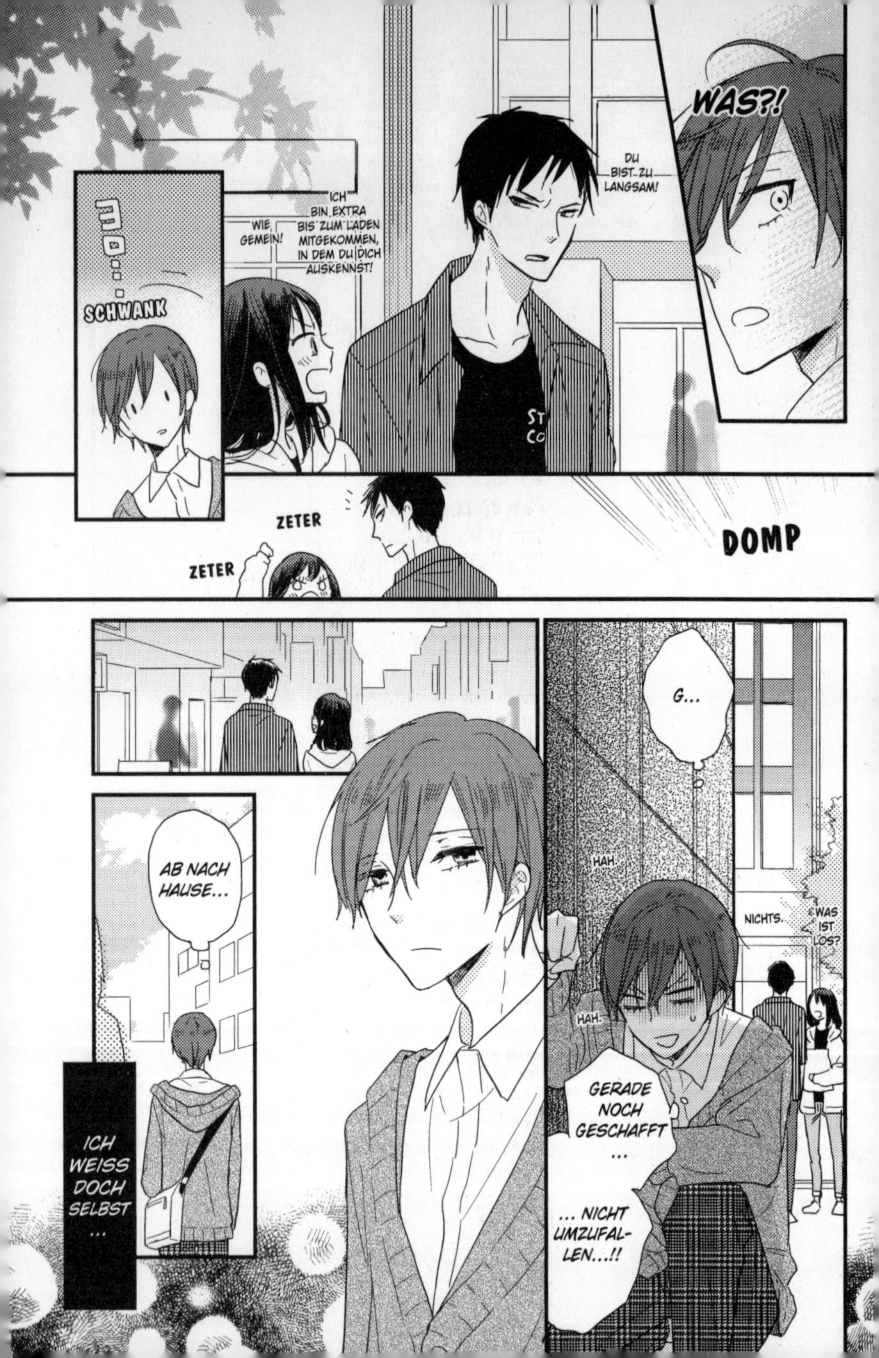

WAS?!
DU BIST ZU LANGSAM!
ICH BIN EXTRA BIS ZUM LADEN MITGEKOMMEN, IN DEM DU DICH AUSKENNST!
WIE GEMEIN!
SCHWANK
DOMP
ZETER
ZETER
G...
HAH.
HAH.
WAS IST LOS?
NICHTS.
GERADE NOCH GESCHAFFT ...
... NICHT UMZUFALLEN...!!
AB NACH HAUSE...
ICH WEISS DOCH SELBST ...

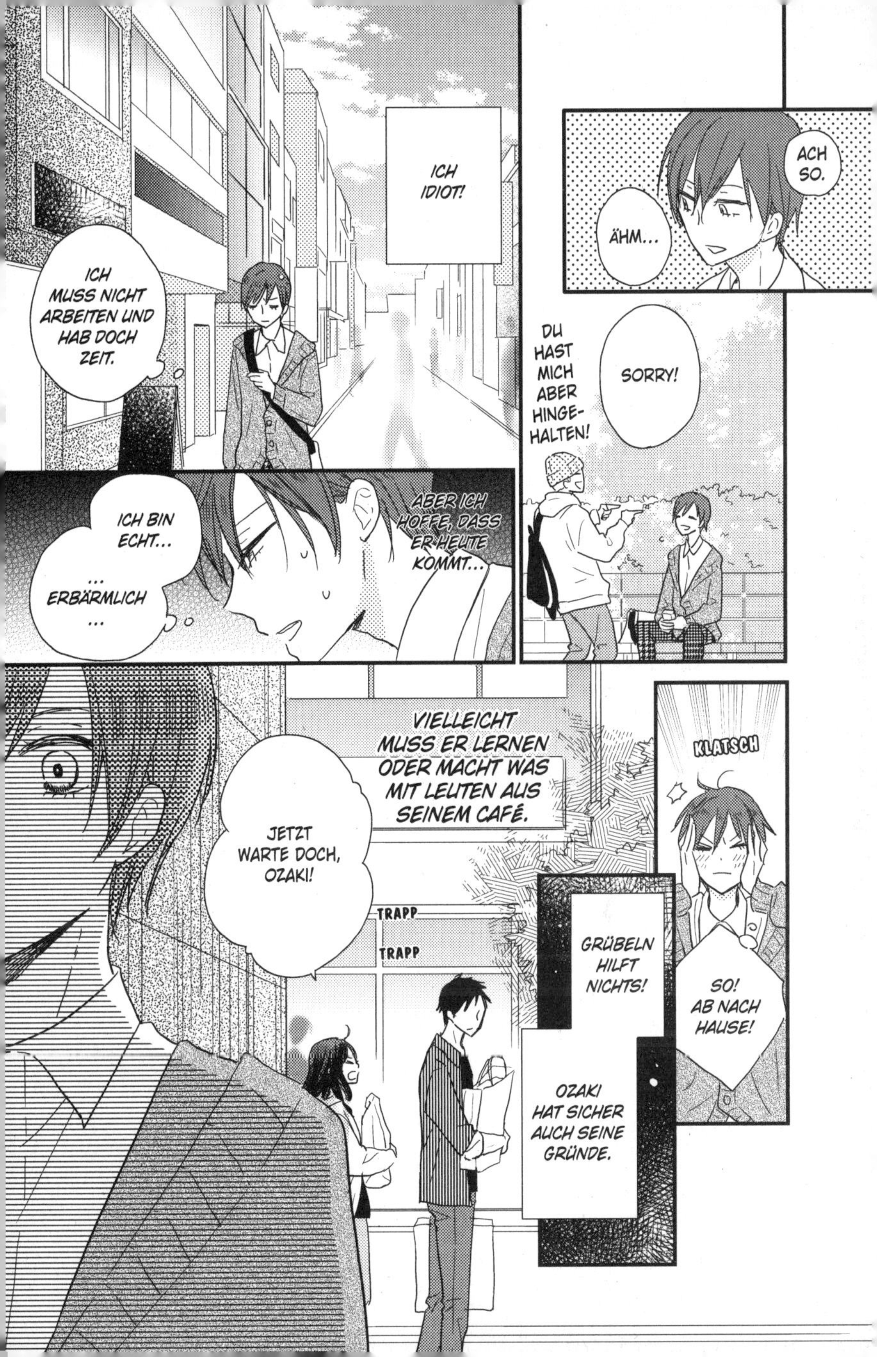
ACH SO.
ÄHM…
DU HAST MICH ABER HINGE-HALTEN!
SORRY!
ICH IDIOT!
ICH MUSS NICHT ARBEITEN UND HAB DOCH ZEIT.
ABER ICH HOFFE, DASS ER HEUTE KOMMT…
ICH BIN ECHT…
… ERBÄRMLICH …
KLATSCH
SO! AB NACH HAUSE!
GRÜBELN HILFT NICHTS!
OZAKI HAT SICHER AUCH SEINE GRÜNDE.
VIELLEICHT MUSS ER LERNEN ODER MACHT WAS MIT LEUTEN AUS SEINEM CAFÉ.
JETZT WARTE DOCH, OZAKI!
TRAPP
TRAPP

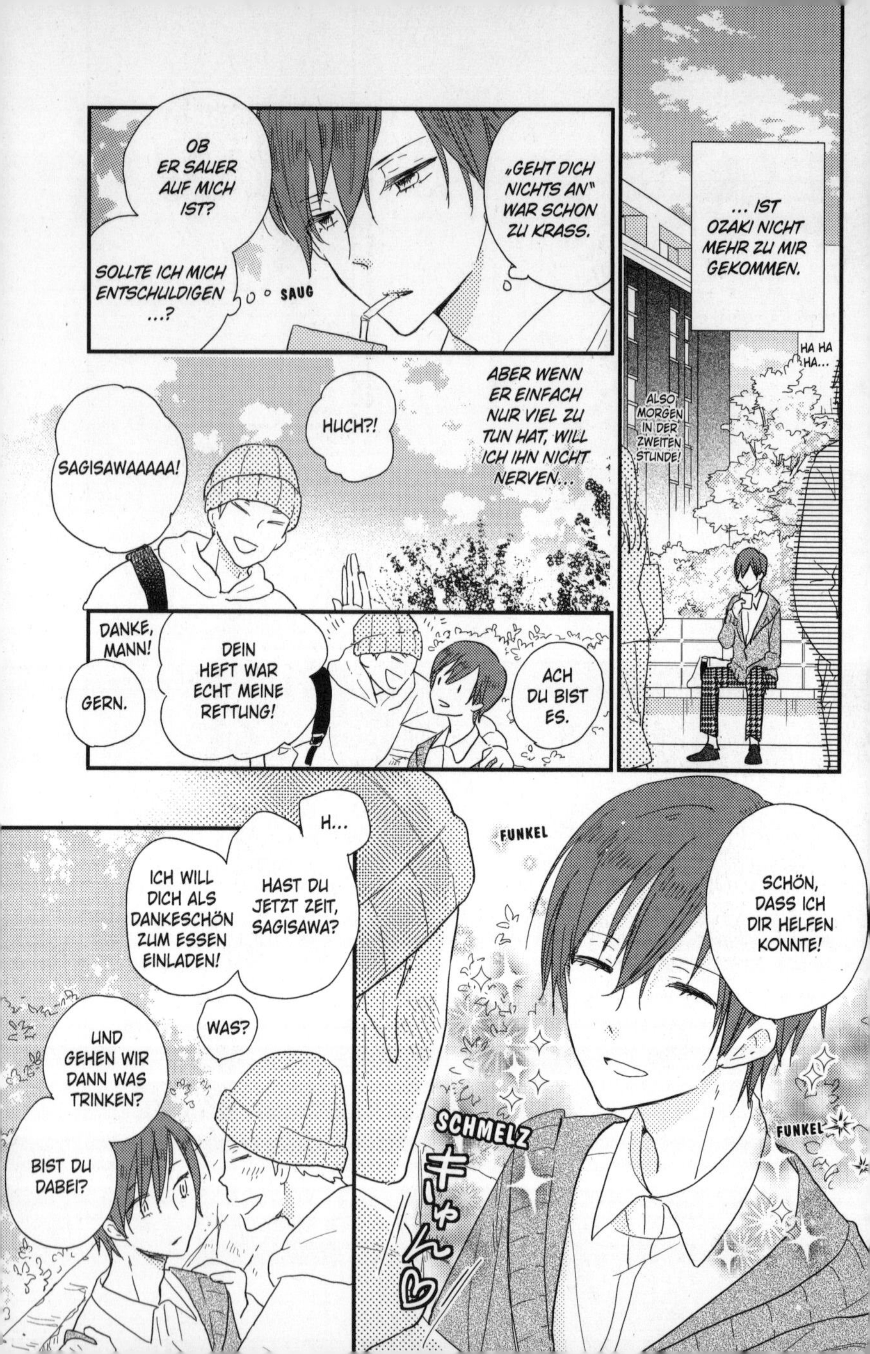
... IST OZAKI NICHT MEHR ZU MIR GEKOMMEN.
HA HA HA...
ALSO MORGEN IN DER ZWEITEN STUNDE!
„GEHT DICH NICHTS AN" WAR SCHON ZU KRASS.
OB ER SAUER AUF MICH IST?
SOLLTE ICH MICH ENTSCHULDIGEN ...?
SAUG
ABER WENN ER EINFACH NUR VIEL ZU TUN HAT, WILL ICH IHN NICHT NERVEN...
HUCH?!
SAGISAWAAAAA!
ACH DU BIST ES.
DEIN HEFT WAR ECHT MEINE RETTUNG!
DANKE, MANN!
GERN.
SCHÖN, DASS ICH DIR HELFEN KONNTE!
FUNKEL
FUNKEL
SCHMELZ
キュン
H...
HAST DU JETZT ZEIT, SAGISAWA?
ICH WILL DICH ALS DANKESCHÖN ZUM ESSEN EINLADEN!
WAS?
UND GEHEN WIR DANN WAS TRINKEN?
BIST DU DABEI?

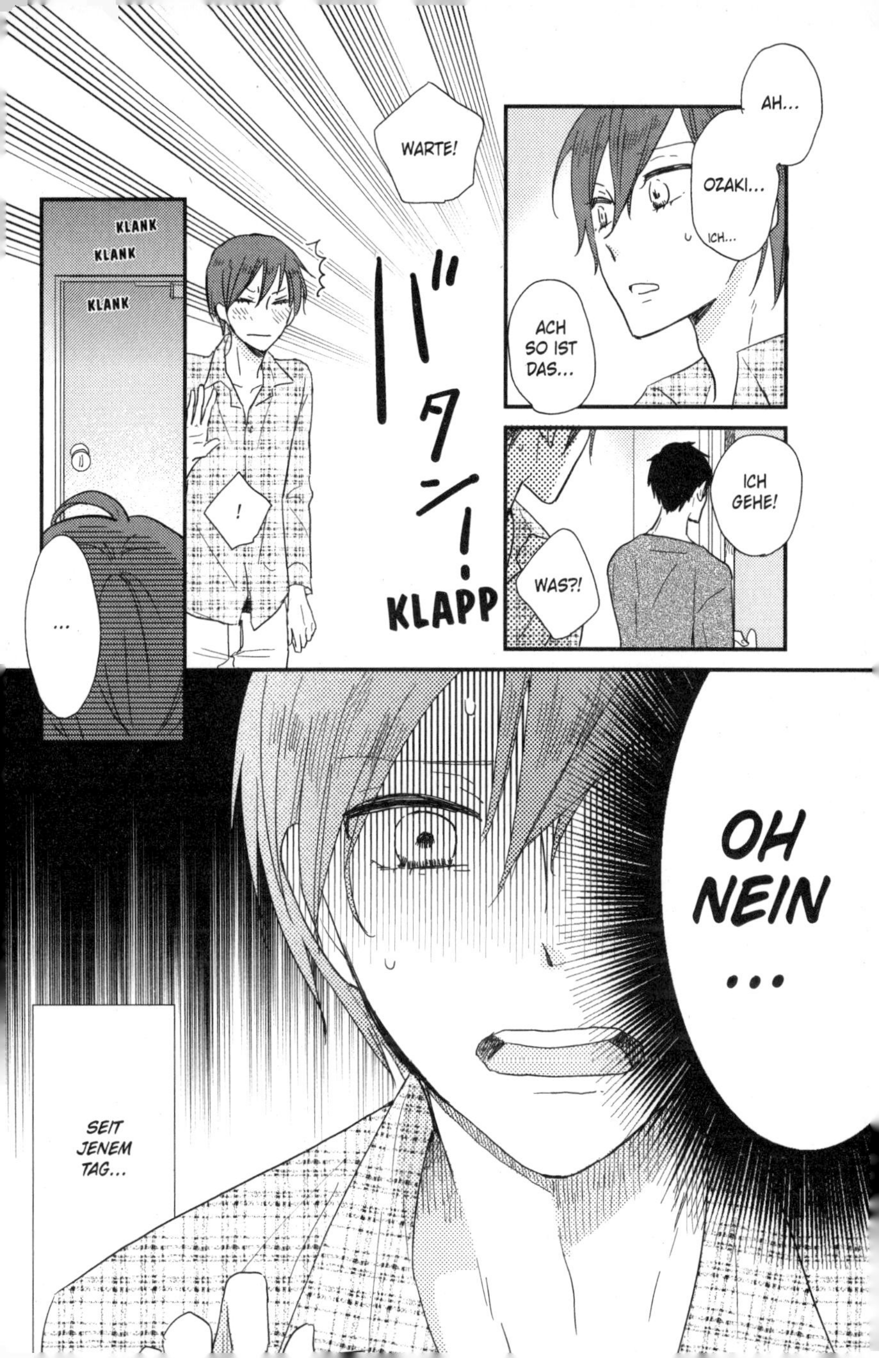
AH…
OZAKI…
ICH…
ACH SO IST DAS…
ICH GEHE!
WAS?!
WARTE!
バタン!
KLAPP
KLANK
KLANK
KLANK
!
…
OH NEIN …
SEIT JENEM TAG…

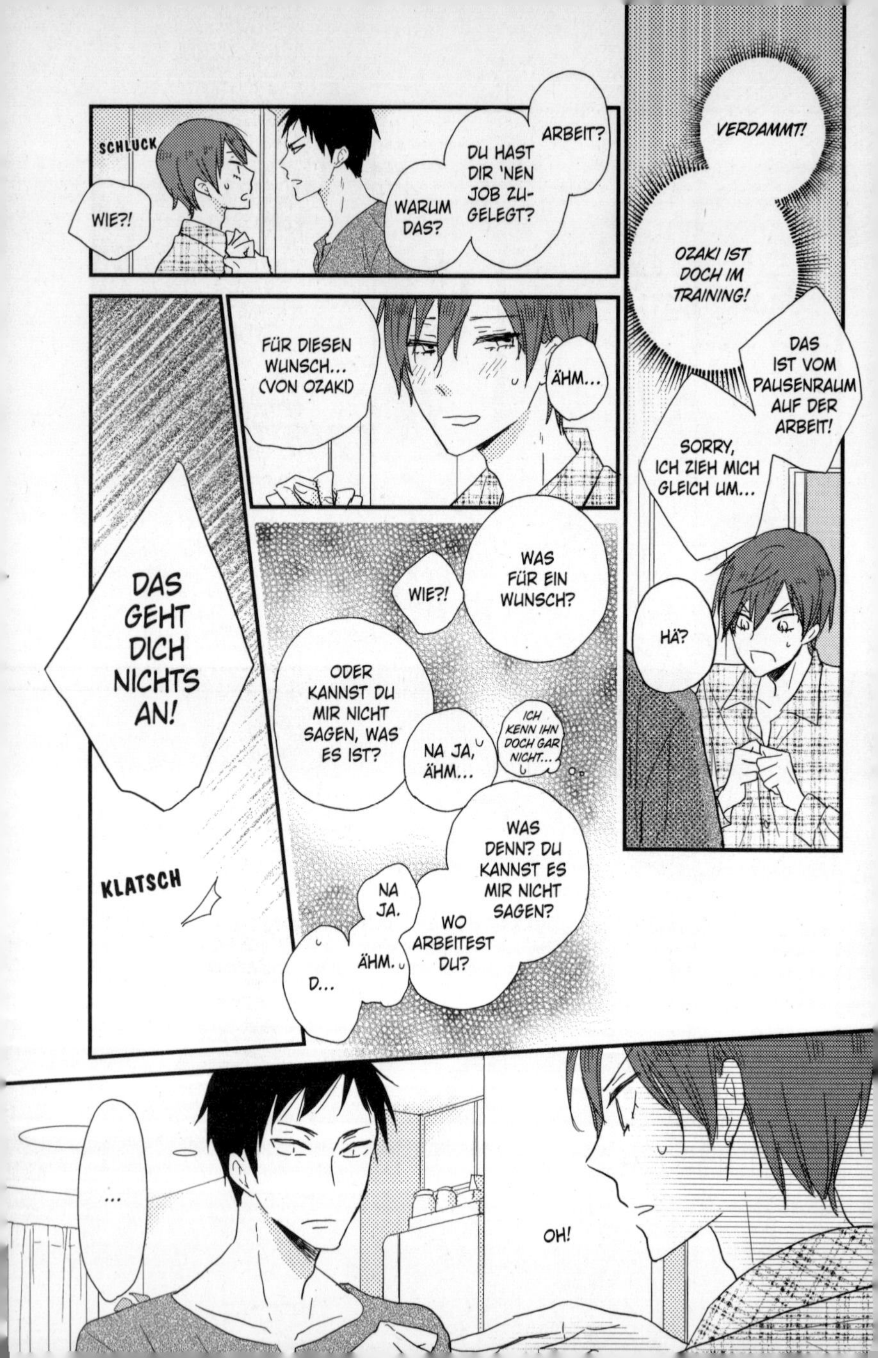
VERDAMMT!
OZAKI IST DOCH IM TRAINING!
DAS IST VOM PAUSENRAUM AUF DER ARBEIT!
SORRY, ICH ZIEH MICH GLEICH UM...
HÄ?
ARBEIT?
DU HAST DIR 'NEN JOB ZUGELEGT?
WARUM DAS?
SCHLUCK
WIE?!
ÄHM...
FÜR DIESEN WUNSCH... (VON OZAKI)
WAS FÜR EIN WUNSCH?
WIE?!
ICH KENN IHN DOCH GAR NICHT...
NA JA, ÄHM...
ODER KANNST DU MIR NICHT SAGEN, WAS ES IST?
WAS DENN? DU KANNST ES MIR NICHT SAGEN?
NA JA.
WO ARBEITEST DU?
ÄHM.
D...
DAS GEHT DICH NICHTS AN!
KLATSCH
OH!
...

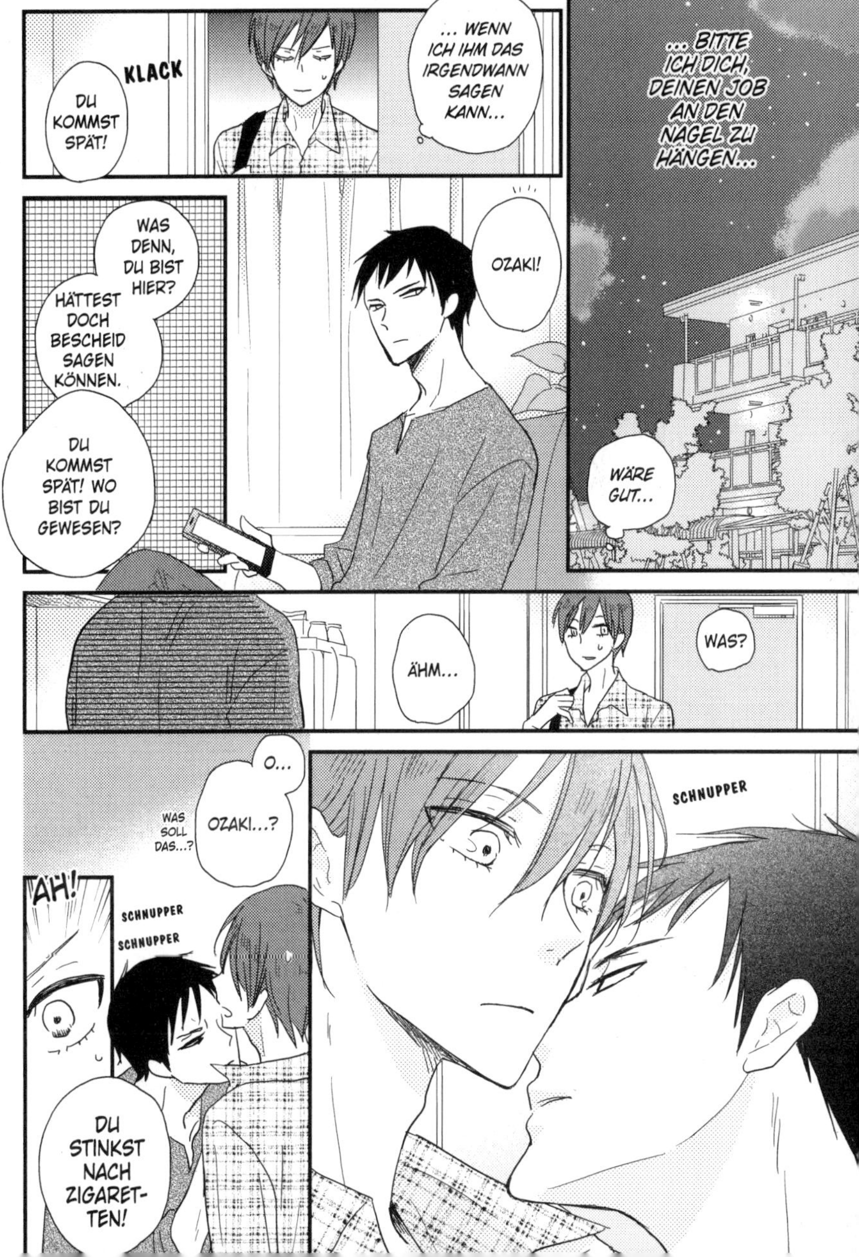

... BITTE ICH DICH, DEINEN JOB AN DEN NAGEL ZU HÄNGEN...
WÄRE GUT...
... WENN ICH IHM DAS IRGENDWANN SAGEN KANN...
KLACK
DU KOMMST SPÄT!
OZAKI!
WAS DENN, DU BIST HIER?
HÄTTEST DOCH BESCHEID SAGEN KÖNNEN.
DU KOMMST SPÄT! WO BIST DU GEWESEN?
WAS?
ÄHM...
SCHNUPPER
O...
OZAKI...?
WAS SOLL DAS...?
ÄH!
SCHNUPPER
SCHNUPPER
DU STINKST NACH ZIGARET-TEN!

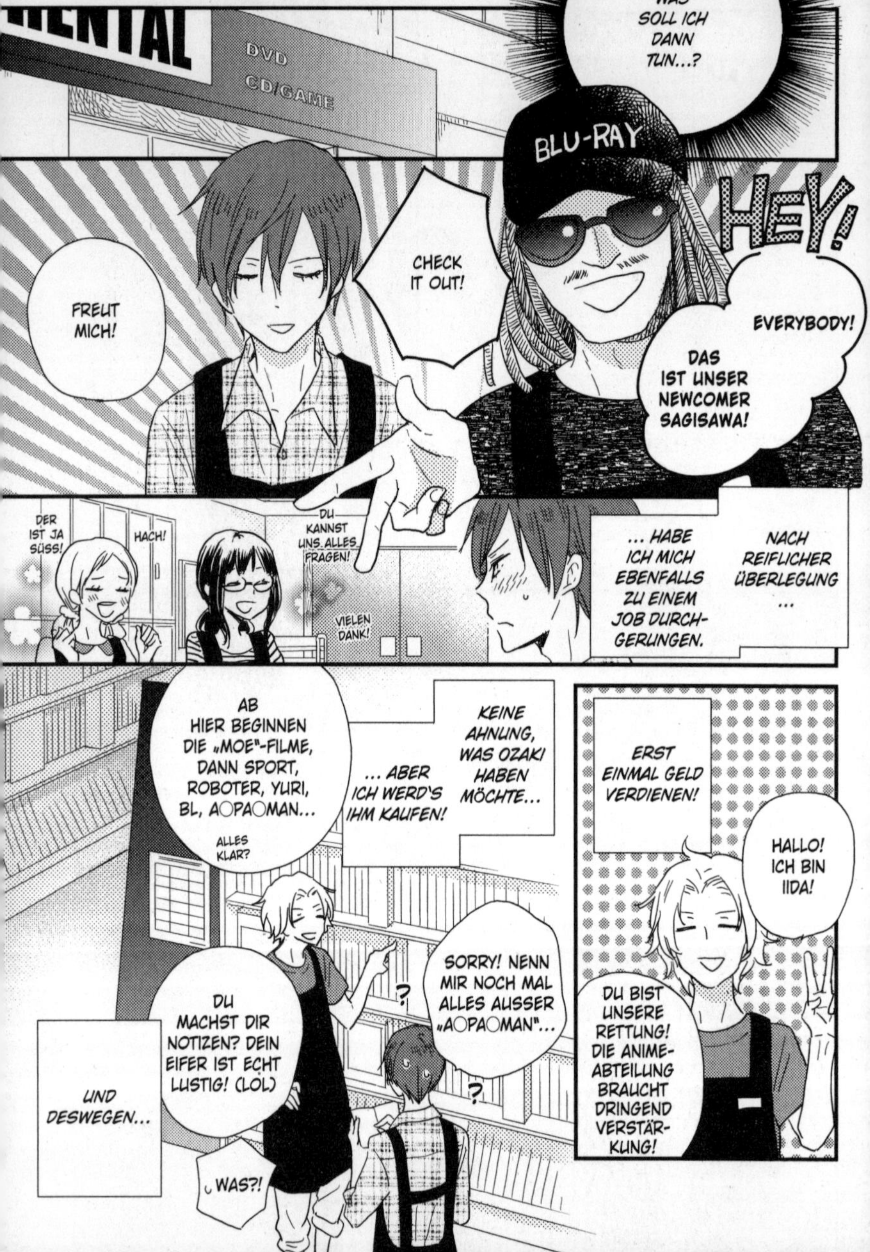
WAS SOLL ICH DANN TUN…?
DVD
CD/GAME
BLU-RAY
HEY!
EVERYBODY!
DAS IST UNSER NEWCOMER SAGISAWA!
CHECK IT OUT!
FREUT MICH!
NACH REIFLICHER ÜBERLEGUNG …
… HABE ICH MICH EBENFALLS ZU EINEM JOB DURCHGERUNGEN.
DU KANNST UNS ALLES FRAGEN!
VIELEN DANK!
HACH!
DER IST JA SÜSS!
ERST EINMAL GELD VERDIENEN!
HALLO! ICH BIN IIDA!
DU BIST UNSERE RETTUNG! DIE ANIME-ABTEILUNG BRAUCHT DRINGEND VERSTÄRKUNG!
KEINE AHNUNG, WAS OZAKI HABEN MÖCHTE…
… ABER ICH WERD'S IHM KAUFEN!
AB HIER BEGINNEN DIE „MOE"-FILME, DANN SPORT, ROBOTER, YURI, BL, A○PA○MAN…
ALLES KLAR?
SORRY! NENN MIR NOCH MAL ALLES AUSSER „A○PA○MAN"…
?
?
DU MACHST DIR NOTIZEN? DEIN EIFER IST ECHT LUSTIG! (LOL)
¿WAS?!
UND DESWEGEN…

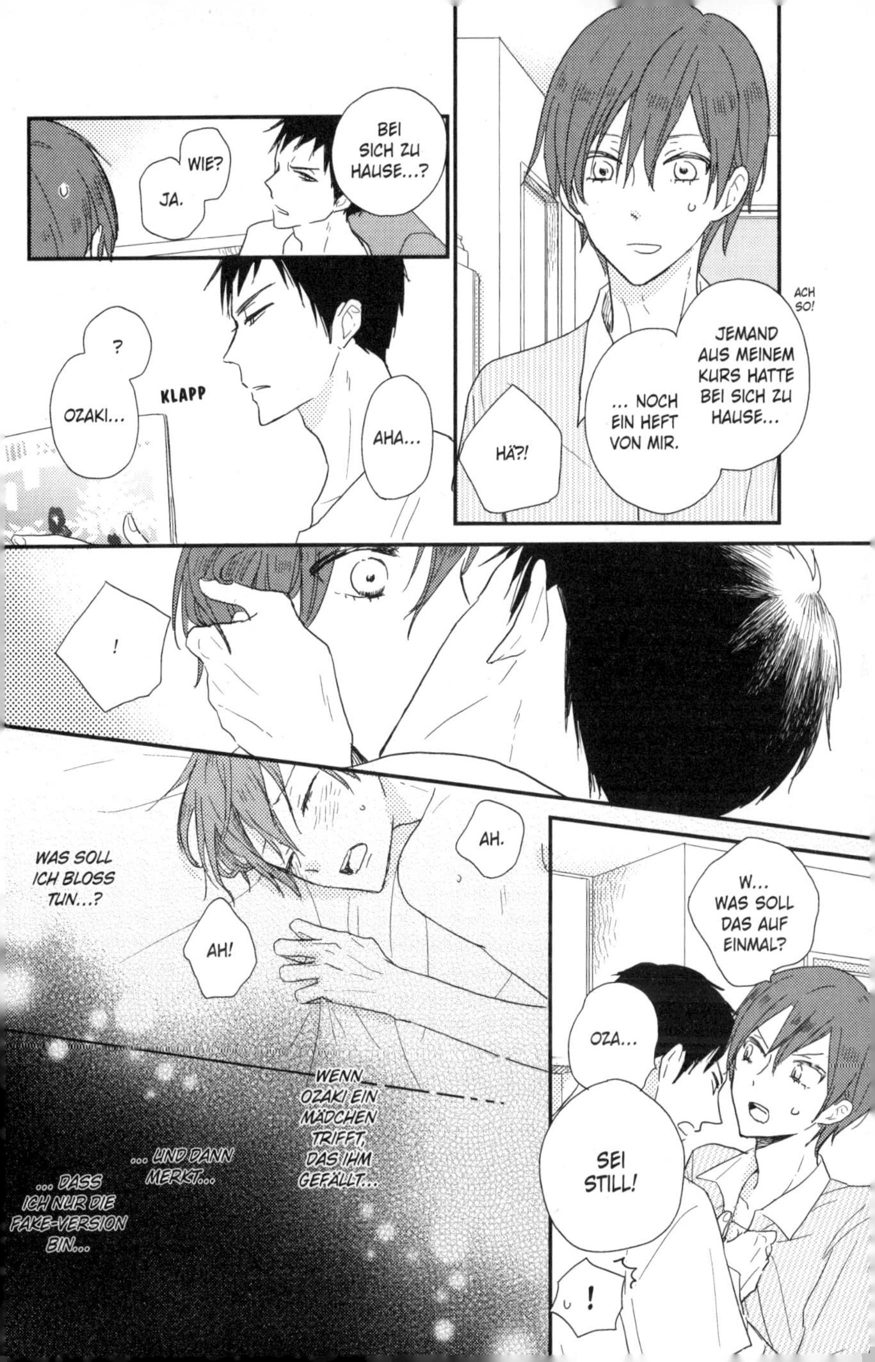
ACH SO!
JEMAND AUS MEINEM KURS HATTE BEI SICH ZU HAUSE...
... NOCH EIN HEFT VON MIR.
HÄ?!
BEI SICH ZU HAUSE...?
WIE?
JA.
AHA...
KLAPP
?
OZAKI...
!
W... WAS SOLL DAS AUF EINMAL?
OZA...
SEI STILL!
!
AH.
AH!
WAS SOLL ICH BLOSS TUN...?
WENN OZAKI EIN MÄDCHEN TRIFFT, DAS IHM GEFÄLLT...
... UND DANN MERKT...
... DASS ICH NUR DIE FAKE-VERSION BIN...

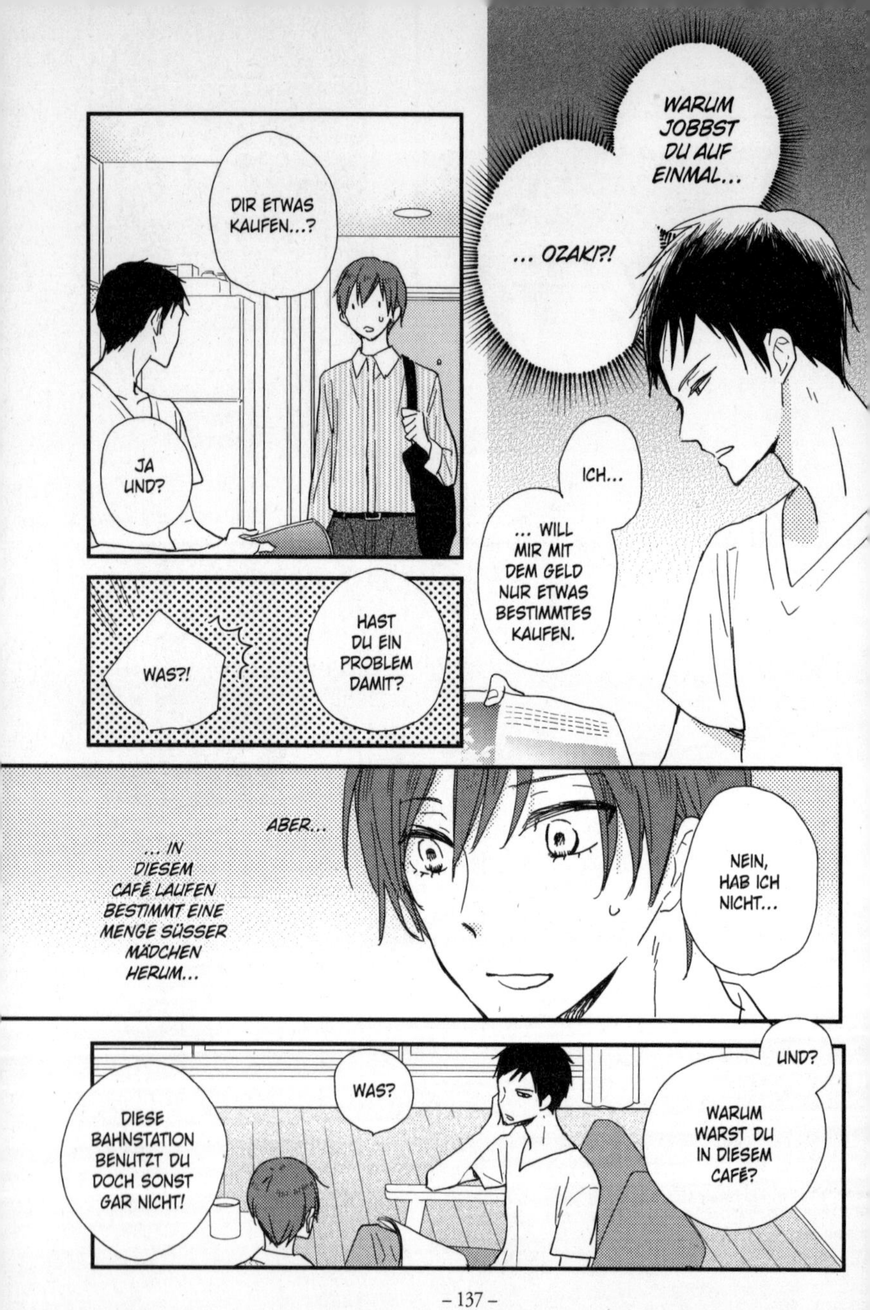
WARUM JOBBST DU AUF EINMAL...
... OZAKI?!
ICH...
... WILL MIR MIT DEM GELD NUR ETWAS BESTIMMTES KAUFEN.
DIR ETWAS KAUFEN...?
JA UND?
HAST DU EIN PROBLEM DAMIT?
WAS?!
NEIN, HAB ICH NICHT...
ABER...
... IN DIESEM CAFÉ LAUFEN BESTIMMT EINE MENGE SÜSSER MÄDCHEN HERUM...
UND?
WARUM WARST DU IN DIESEM CAFÉ?
WAS?
DIESE BAHNSTATION BENUTZT DU DOCH SONST GAR NICHT!

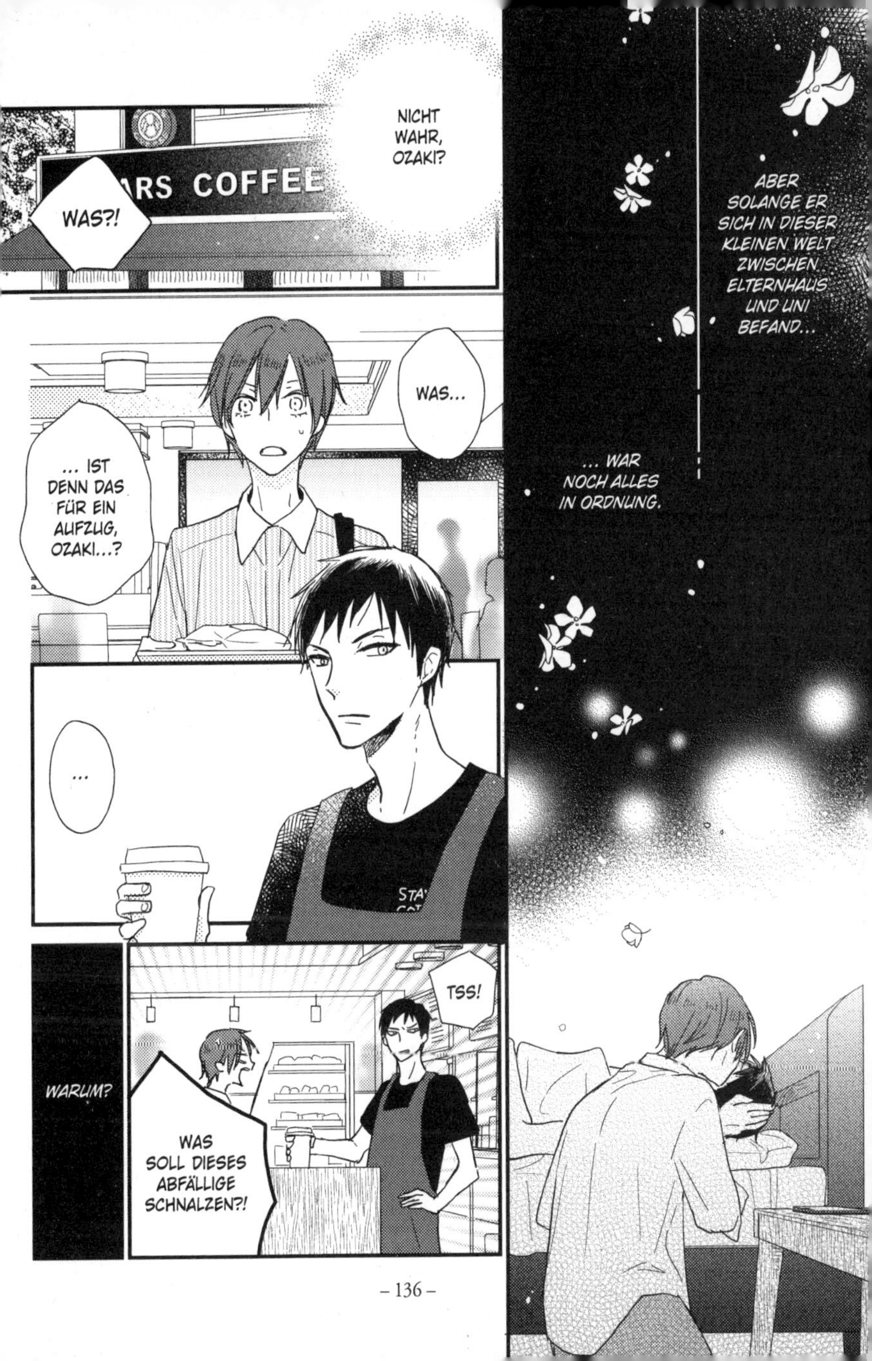
ABER SOLANGE ER SICH IN DIESER KLEINEN WELT ZWISCHEN ELTERNHAUS UND UNI BEFAND...
... WAR NOCH ALLES IN ORDNUNG.
NICHT WAHR, OZAKI?
WAS?!
ARS COFFEE
WAS...
... IST DENN DAS FÜR EIN AUFZUG, OZAKI...?
...
TSS!
WARUM?
WAS SOLL DIESES ABFÄLLIGE SCHNALZEN?!

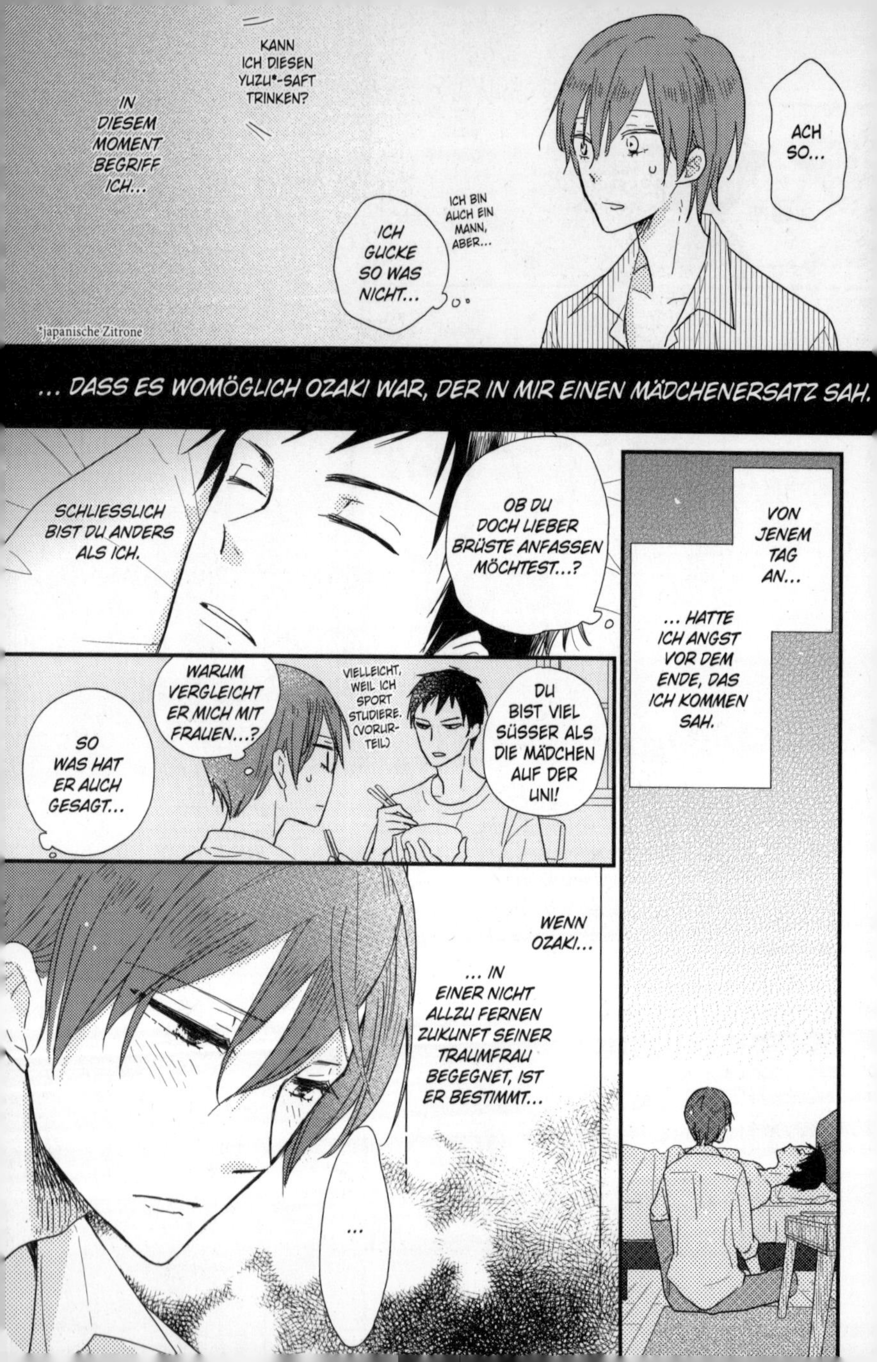

*japanische Zitrone

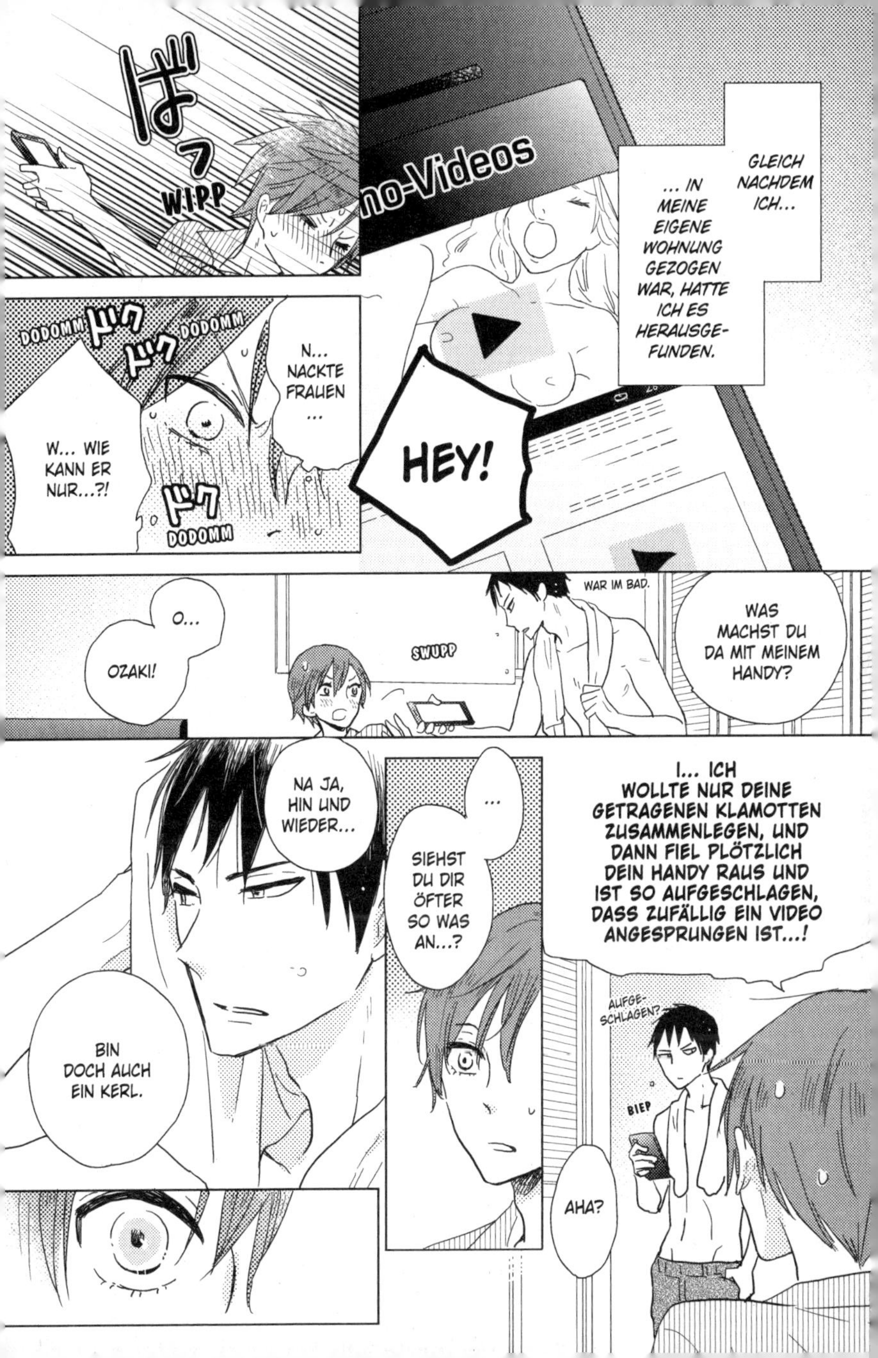

GLEICH NACHDEM ICH…
… IN MEINE EIGENE WOHNUNG GEZOGEN WAR, HATTE ICH ES HERAUSGEFUNDEN.
no-Videos
ぱっ
WIPP
HEY!
N… NACKTE FRAUEN …
ドク DODOMM
ドク DODOMM
W… WIE KANN ER NUR…?!
ドク DODOMM
WAR IM BAD.
WAS MACHST DU DA MIT MEINEM HANDY?
SWUPP
O…
OZAKI!
I… ICH WOLLTE NUR DEINE GETRAGENEN KLAMOTTEN ZUSAMMENLEGEN, UND DANN FIEL PLÖTZLICH DEIN HANDY RAUS UND IST SO AUFGESCHLAGEN, DASS ZUFÄLLIG EIN VIDEO ANGESPRUNGEN IST…!
AUFGE-SCHLAGEN?
BIEP
AHA?
…
SIEHST DU DIR ÖFTER SO WAS AN…?
NA JA, HIN UND WIEDER…
BIN DOCH AUCH EIN KERL.

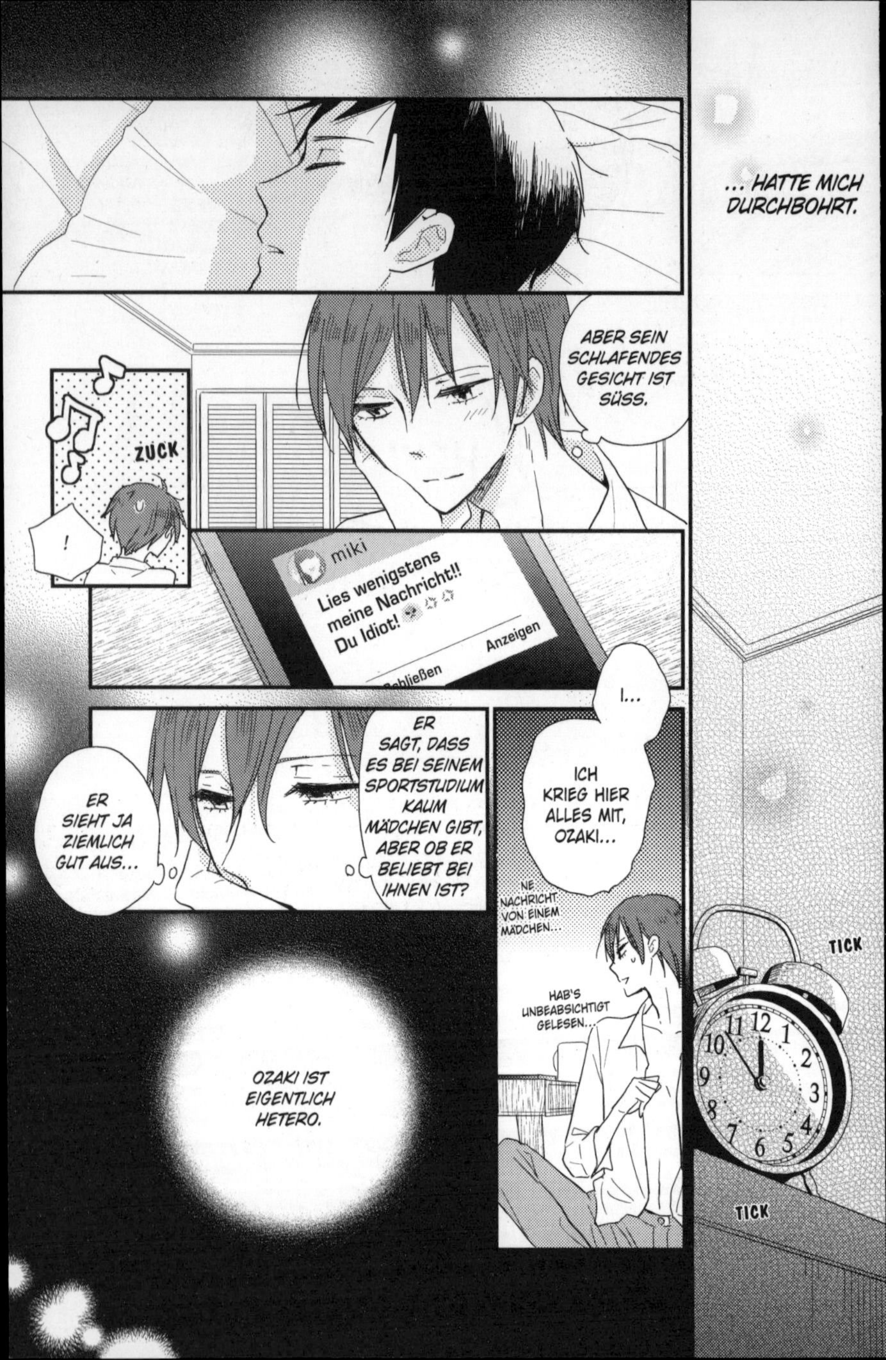
... HATTE MICH DURCHBOHRT.
ABER SEIN SCHLAFENDES GESICHT IST SÜSS.
ZUCK
!
miki
Lies wenigstens meine Nachricht!! Du Idiot!
Anzeigen
I...
ICH KRIEG HIER ALLES MIT, OZAKI...
NE NACHRICHT VON EINEM MÄDCHEN...
HAB'S UNBEABSICHTIGT GELESEN...
TICK
TICK
ER SAGT, DASS ES BEI SEINEM SPORTSTUDIUM KAUM MÄDCHEN GIBT, ABER OB ER BELIEBT BEI IHNEN IST?
ER SIEHT JA ZIEMLICH GUT AUS...
OZAKI IST EIGENTLICH HETERO.

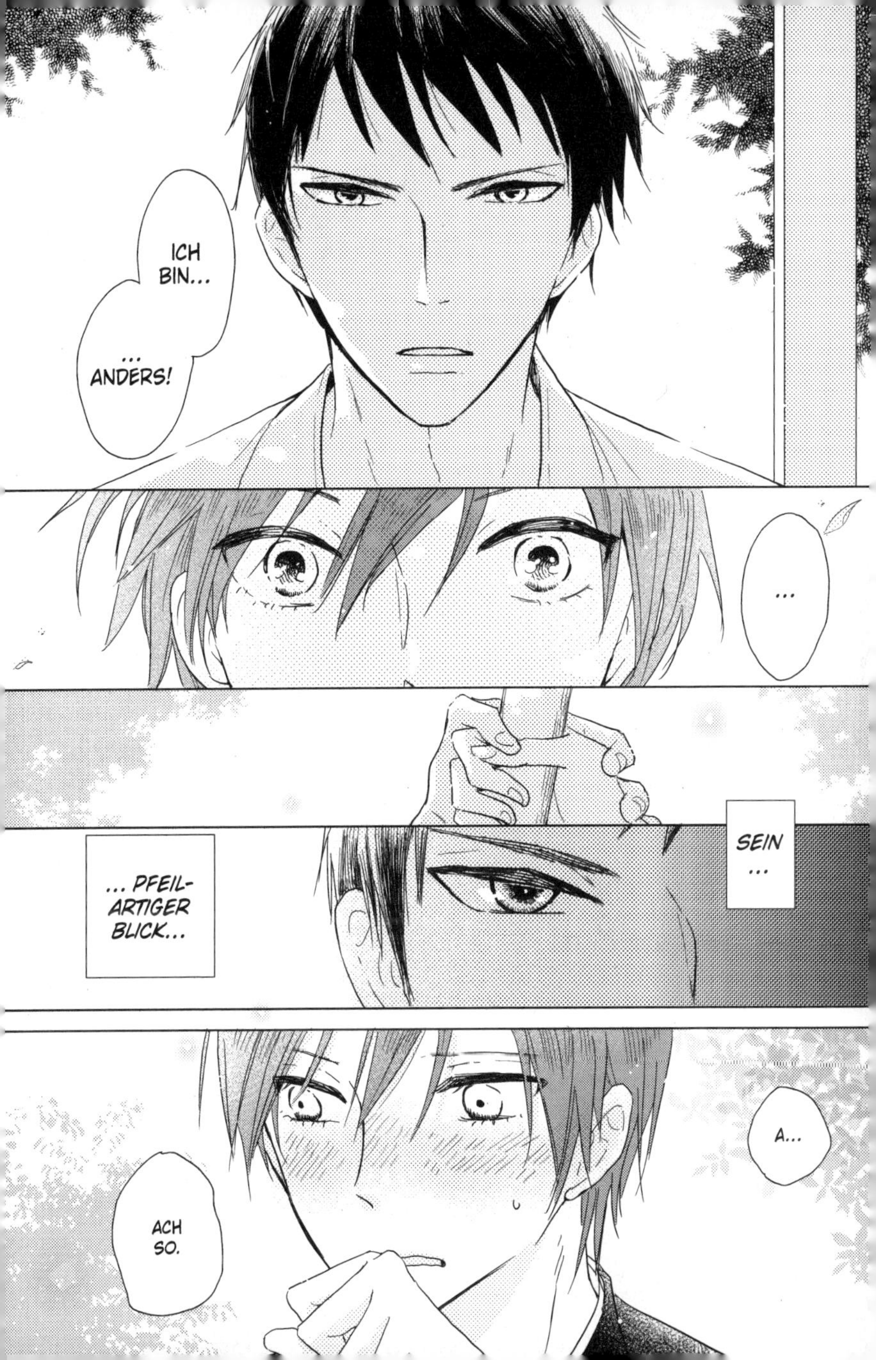
ICH BIN…
… ANDERS!
…
SEIN …
… PFEIL-ARTIGER BLICK…
A…
ACH SO.

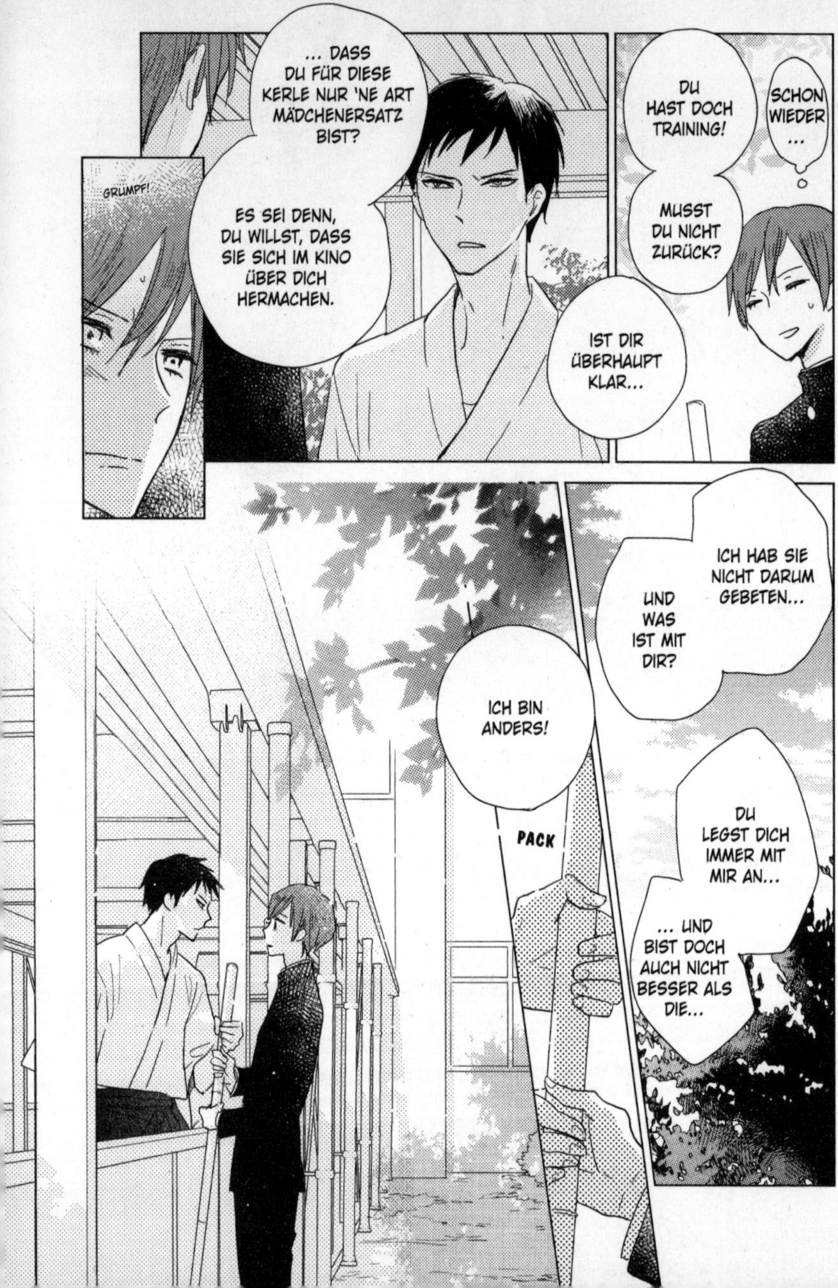
SCHON WIEDER ...
DU HAST DOCH TRAINING!
MUSST DU NICHT ZURÜCK?
IST DIR ÜBERHAUPT KLAR...
... DASS DU FÜR DIESE KERLE NUR 'NE ART MÄDCHENERSATZ BIST?
ES SEI DENN, DU WILLST, DASS SIE SICH IM KINO ÜBER DICH HERMACHEN.
GRUMPF!
ICH HAB SIE NICHT DARUM GEBETEN...
UND WAS IST MIT DIR?
ICH BIN ANDERS!
DU LEGST DICH IMMER MIT MIR AN...
... UND BIST DOCH AUCH NICHT BESSER ALS DIE...
PACK

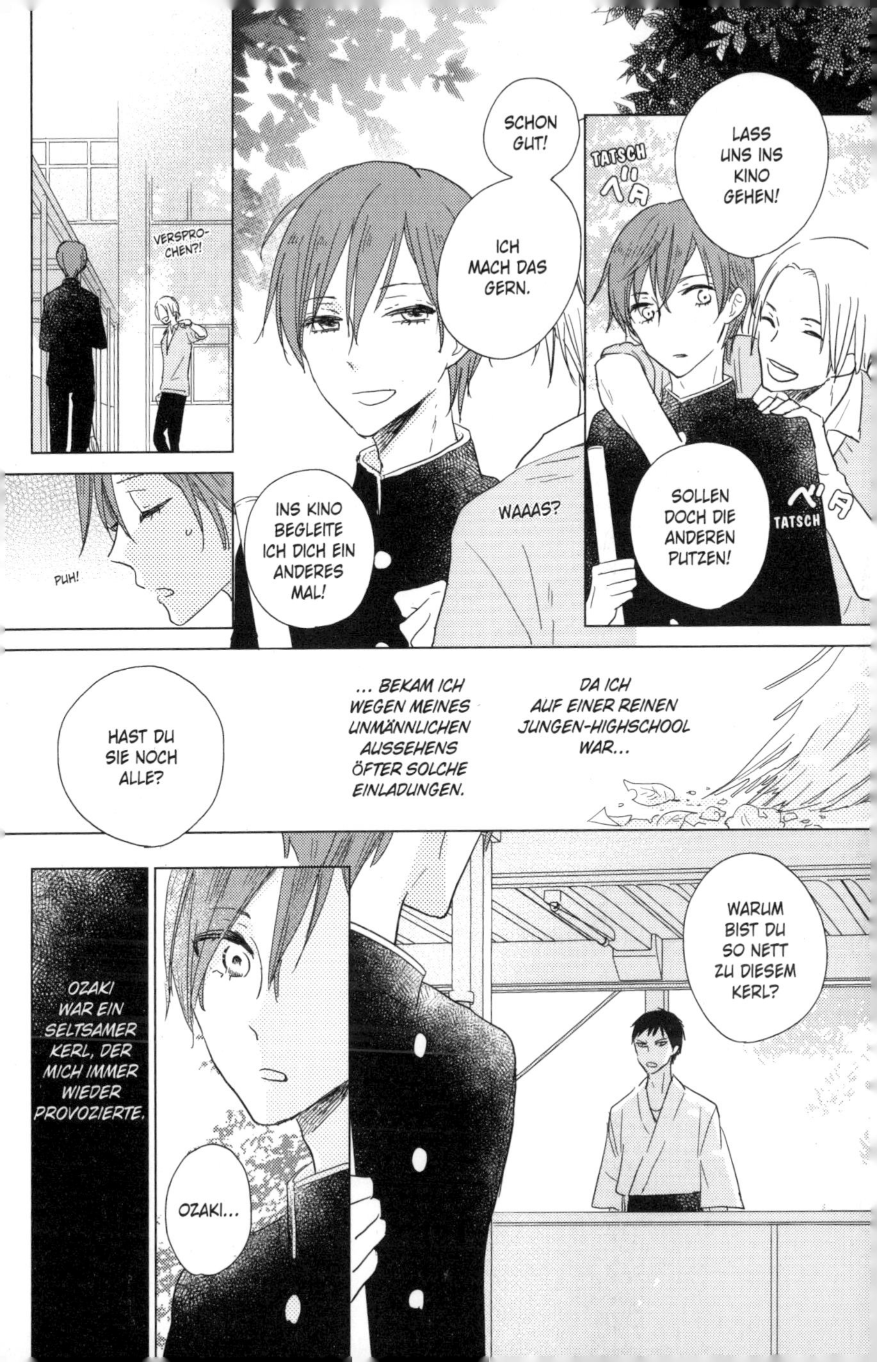

TATSCH
LASS UNS INS KINO GEHEN!
TATSCH
SOLLEN DOCH DIE ANDEREN PUTZEN!
SCHON GUT!
ICH MACH DAS GERN.
WAAAS?
INS KINO BEGLEITE ICH DICH EIN ANDERES MAL!
VERSPRO-CHEN?!
PUH!
DA ICH AUF EINER REINEN JUNGEN-HIGHSCHOOL WAR...
... BEKAM ICH WEGEN MEINES UNMÄNNLICHEN AUSSEHENS ÖFTER SOLCHE EINLADUNGEN.
HAST DU SIE NOCH ALLE?
WARUM BIST DU SO NETT ZU DIESEM KERL?
OZAKI...
OZAKI WAR EIN SELTSAMER KERL, DER MICH IMMER WIEDER PROVOZIERTE.

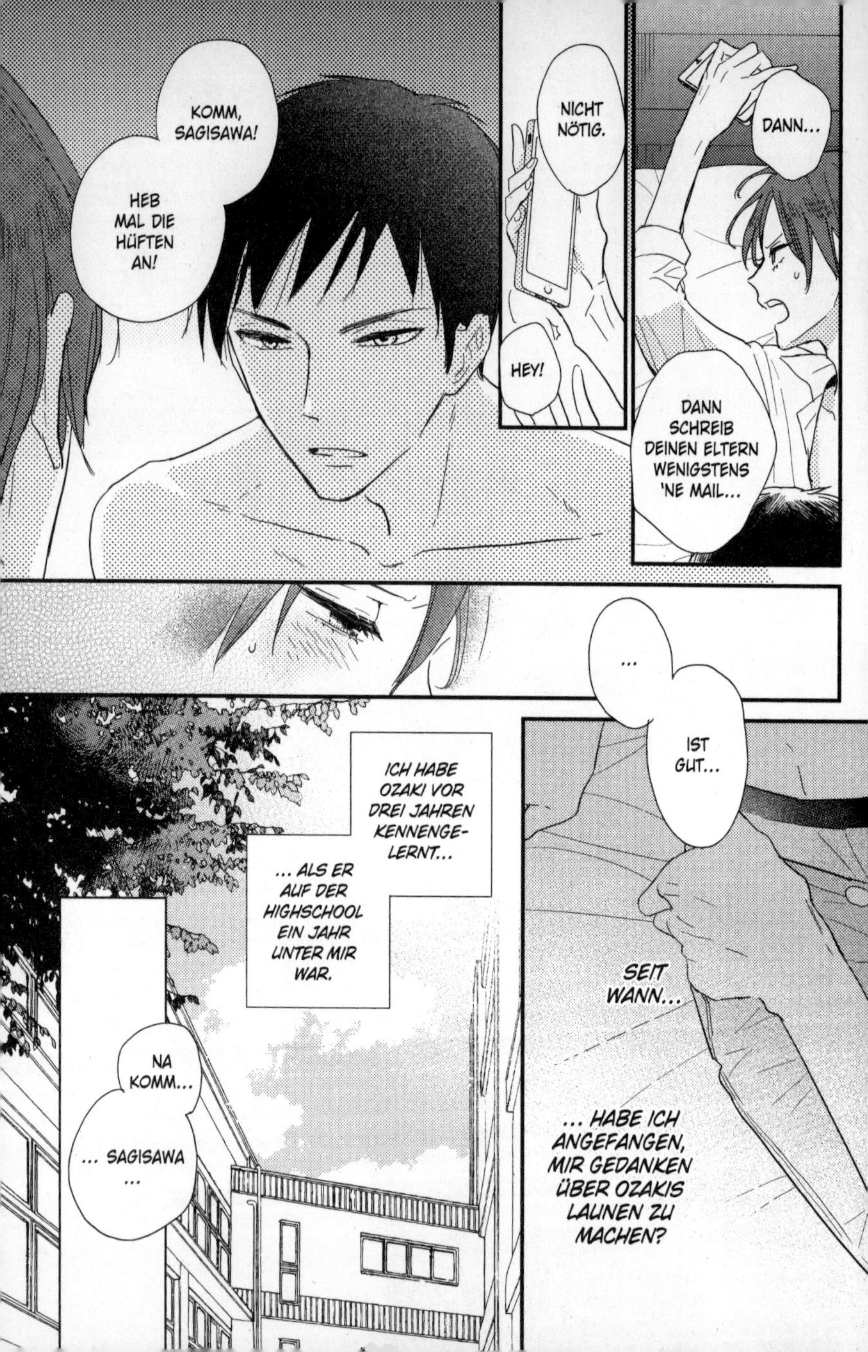
DANN...
DANN SCHREIB DEINEN ELTERN WENIGSTENS 'NE MAIL...
NICHT NÖTIG.
HEY!
KOMM, SAGISAWA!
HEB MAL DIE HÜFTEN AN!
...
IST GUT...
SEIT WANN...
... HABE ICH ANGEFANGEN, MIR GEDANKEN ÜBER OZAKIS LAUNEN ZU MACHEN?
ICH HABE OZAKI VOR DREI JAHREN KENNENGE-LERNT...
... ALS ER AUF DER HIGHSCHOOL EIN JAHR UNTER MIR WAR.
NA KOMM...
... SAGISAWA ...

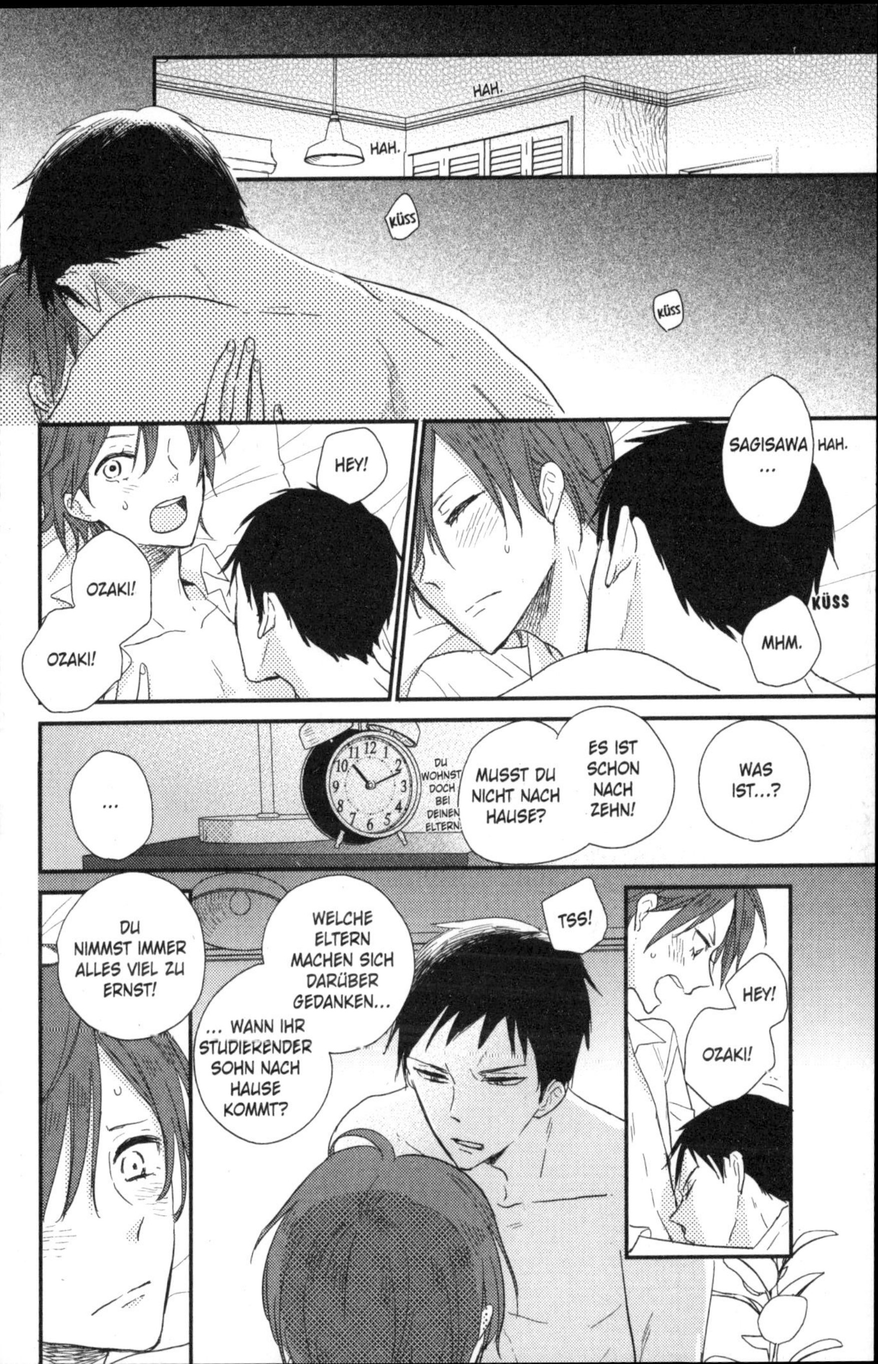
HAH.
HAH.
KÜSS
KÜSS
SAGISAWA …
HAH.
KÜSS
MHM.
HEY!
OZAKI!
OZAKI!
WAS IST…?
ES IST SCHON NACH ZEHN!
MUSST DU NICHT NACH HAUSE?
DU WOHNST DOCH BEI DEINEN ELTERN!
…
HEY!
OZAKI!
TSS!
WELCHE ELTERN MACHEN SICH DARÜBER GEDANKEN…
… WANN IHR STUDIERENDER SOHN NACH HAUSE KOMMT?
DU NIMMST IMMER ALLES VIEL ZU ERNST!

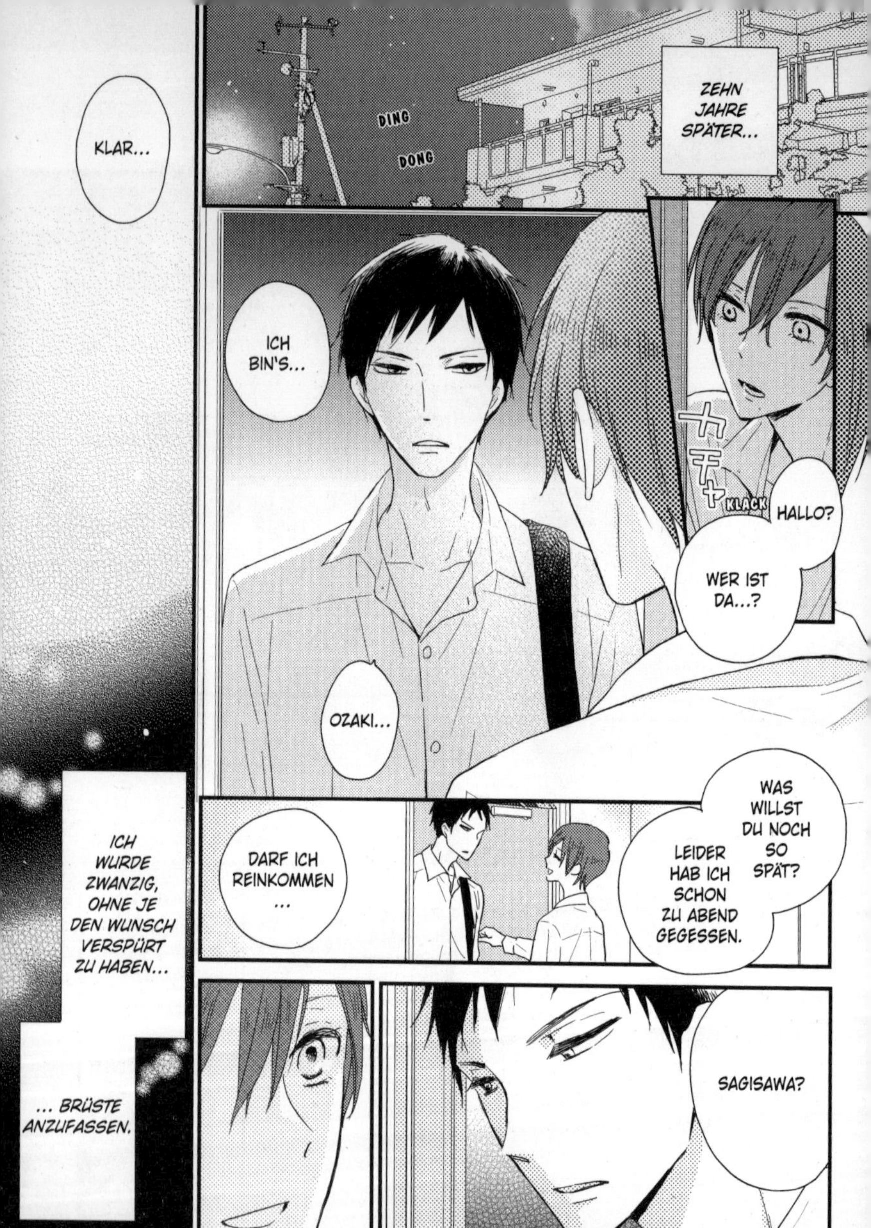

ZEHN JAHRE SPÄTER...
DING
DONG
KLAR...
KLACK
HALLO?
WER IST DA...?
ICH BIN'S...
OZAKI...
WAS WILLST DU NOCH SO SPÄT?
LEIDER HAB ICH SCHON ZU ABEND GEGESSEN.
DARF ICH REINKOMMEN ...
SAGISAWA?
ICH WURDE ZWANZIG, OHNE JE DEN WUNSCH VERSPÜRT ZU HABEN...
... BRÜSTE ANZUFASSEN.

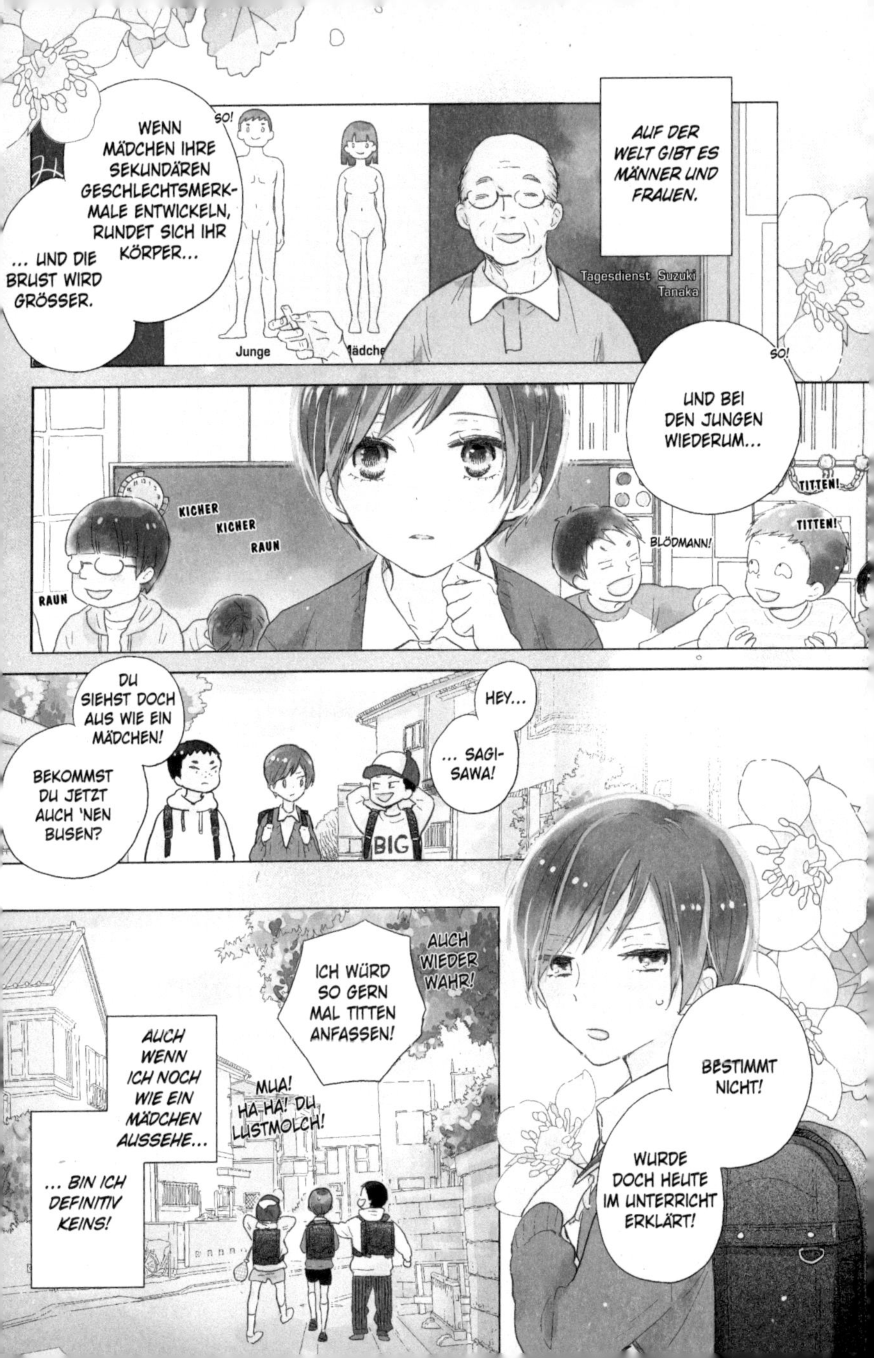
AUF DER WELT GIBT ES MÄNNER UND FRAUEN.
Tagesdienst Suzuki Tanaka
SO!
WENN MÄDCHEN IHRE SEKUNDÄREN GESCHLECHTSMERK-MALE ENTWICKELN, RUNDET SICH IHR KÖRPER...
... UND DIE BRUST WIRD GRÖSSER.
Junge
SO!
UND BEI DEN JUNGEN WIEDERUM...
TITTEN!
TITTEN!
BLÖDMANN!
KICHER
KICHER
RAUN
RAUN
HEY...
... SAGI-SAWA!
DU SIEHST DOCH AUS WIE EIN MÄDCHEN!
BEKOMMST DU JETZT AUCH 'NEN BUSEN?
BIG
BESTIMMT NICHT!
WURDE DOCH HEUTE IM UNTERRICHT ERKLÄRT!
AUCH WIEDER WAHR!
ICH WÜRD SO GERN MAL TITTEN ANFASSEN!
MUA! HA HA! DU LUSTMOLCH!
AUCH WENN ICH NOCH WIE EIN MÄDCHEN AUSSEHE...
... BIN ICH DEFINITIV KEINS!

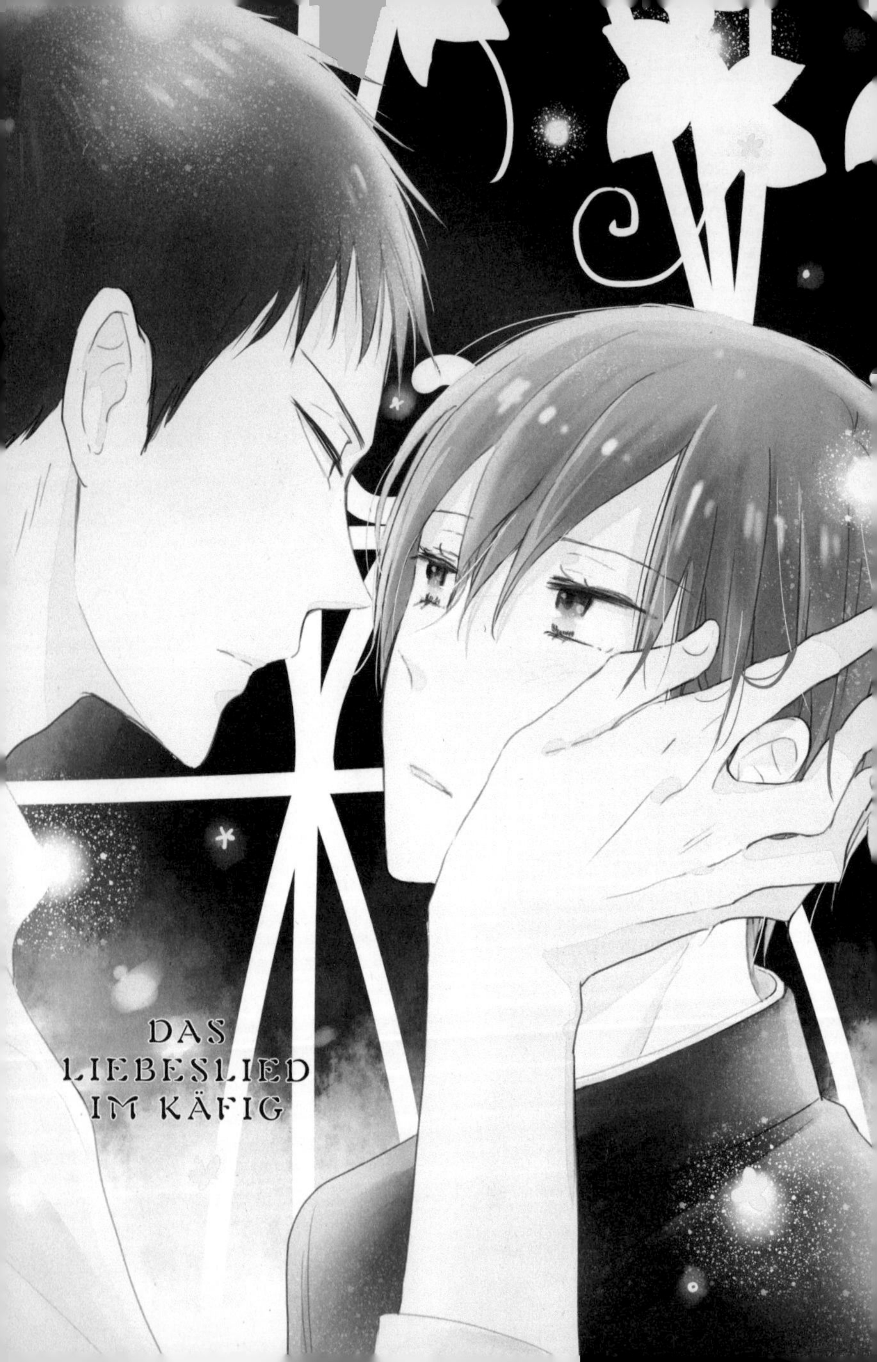
DAS
LIEBESLIED
IM KÄFIG

DIE STADT IN DEINEN FARBEN

präsentiert von Miso Umeda

DIE STADT IN DEINEN FARBEN

präsentiert von Miso Umeda

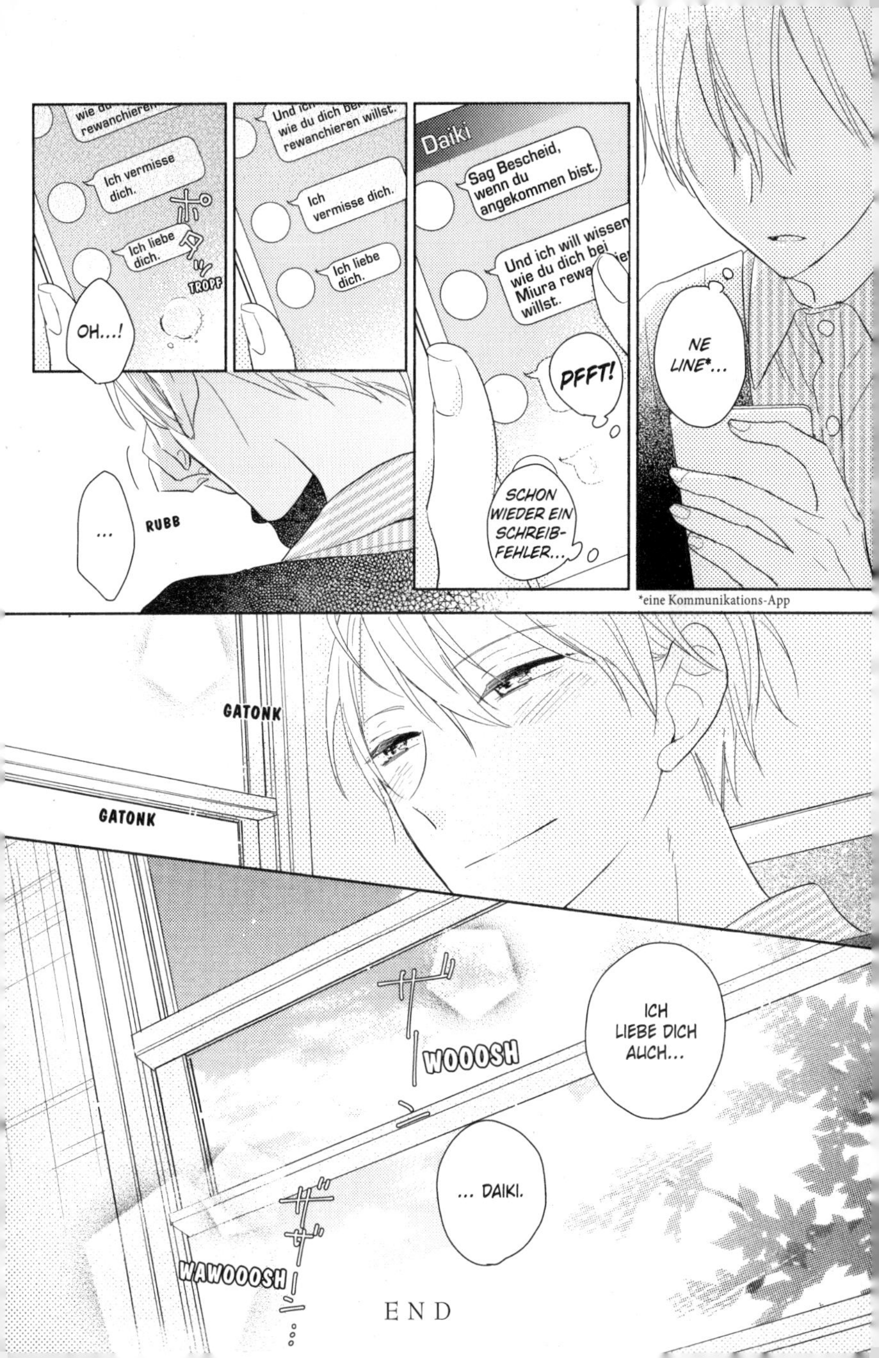

*eine Kommunikations-App

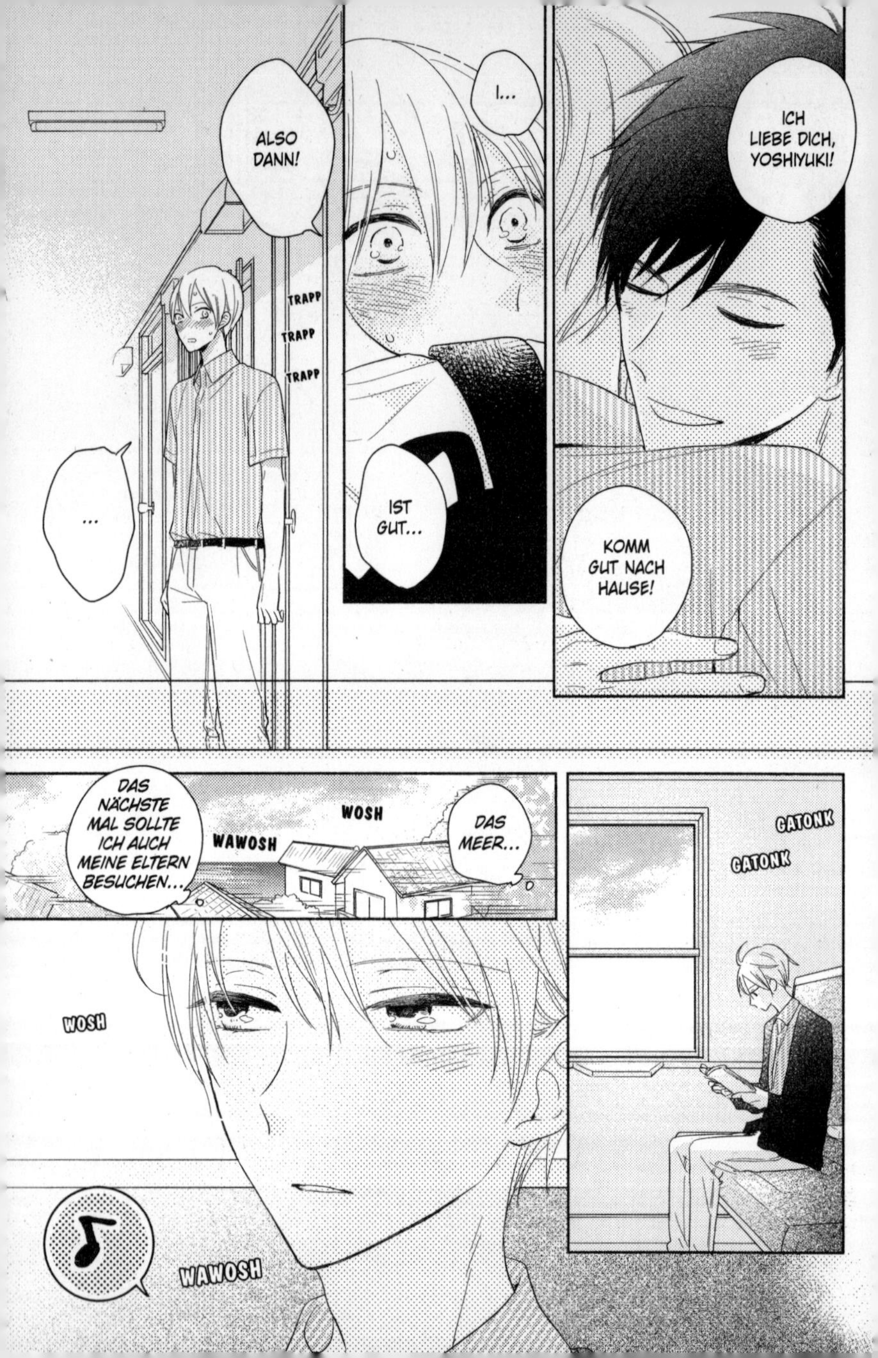
ICH LIEBE DICH, YOSHIYUKI!
KOMM GUT NACH HAUSE!
I...
IST GUT...
ALSO DANN!
TRAPP
TRAPP
TRAPP
...
GATONK
GATONK
DAS MEER...
WOSH
WAWOSH
DAS NÄCHSTE MAL SOLLTE ICH AUCH MEINE ELTERN BESUCHEN...
WOSH
WAWOSH

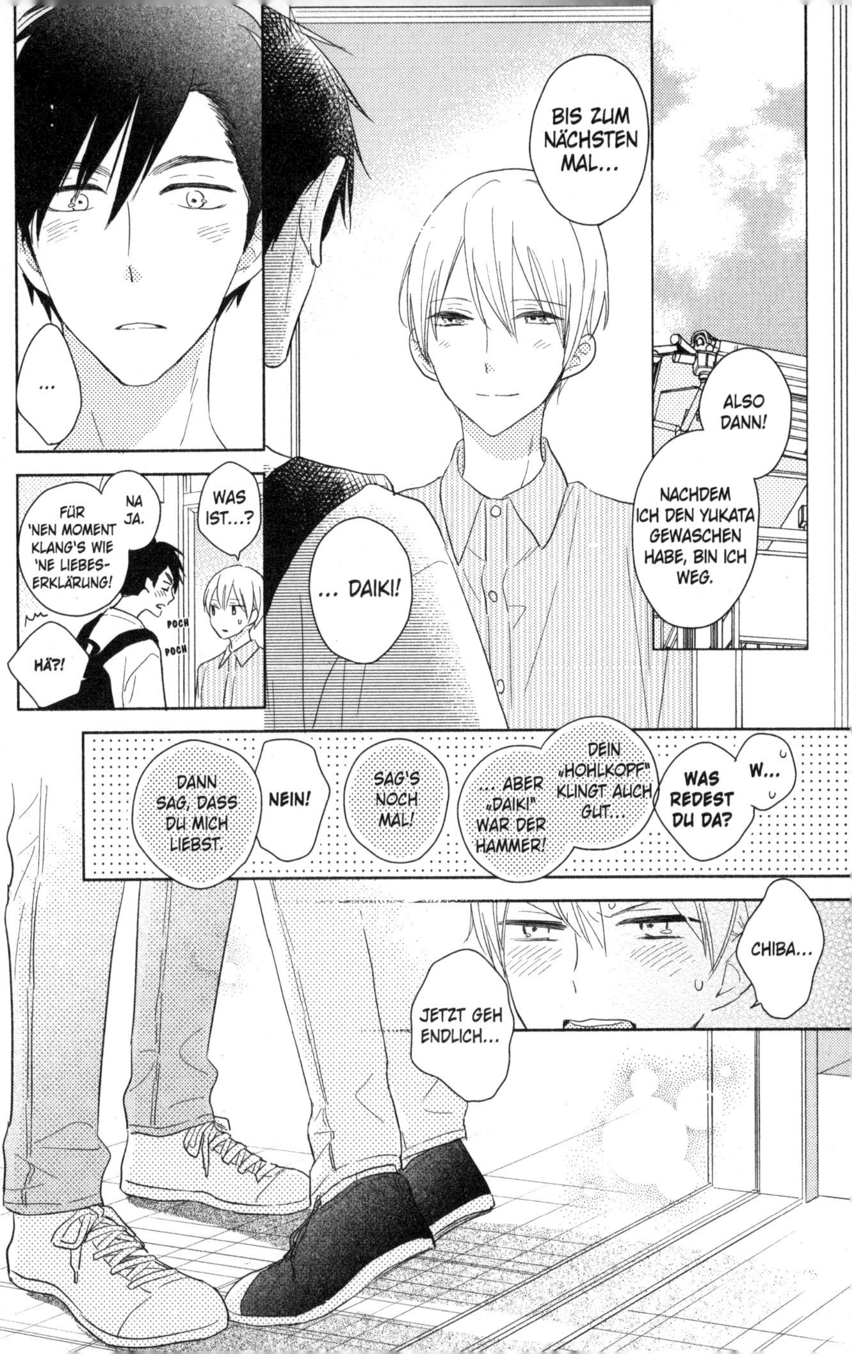
BIS ZUM NÄCHSTEN MAL…
ALSO DANN!
NACHDEM ICH DEN YUKATA GEWASCHEN HABE, BIN ICH WEG.
…
… DAIKI!
WAS IST…?
NA JA.
FÜR 'NEN MOMENT KLANG'S WIE 'NE LIEBES-ERKLÄRUNG!
POCH
POCH
HÄ?!
W…
WAS REDEST DU DA?
DEIN „HOHLKOPF" KLINGT AUCH GUT…
… ABER „DAIKI" WAR DER HAMMER!
SAG'S NOCH MAL!
NEIN!
DANN SAG, DASS DU MICH LIEBST.
CHIBA…
JETZT GEH ENDLICH…

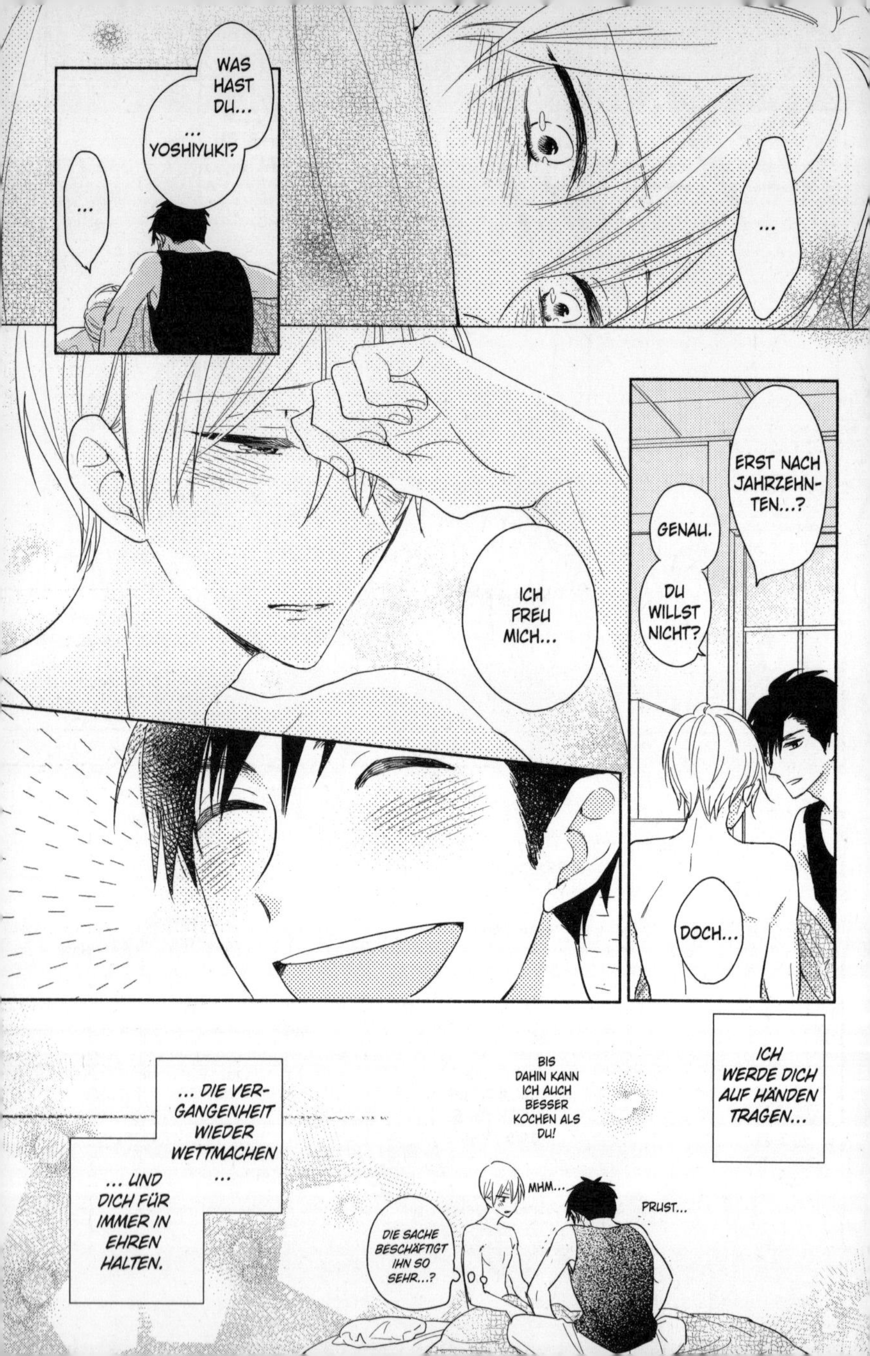
...
WAS HAST DU... ... YOSHIYUKI?
...
ERST NACH JAHRZEHNTEN...?
GENAU.
DU WILLST NICHT?
DOCH...
ICH FREU MICH...
ICH WERDE DICH AUF HÄNDEN TRAGEN...
BIS DAHIN KANN ICH AUCH BESSER KOCHEN ALS DU!
MHM...
PRUST...
DIE SACHE BESCHÄFTIGT IHN SO SEHR...?
... DIE VERGANGENHEIT WIEDER WETTMACHEN ...
... UND DICH FÜR IMMER IN EHREN HALTEN.

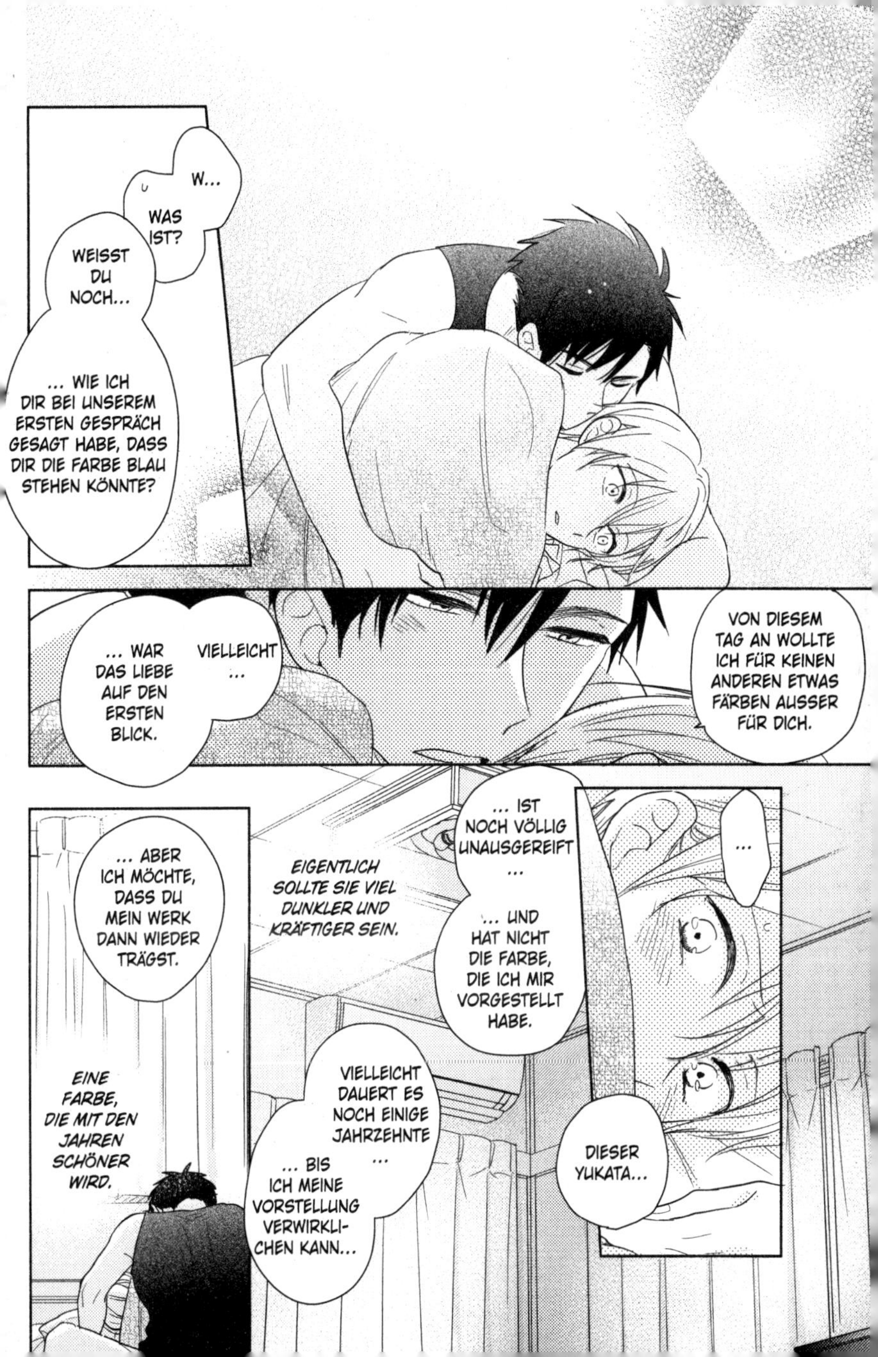
W...
WAS IST?
WEISST DU NOCH...
... WIE ICH DIR BEI UNSEREM ERSTEN GESPRÄCH GESAGT HABE, DASS DIR DIE FARBE BLAU STEHEN KÖNNTE?
VON DIESEM TAG AN WOLLTE ICH FÜR KEINEN ANDEREN ETWAS FÄRBEN AUSSER FÜR DICH.
VIELLEICHT ...
... WAR DAS LIEBE AUF DEN ERSTEN BLICK.
...
DIESER YUKATA...
... IST NOCH VÖLLIG UNAUSGEREIFT ...
... UND HAT NICHT DIE FARBE, DIE ICH MIR VORGESTELLT HABE.
EIGENTLICH SOLLTE SIE VIEL DUNKLER UND KRÄFTIGER SEIN.
VIELLEICHT DAUERT ES NOCH EINIGE JAHRZEHNTE ...
... BIS ICH MEINE VORSTELLUNG VERWIRKLICHEN KANN...
... ABER ICH MÖCHTE, DASS DU MEIN WERK DANN WIEDER TRÄGST.
EINE FARBE, DIE MIT DEN JAHREN SCHÖNER WIRD.

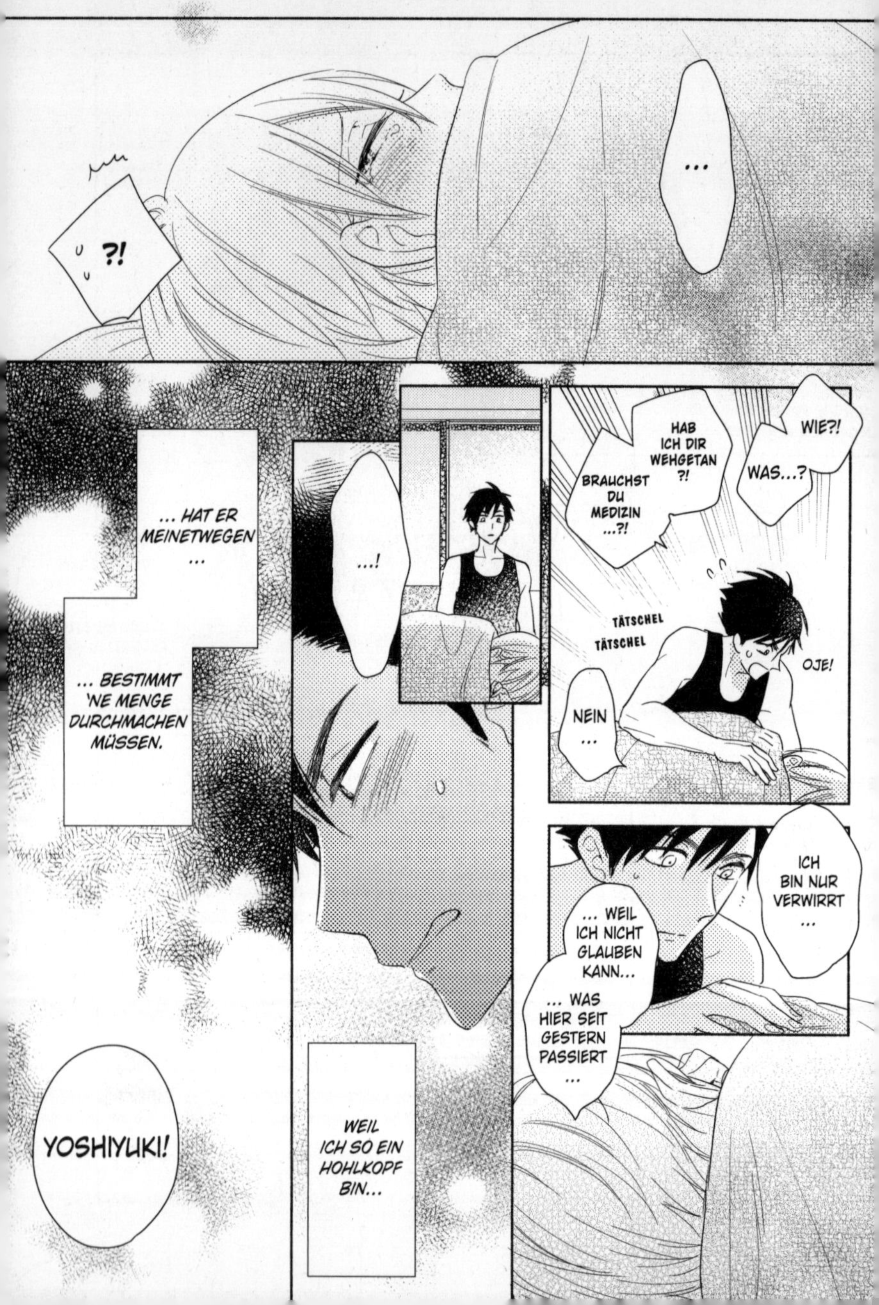
...
?!
WIE?!
WAS...?
HAB ICH DIR WEHGETAN ?!
BRAUCHST DU MEDIZIN ...?!
OJE!
TÄTSCHEL
TÄTSCHEL
NEIN ...
...!
ICH BIN NUR VERWIRRT ...
... WEIL ICH NICHT GLAUBEN KANN...
... WAS HIER SEIT GESTERN PASSIERT ...
WEIL ICH SO EIN HOHLKOPF BIN...
... HAT ER MEINETWEGEN ...
... BESTIMMT 'NE MENGE DURCHMACHEN MÜSSEN.
YOSHIYUKI!

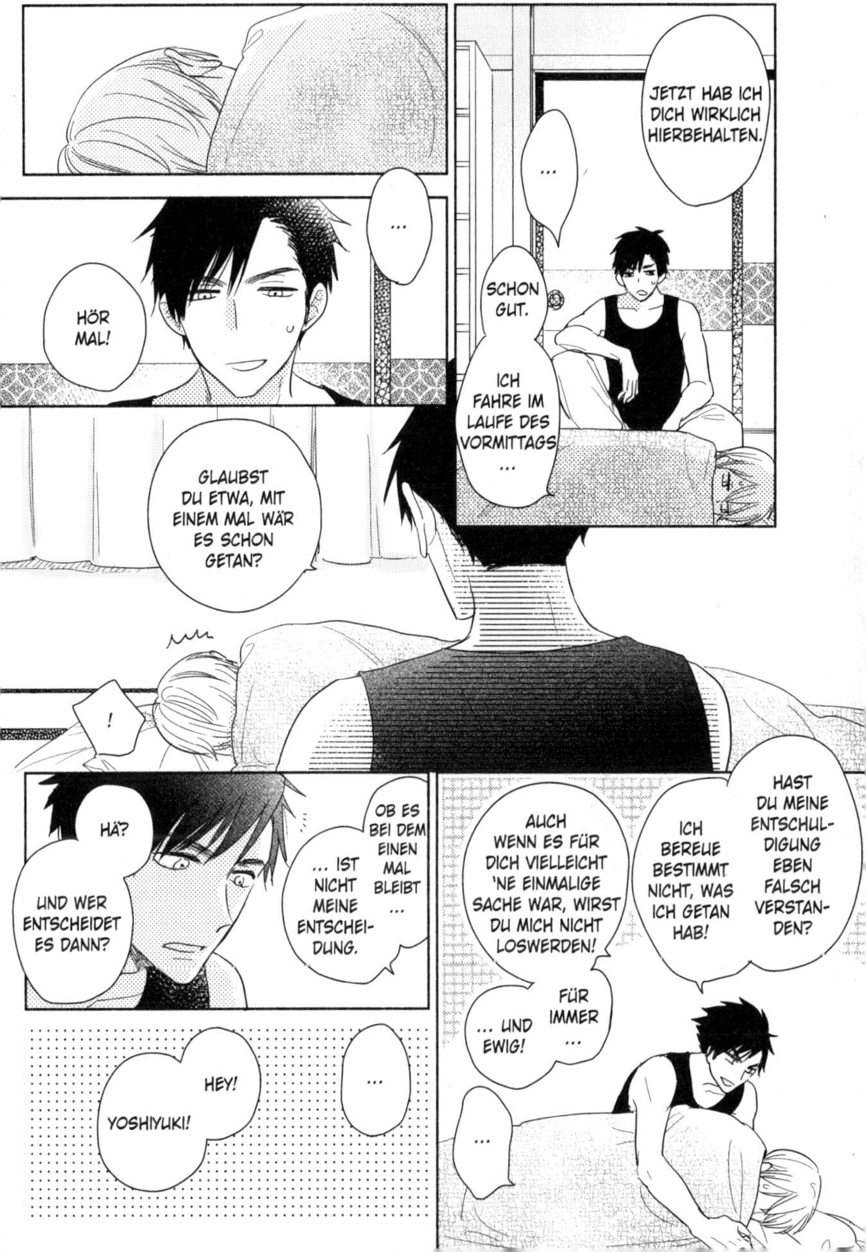
JETZT HAB ICH DICH WIRKLICH HIERBEHALTEN.
…
SCHON GUT.
ICH FAHRE IM LAUFE DES VORMITTAGS …
…
HÖR MAL!
GLAUBST DU ETWA, MIT EINEM MAL WÄR ES SCHON GETAN?
!
HAST DU MEINE ENTSCHULDIGUNG EBEN FALSCH VERSTANDEN?
ICH BEREUE BESTIMMT NICHT, WAS ICH GETAN HAB!
AUCH WENN ES FÜR DICH VIELLEICHT 'NE EINMALIGE SACHE WAR, WIRST DU MICH NICHT LOSWERDEN!
FÜR IMMER …
… UND EWIG!
…
OB ES BEI DEM EINEN MAL BLEIBT …
… IST NICHT MEINE ENTSCHEIDUNG.
HÄ?
UND WER ENTSCHEIDET ES DANN?
…
HEY!
YOSHIYUKI!

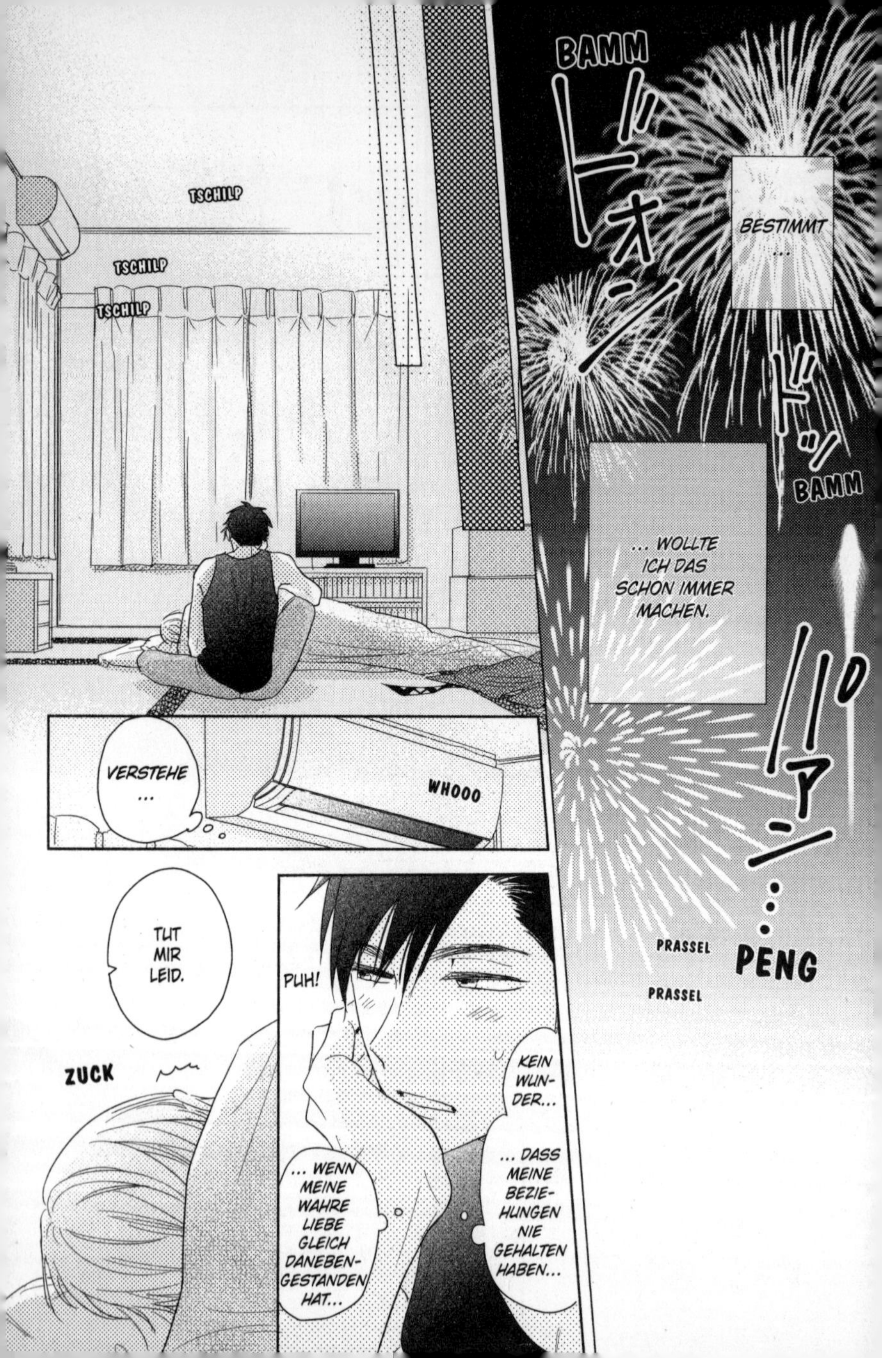
BAMM
BESTIMMT ...
BAMM
... WOLLTE ICH DAS SCHON IMMER MACHEN.
PENG
PRASSEL
PRASSEL
TSCHILP
TSCHILP
TSCHILP
VERSTEHE ...
WHOOO
KEIN WUNDER...
... DASS MEINE BEZIEHUNGEN NIE GEHALTEN HABEN...
... WENN MEINE WAHRE LIEBE GLEICH DANEBENGESTANDEN HAT...
PUH!
TUT MIR LEID.
ZUCK

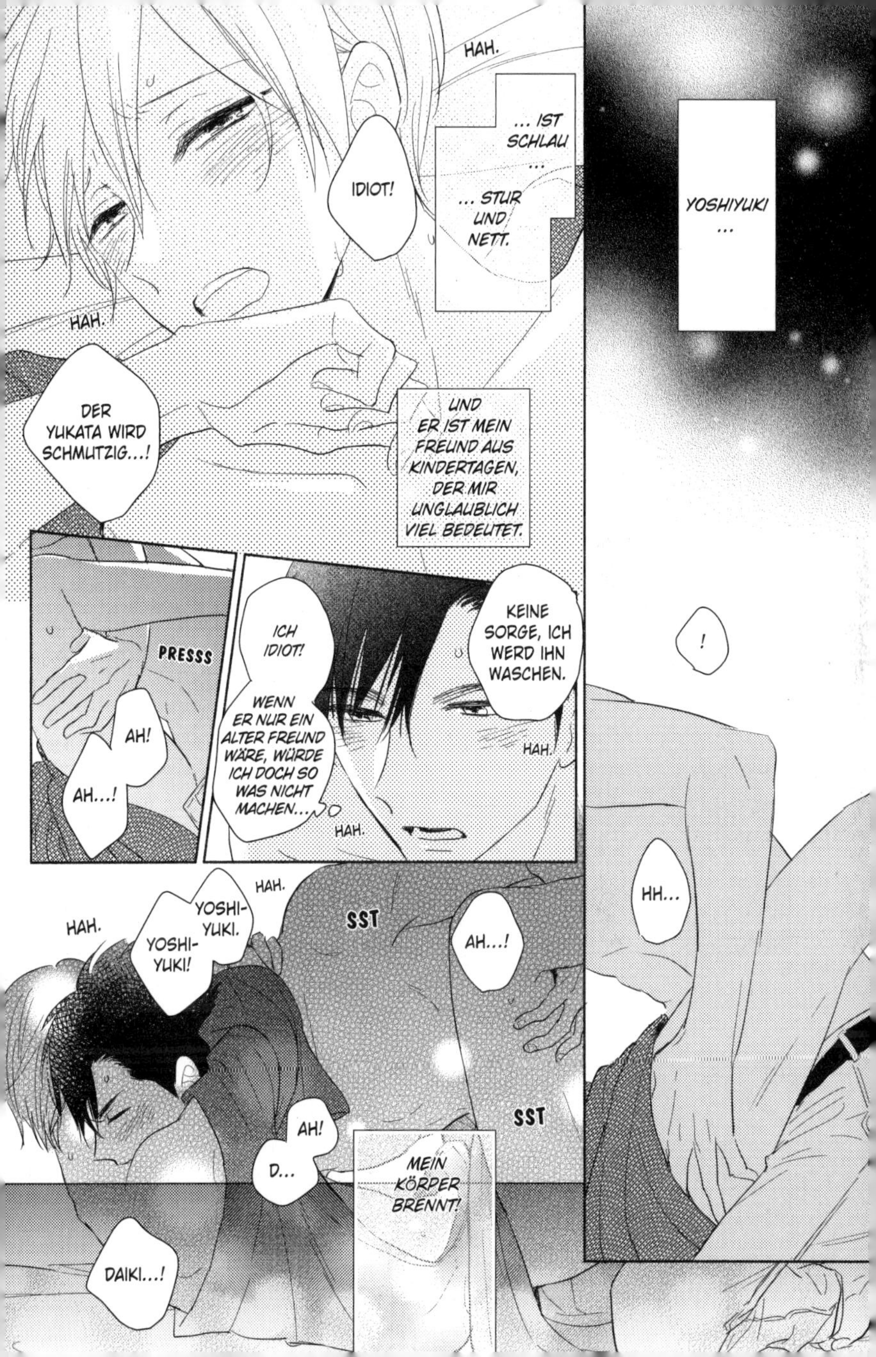
YOSHIYUKI ...
HAH.
... IST SCHLAU ...
... STUR UND NETT.
IDIOT!
HAH.
UND ER IST MEIN FREUND AUS KINDERTAGEN, DER MIR UNGLAUBLICH VIEL BEDEUTET.
DER YUKATA WIRD SCHMUTZIG...!
!
KEINE SORGE, ICH WERD IHN WASCHEN.
HAH.
ICH IDIOT!
WENN ER NUR EIN ALTER FREUND WÄRE, WÜRDE ICH DOCH SO WAS NICHT MACHEN...
HAH.
PRESSS
AH!
AH...!
HH...
AH...!
SST
HAH.
YOSHI-YUKI.
YOSHI-YUKI!
HAH.
SST
MEIN KÖRPER BRENNT!
AH!
D...
DAIKI...!

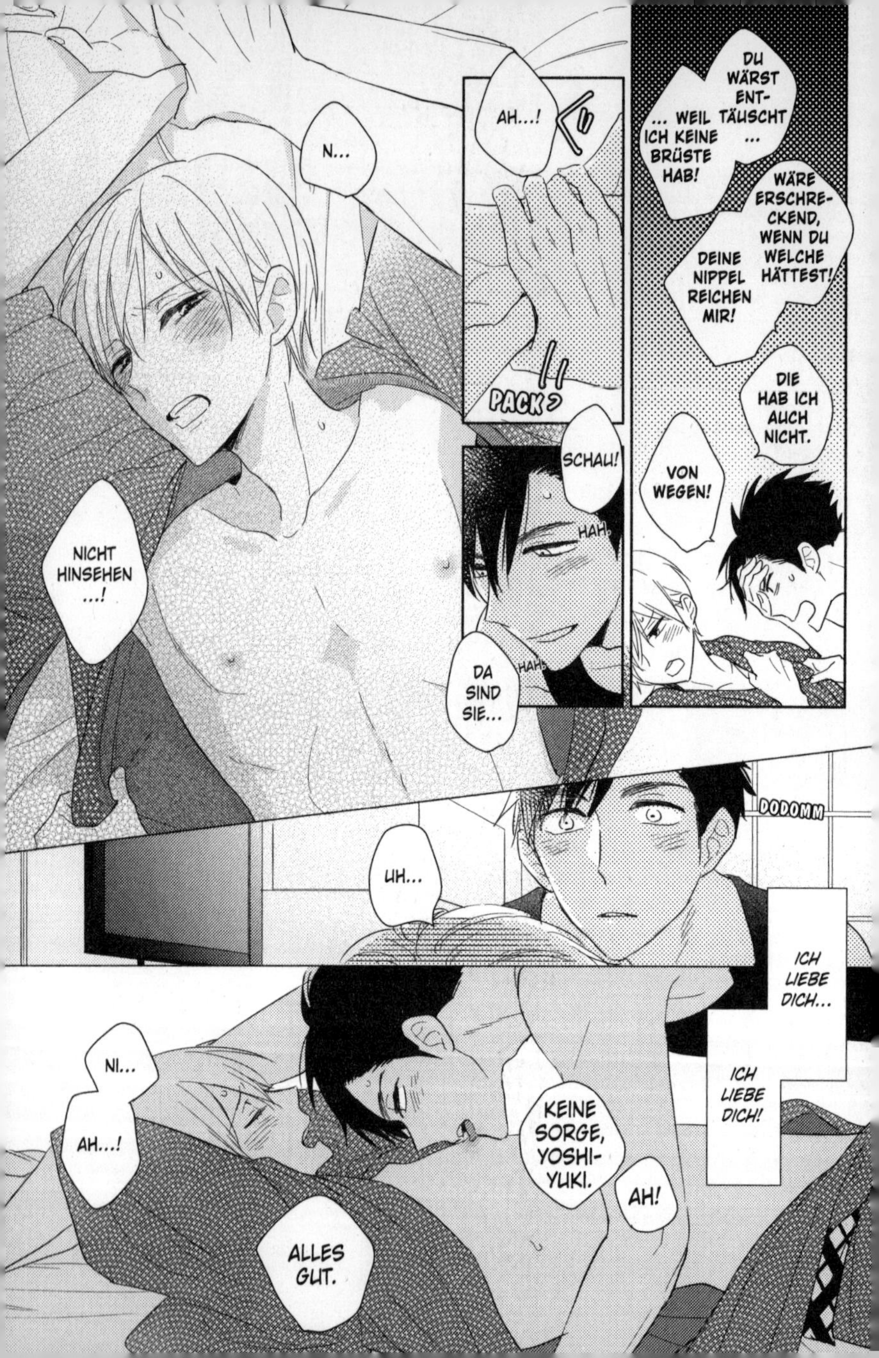
DU WÄRST ENT-TÄUSCHT ...
... WEIL ICH KEINE BRÜSTE HAB!
WÄRE ERSCHRE-CKEND, WENN DU WELCHE HÄTTEST!
DEINE NIPPEL REICHEN MIR!
DIE HAB ICH AUCH NICHT.
VON WEGEN!
AH...!
PACK
SCHAU!
HAH.
HAH.
DA SIND SIE...
N...
NICHT HINSEHEN ...!
DODOMM
UH...
ICH LIEBE DICH...
ICH LIEBE DICH!
KEINE SORGE, YOSHI-YUKI.
AH!
NI...
AH...!
ALLES GUT.

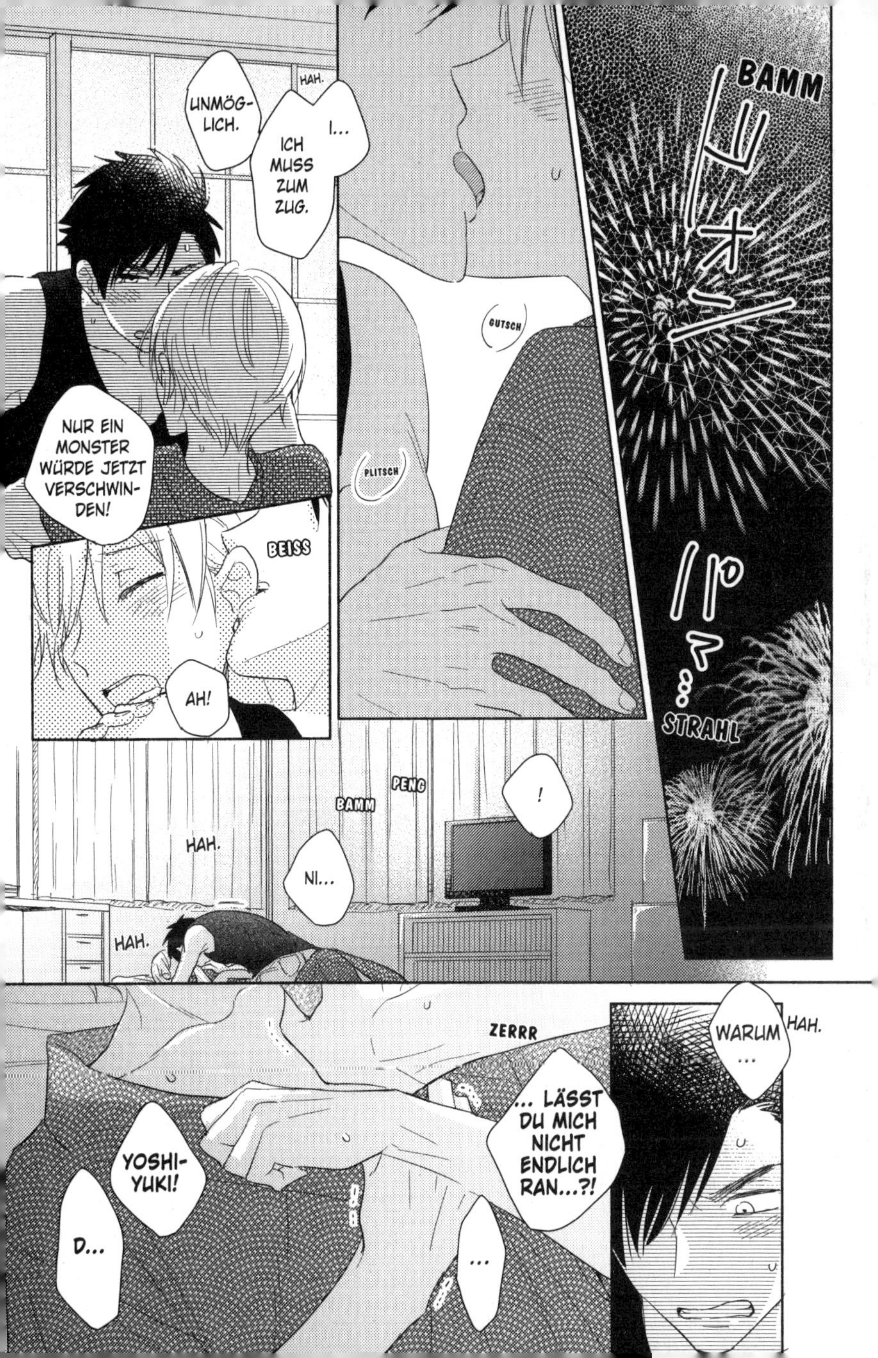
BAMM
ドーオーン
STRAHL
パァ…
HAH.
UNMÖG-LICH.
I…
ICH MUSS ZUM ZUG.
GUTSCH
PLITSCH
NUR EIN MONSTER WÜRDE JETZT VERSCHWIN-DEN!
BEISS
AH!
PENG
BAMM
!
NI…
HAH.
HAH.
WARUM …
HAH.
ZERRR
… LÄSST DU MICH NICHT ENDLICH RAN…?!
YOSHI-YUKI!
D…
…

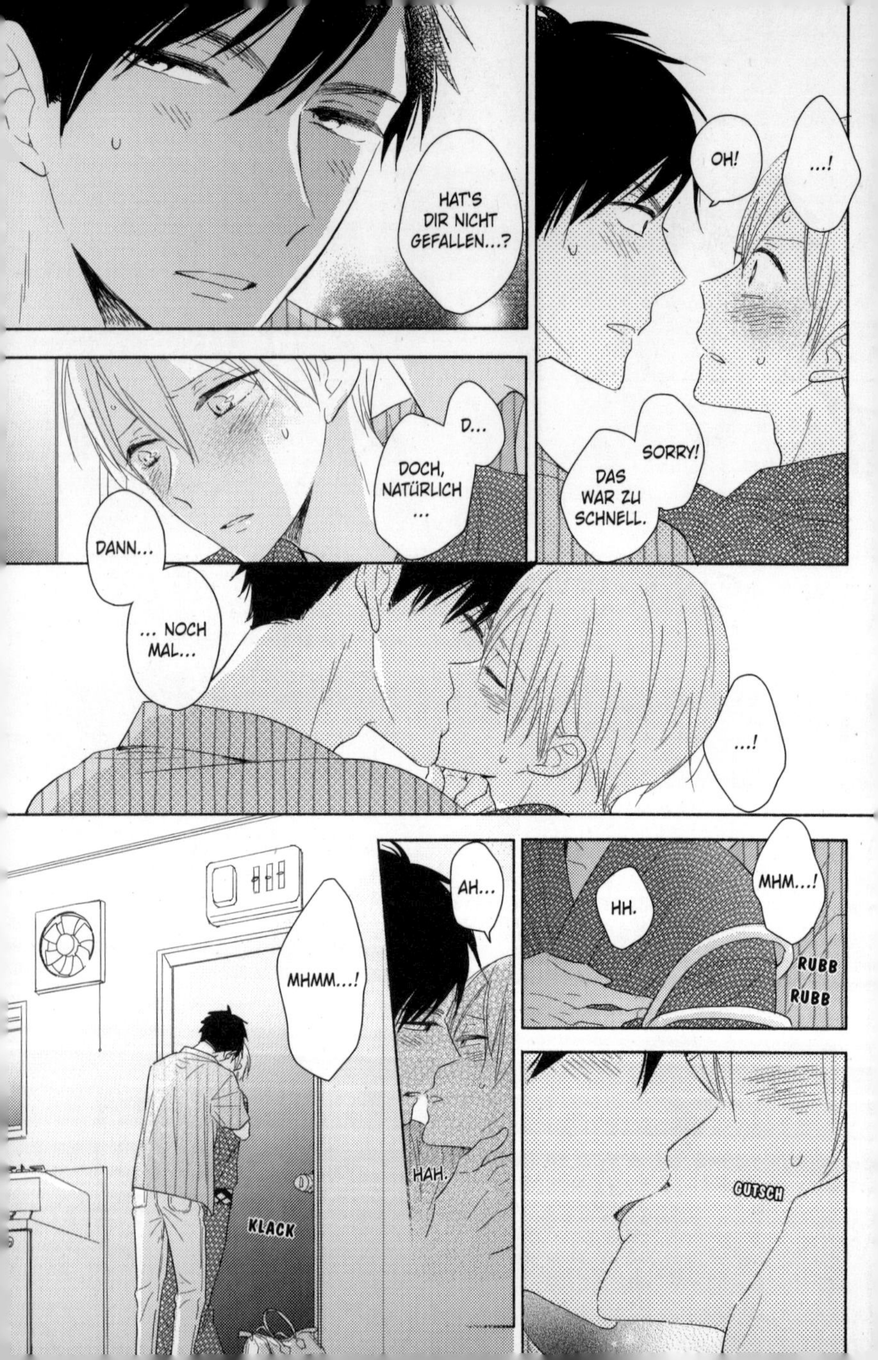
OH!
...!
SORRY! DAS WAR ZU SCHNELL.
HAT'S DIR NICHT GEFALLEN...?
D... DOCH, NATÜRLICH ...
DANN...
... NOCH MAL...
...!
MHM...!
HH.
RUBB RUBB
AH...
MHMM...!
HAH.
GUTSCH
KLACK

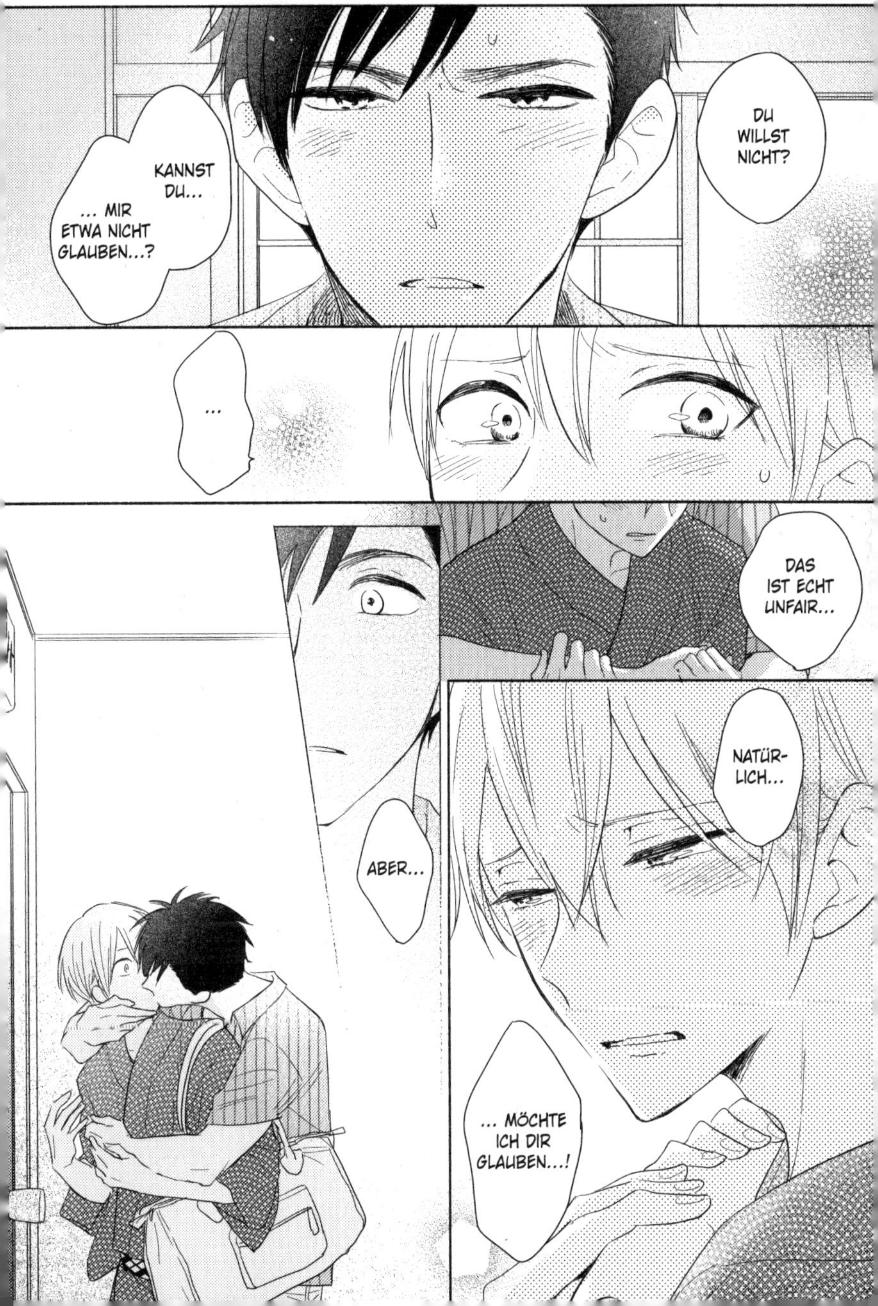
DU WILLST NICHT?
KANNST DU…
… MIR ETWA NICHT GLAUBEN…?
…
DAS IST ECHT UNFAIR…
NATÜRLICH…
ABER…
… MÖCHTE ICH DIR GLAUBEN…!

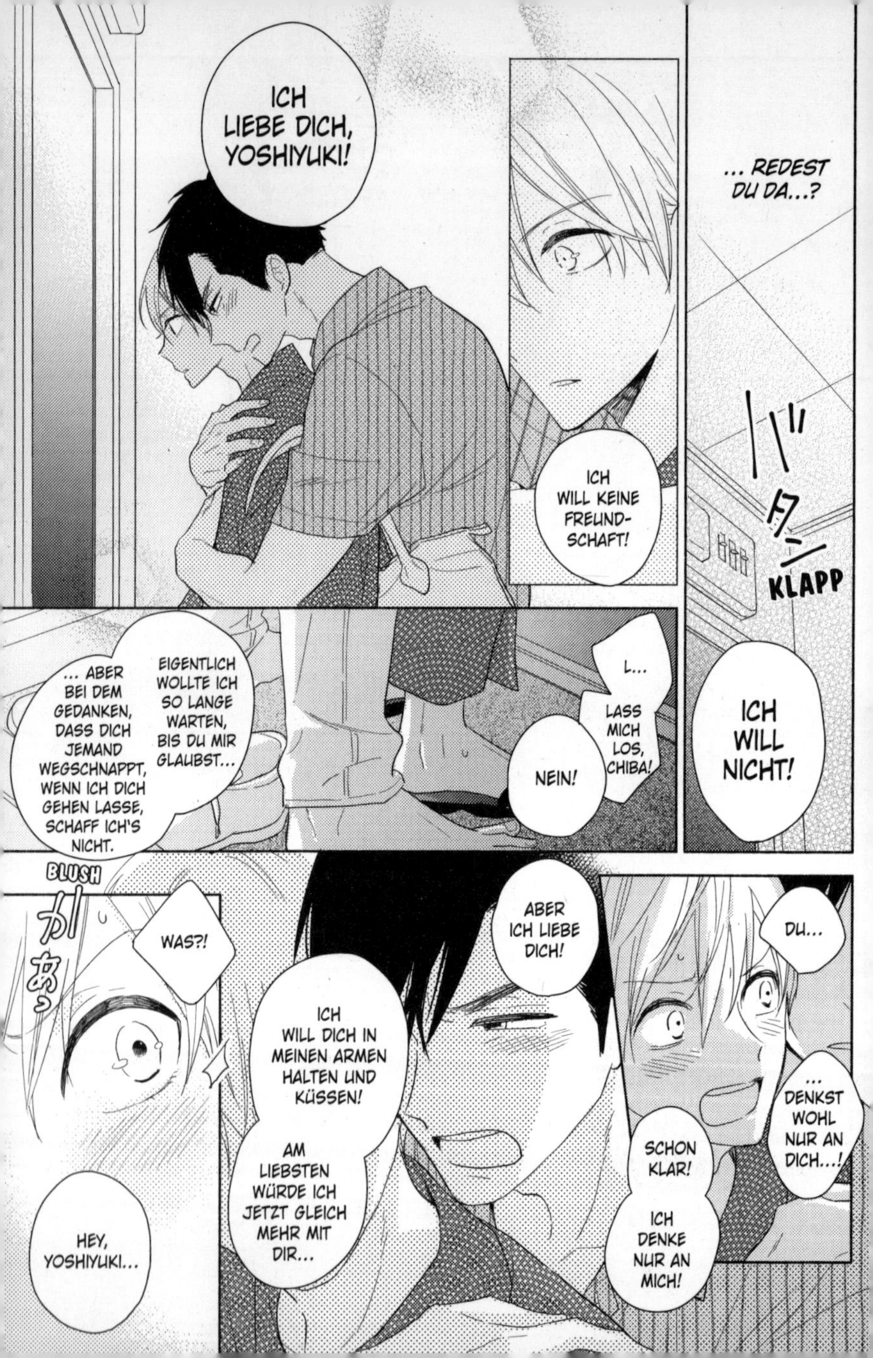
... REDEST DU DA...?
KLAPP
ICH WILL NICHT!
ICH WILL KEINE FREUND-SCHAFT!
ICH LIEBE DICH, YOSHIYUKI!
L...
LASS MICH LOS, CHIBA!
NEIN!
EIGENTLICH WOLLTE ICH SO LANGE WARTEN, BIS DU MIR GLAUBST...
... ABER BEI DEM GEDANKEN, DASS DICH JEMAND WEGSCHNAPPT, WENN ICH DICH GEHEN LASSE, SCHAFF ICH'S NICHT.
DU...
... DENKST WOHL NUR AN DICH...!
SCHON KLAR!
ICH DENKE NUR AN MICH!
ABER ICH LIEBE DICH!
ICH WILL DICH IN MEINEN ARMEN HALTEN UND KÜSSEN!
AM LIEBSTEN WÜRDE ICH JETZT GLEICH MEHR MIT DIR...
WAS?!
BLUSH
HEY, YOSHIYUKI...

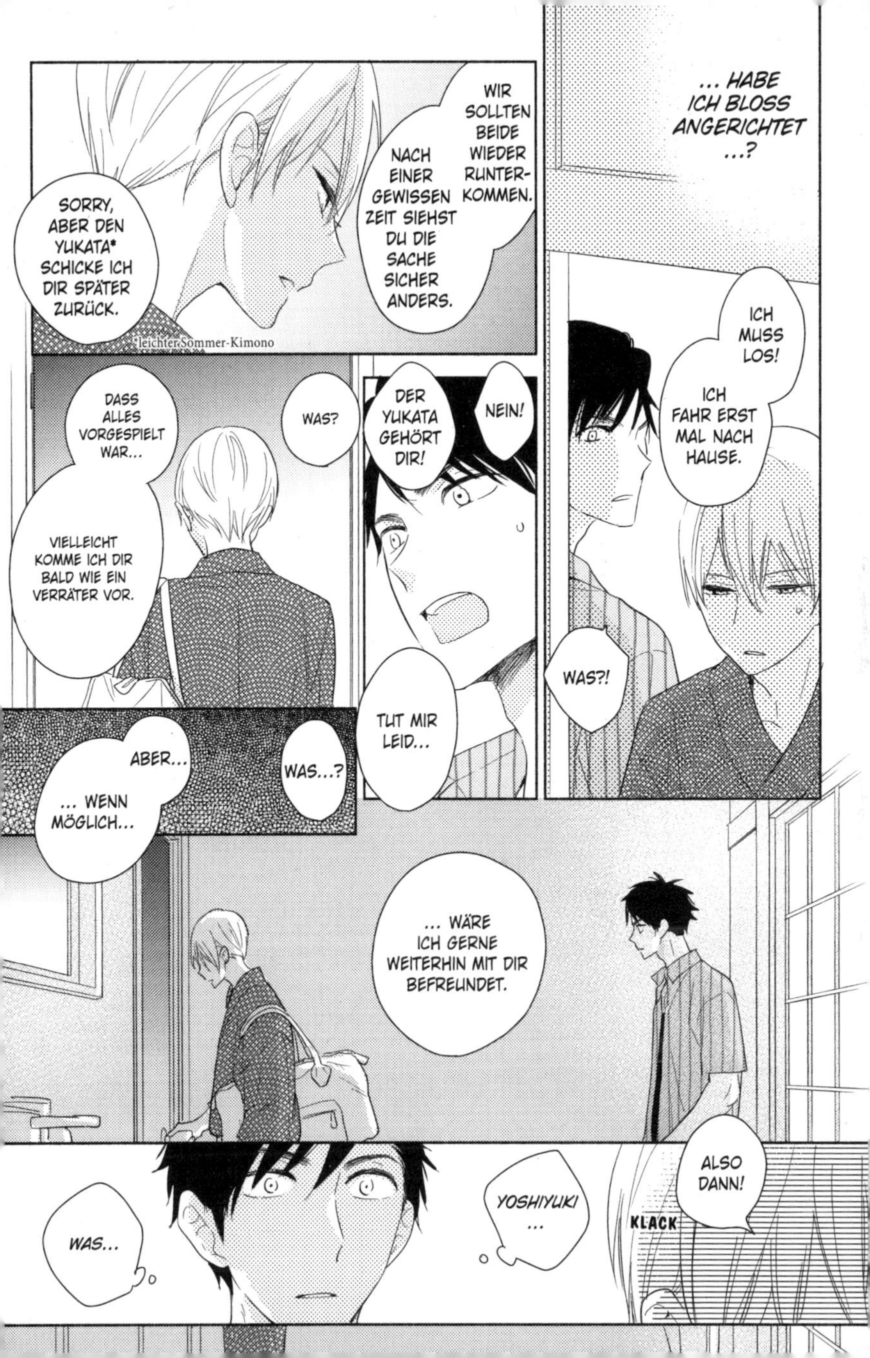

*leichter Sommer-Kimono

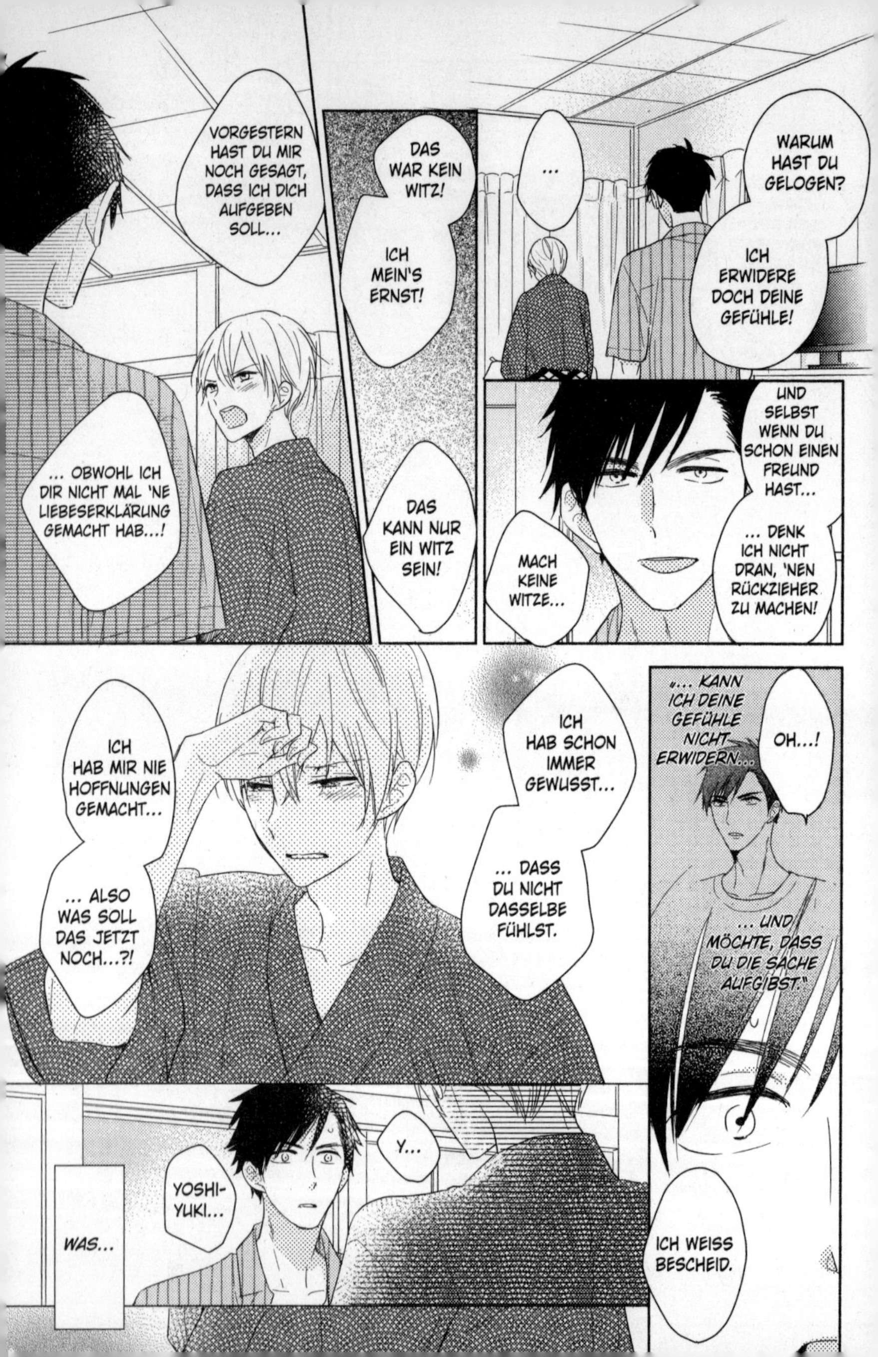
WARUM HAST DU GELOGEN?
ICH ERWIDERE DOCH DEINE GEFÜHLE!
...
UND SELBST WENN DU SCHON EINEN FREUND HAST...
... DENK ICH NICHT DRAN, 'NEN RÜCKZIEHER ZU MACHEN!
MACH KEINE WITZE...
DAS WAR KEIN WITZ!
ICH MEIN'S ERNST!
DAS KANN NUR EIN WITZ SEIN!
VORGESTERN HAST DU MIR NOCH GESAGT, DASS ICH DICH AUFGEBEN SOLL...
... OBWOHL ICH DIR NICHT MAL 'NE LIEBESERKLÄRUNG GEMACHT HAB...!
"... KANN ICH DEINE GEFÜHLE NICHT ERWIDERN...
... UND MÖCHTE, DASS DU DIE SACHE AUFGIBST."
OH...!
ICH HAB SCHON IMMER GEWUSST...
... DASS DU NICHT DASSELBE FÜHLST.
ICH HAB MIR NIE HOFFNUNGEN GEMACHT...
... ALSO WAS SOLL DAS JETZT NOCH...?!
ICH WEISS BESCHEID.
Y...
YOSHI-YUKI...
WAS...

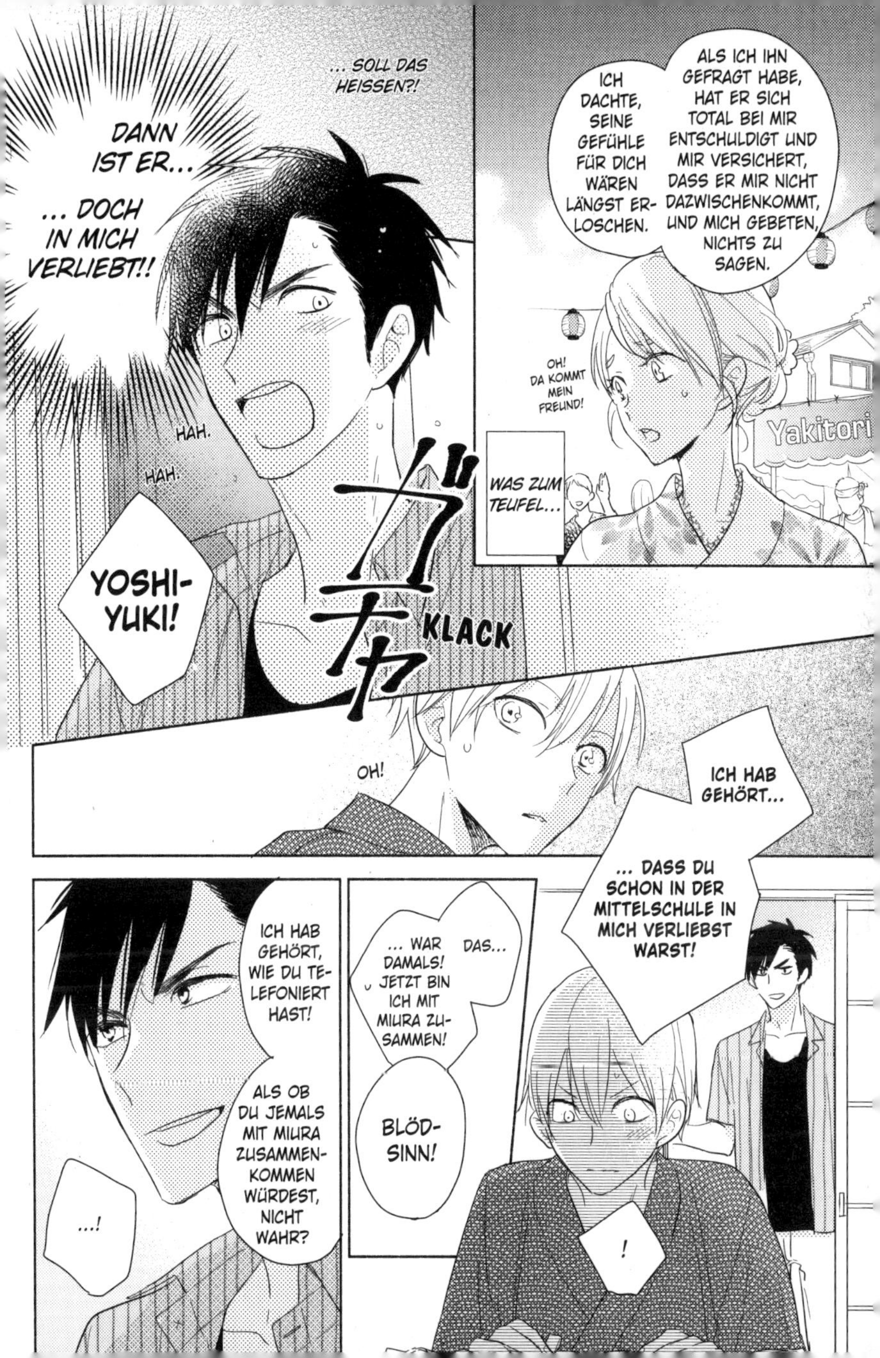
ALS ICH IHN GEFRAGT HABE, HAT ER SICH TOTAL BEI MIR ENTSCHULDIGT UND MIR VERSICHERT, DASS ER MIR NICHT DAZWISCHENKOMMT, UND MICH GEBETEN, NICHTS ZU SAGEN.
ICH DACHTE, SEINE GEFÜHLE FÜR DICH WÄREN LÄNGST ER-LOSCHEN.
Yakitori
OH! DA KOMMT MEIN FREUND!
WAS ZUM TEUFEL...
... SOLL DAS HEISSEN?!
DANN IST ER...
... DOCH IN MICH VERLIEBT!!
HAH.
HAH.
YOSHI-YUKI!
KLACK
OH!
ICH HAB GEHÖRT...
... DASS DU SCHON IN DER MITTELSCHULE IN MICH VERLIEBST WARST!
!
DAS...
... WAR DAMALS! JETZT BIN ICH MIT MIURA ZU-SAMMEN!
BLÖD-SINN!
ICH HAB GEHÖRT, WIE DU TE-LEFONIERT HAST!
ALS OB DU JEMALS MIT MIURA ZUSAMMEN-KOMMEN WÜRDEST, NICHT WAHR?
...!

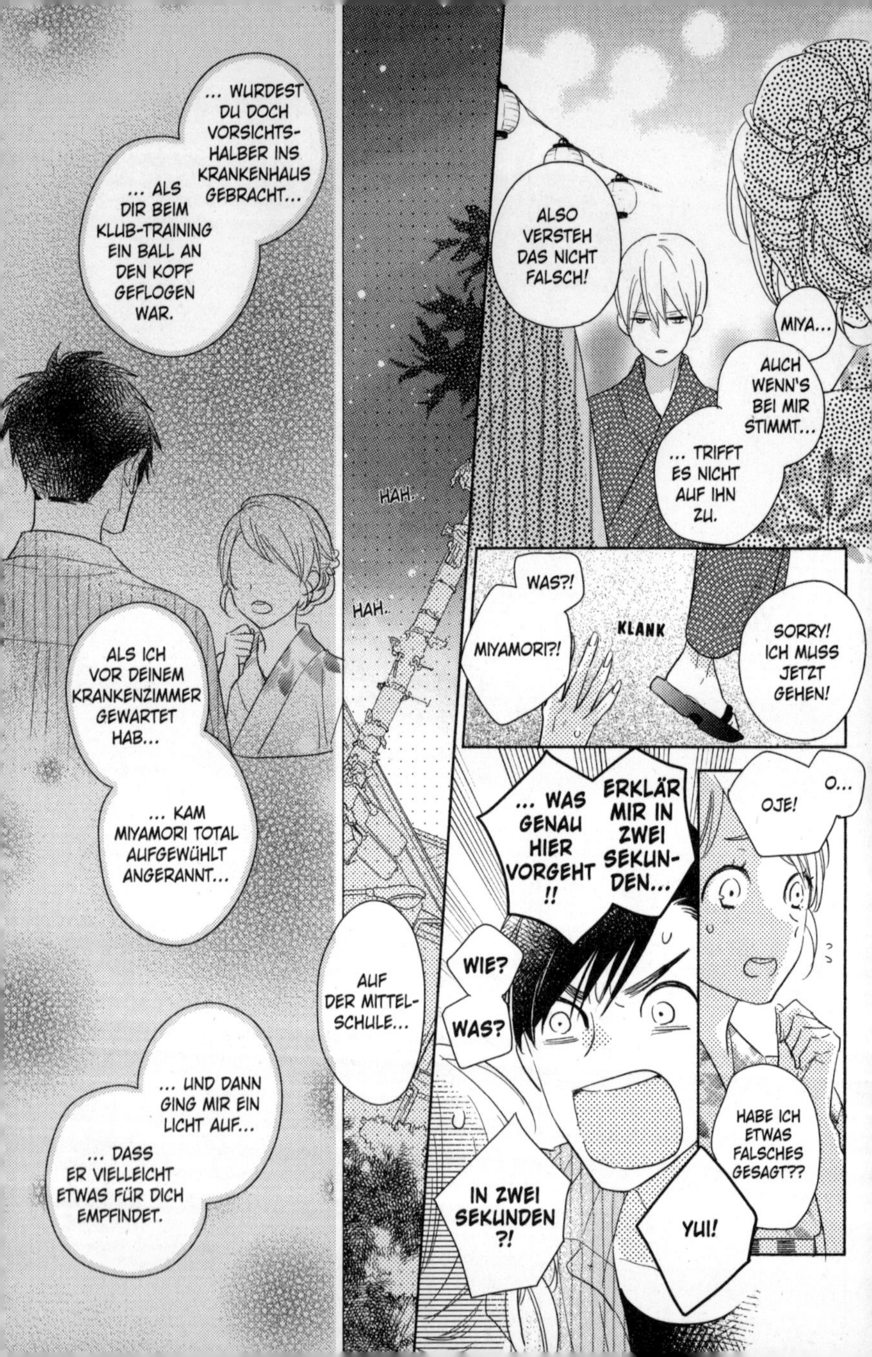
MIYA...
AUCH WENN'S BEI MIR STIMMT...
... TRIFFT ES NICHT AUF IHN ZU.
ALSO VERSTEH DAS NICHT FALSCH!
SORRY! ICH MUSS JETZT GEHEN!
KLANK
WAS?!
MIYAMORI?!
O...
OJE!
ERKLÄR MIR IN ZWEI SEKUNDEN...
... WAS GENAU HIER VORGEHT!!
HABE ICH ETWAS FALSCHES GESAGT??
YUI!
IN ZWEI SEKUNDEN?!
WIE?
WAS?
AUF DER MITTELSCHULE...
HAH.
HAH.
... ALS DIR BEIM KLUB-TRAINING EIN BALL AN DEN KOPF GEFLOGEN WAR.
... WURDEST DU DOCH VORSICHTSHALBER INS KRANKENHAUS GEBRACHT...
ALS ICH VOR DEINEM KRANKENZIMMER GEWARTET HAB...
... KAM MIYAMORI TOTAL AUFGEWÜHLT ANGERANNT...
... UND DANN GING MIR EIN LICHT AUF...
... DASS ER VIELLEICHT ETWAS FÜR DICH EMPFINDET.

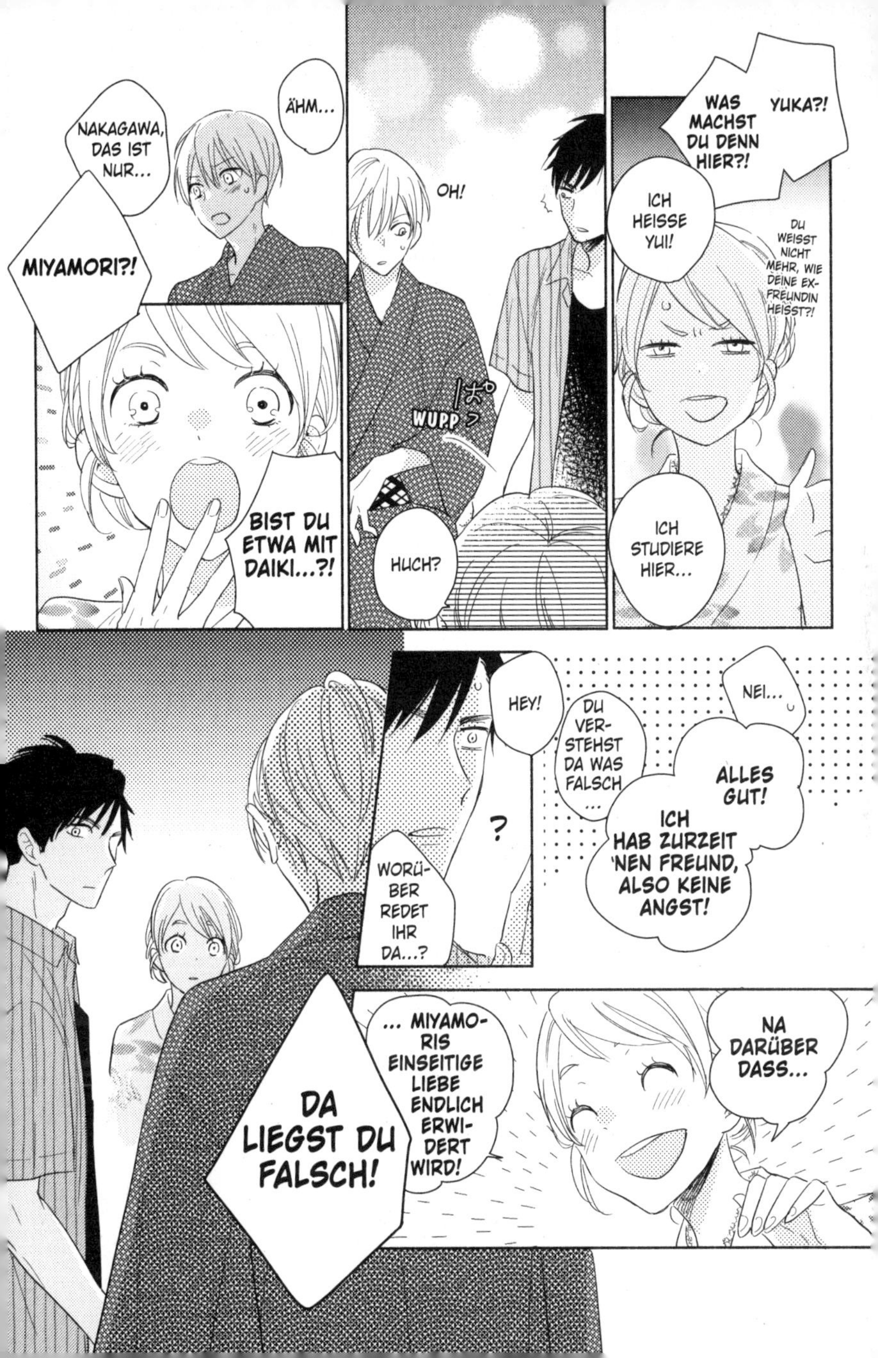
YUKA?!
WAS MACHST DU DENN HIER?!
ICH HEISSE YUI!
DU WEISST NICHT MEHR, WIE DEINE EX-FREUNDIN HEISST?!
ICH STUDIERE HIER...
OH!
WUPP
HUCH?
ÄHM...
NAKAGAWA, DAS IST NUR...
MIYAMORI?!
BIST DU ETWA MIT DAIKI...?!
NEI...
ALLES GUT!
ICH HAB ZURZEIT 'NEN FREUND, ALSO KEINE ANGST!
HEY!
DU VER-STEHST DA WAS FALSCH ...
?
WORÜ-BER REDET IHR DA...?
NA DARÜBER DASS...
... MIYAMO-RIS EINSEITIGE LIEBE ENDLICH ERWI-DERT WIRD!
DA LIEGST DU FALSCH!

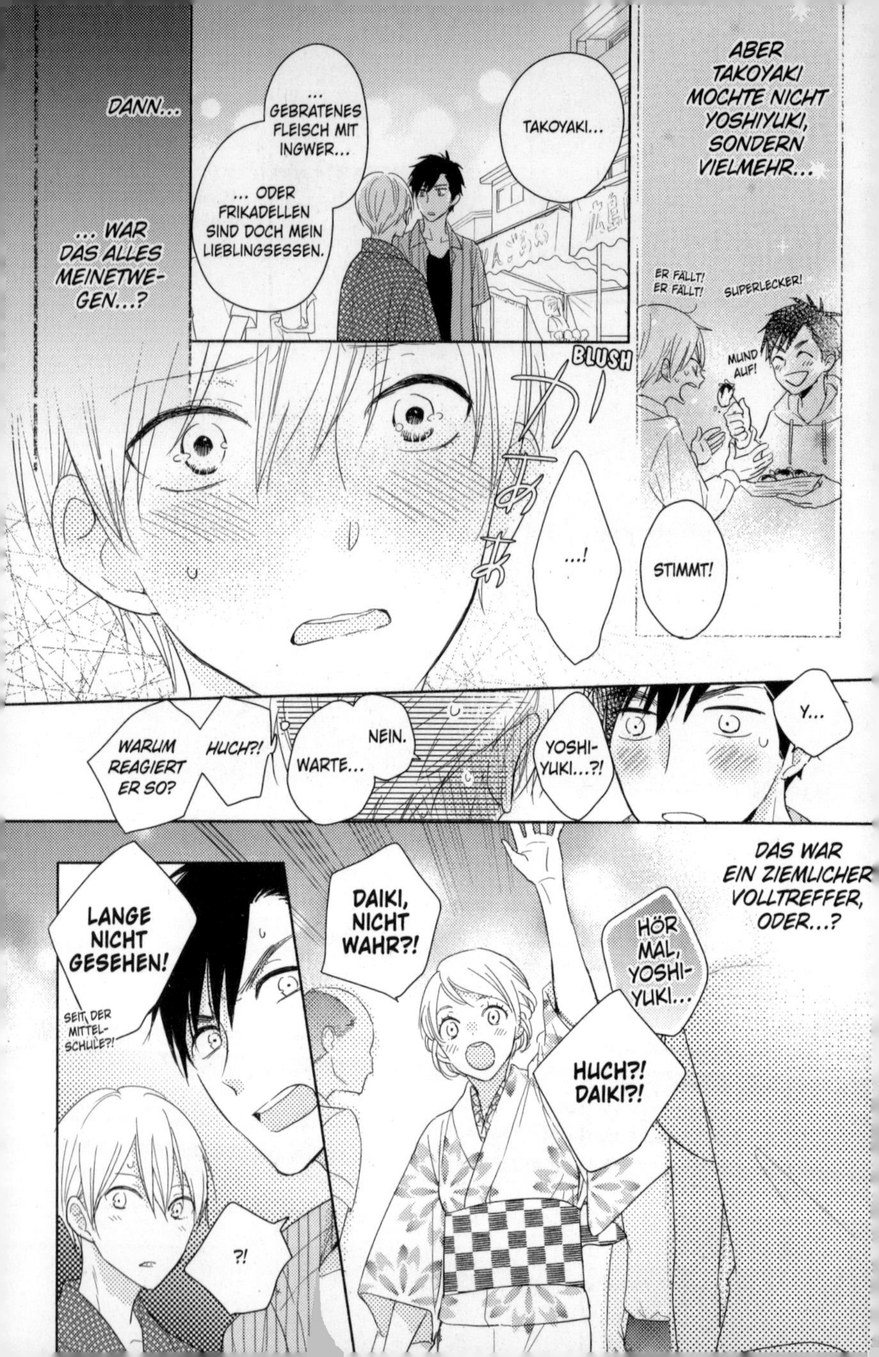
ABER TAKOYAKI MOCHTE NICHT YOSHIYUKI, SONDERN VIELMEHR…
TAKOYAKI…
… GEBRATENES FLEISCH MIT INGWER…
… ODER FRIKADELLEN SIND DOCH MEIN LIEBLINGSESSEN.
DANN…
… WAR DAS ALLES MEINETWEGEN…?
SUPERLECKER!
ER FÄLLT! ER FÄLLT!
MUND AUF!
STIMMT!
BLUSH
…!
Y…
YOSHI-YUKI…?!
NEIN.
WARTE…
HUCH?!
WARUM REAGIERT ER SO?
DAS WAR EIN ZIEMLICHER VOLLTREFFER, ODER…?
HÖR MAL, YOSHI-YUKI…
HUCH?! DAIKI?!
DAIKI, NICHT WAHR?!
LANGE NICHT GESEHEN!
SEIT DER MITTEL-SCHULE?!
?!

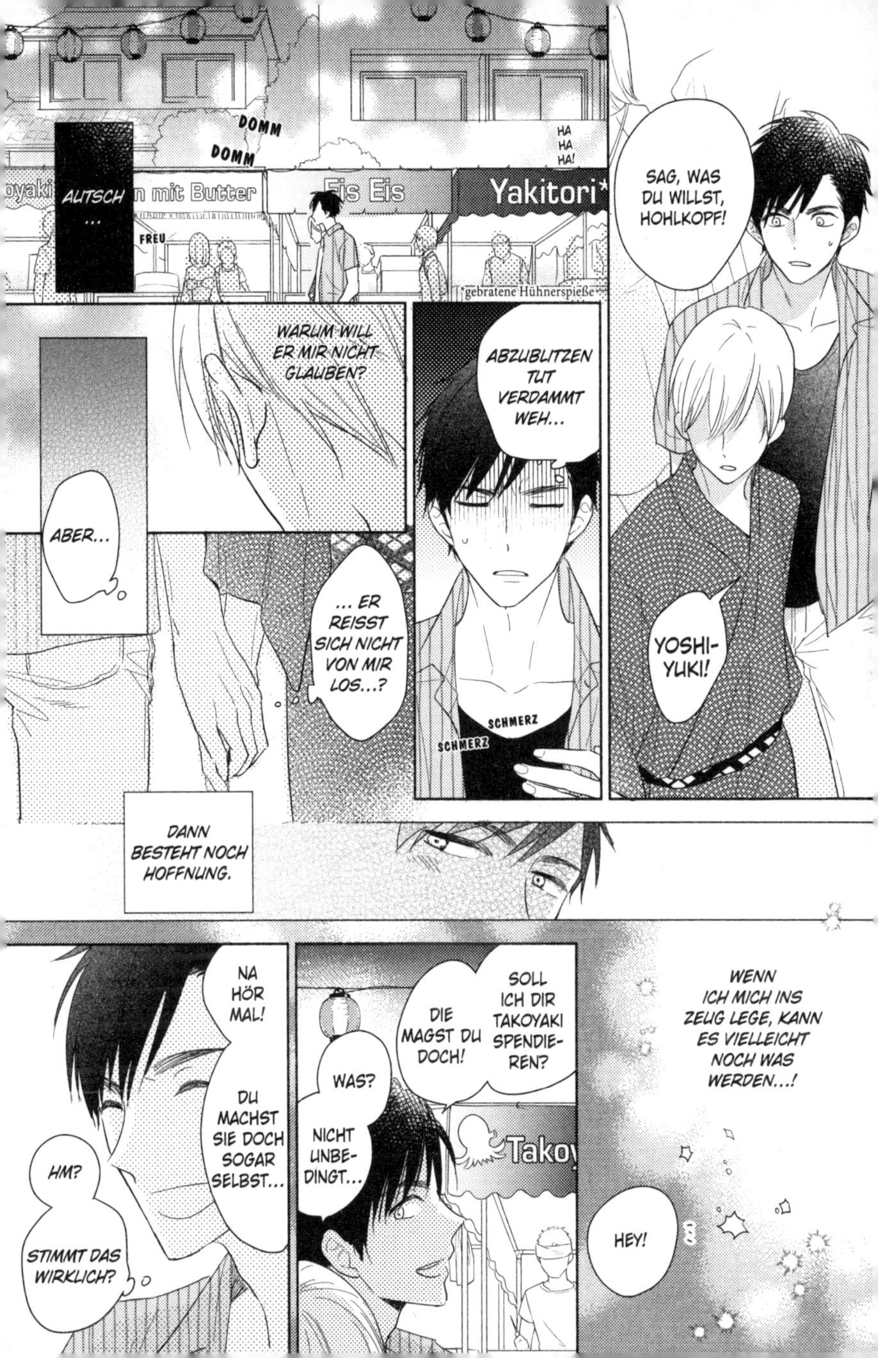
SAG, WAS DU WILLST, HOHLKOPF!
YOSHI-YUKI!
HA HA HA!
DOMM
DOMM
Yakitori*
Eis Eis
n mit Butter
oyaki
FREU
AUTSCH …
*gebratene Hühnerspieße
ABZUBLITZEN TUT VERDAMMT WEH…
SCHMERZ
SCHMERZ
WARUM WILL ER MIR NICHT GLAUBEN?
ABER…
… ER REISST SICH NICHT VON MIR LOS…?
DANN BESTEHT NOCH HOFFNUNG.
WENN ICH MICH INS ZEUG LEGE, KANN ES VIELLEICHT NOCH WAS WERDEN…!
HEY!
SOLL ICH DIR TAKOYAKI SPENDIE-REN?
DIE MAGST DU DOCH!
WAS?
NICHT UNBE-DINGT…
Takoy
NA HÖR MAL!
DU MACHST SIE DOCH SOGAR SELBST…
HM?
STIMMT DAS WIRKLICH?

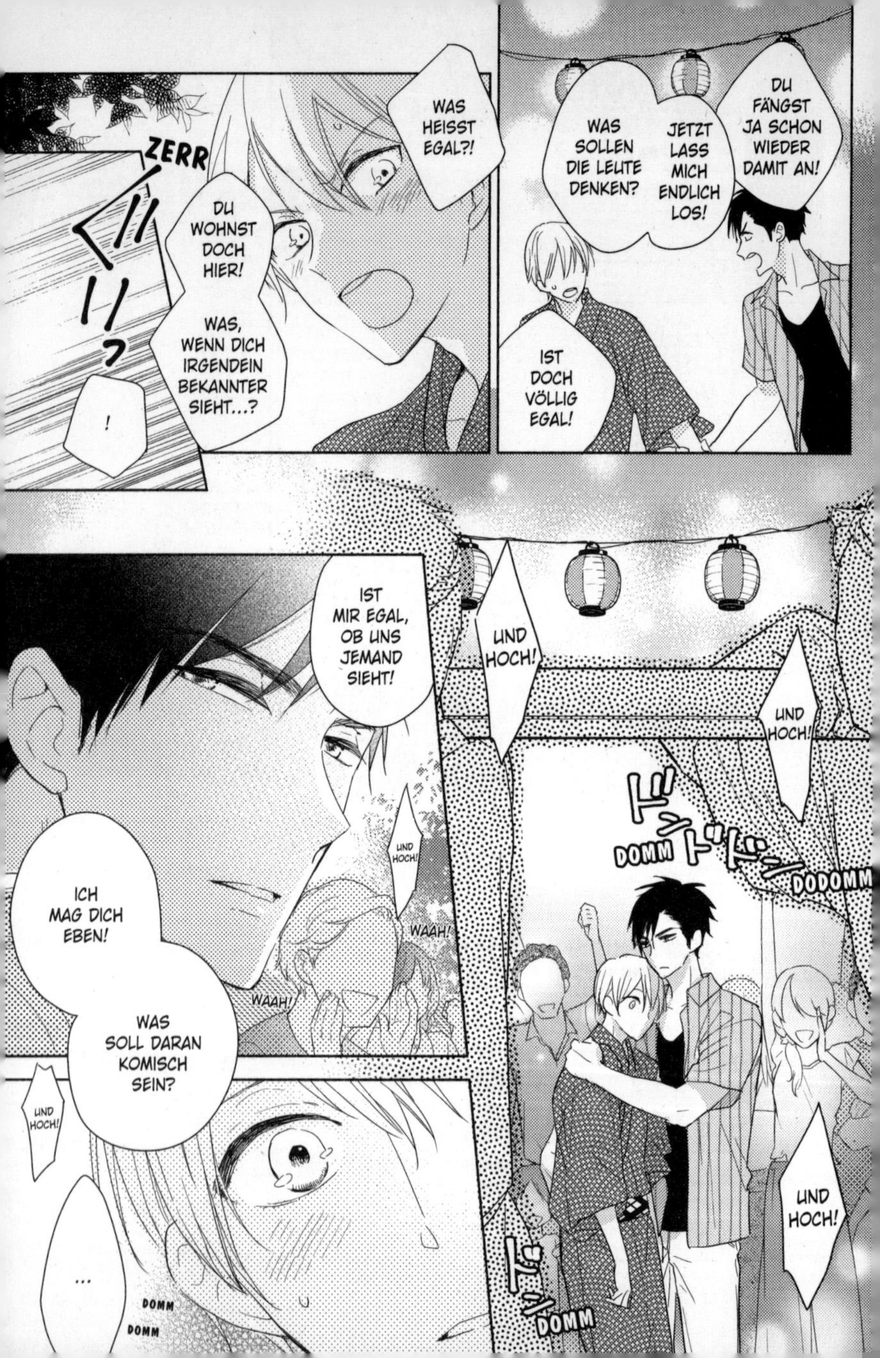

DU FÄNGST JA SCHON WIEDER DAMIT AN!
JETZT LASS MICH ENDLICH LOS!
WAS SOLLEN DIE LEUTE DENKEN?
IST DOCH VÖLLIG EGAL!
WAS HEISST EGAL?!
ZERR
DU WOHNST DOCH HIER!
WAS, WENN DICH IRGENDEIN BEKANNTER SIEHT...?
!
UND HOCH!
UND HOCH!
IST MIR EGAL, OB UNS JEMAND SIEHT!
DOMM
DODOMM
UND HOCH!
WAAH!
WAAH!
ICH MAG DICH EBEN!
WAS SOLL DARAN KOMISCH SEIN?
UND HOCH!
UND HOCH!
DOMM
...
DOMM
DOMM

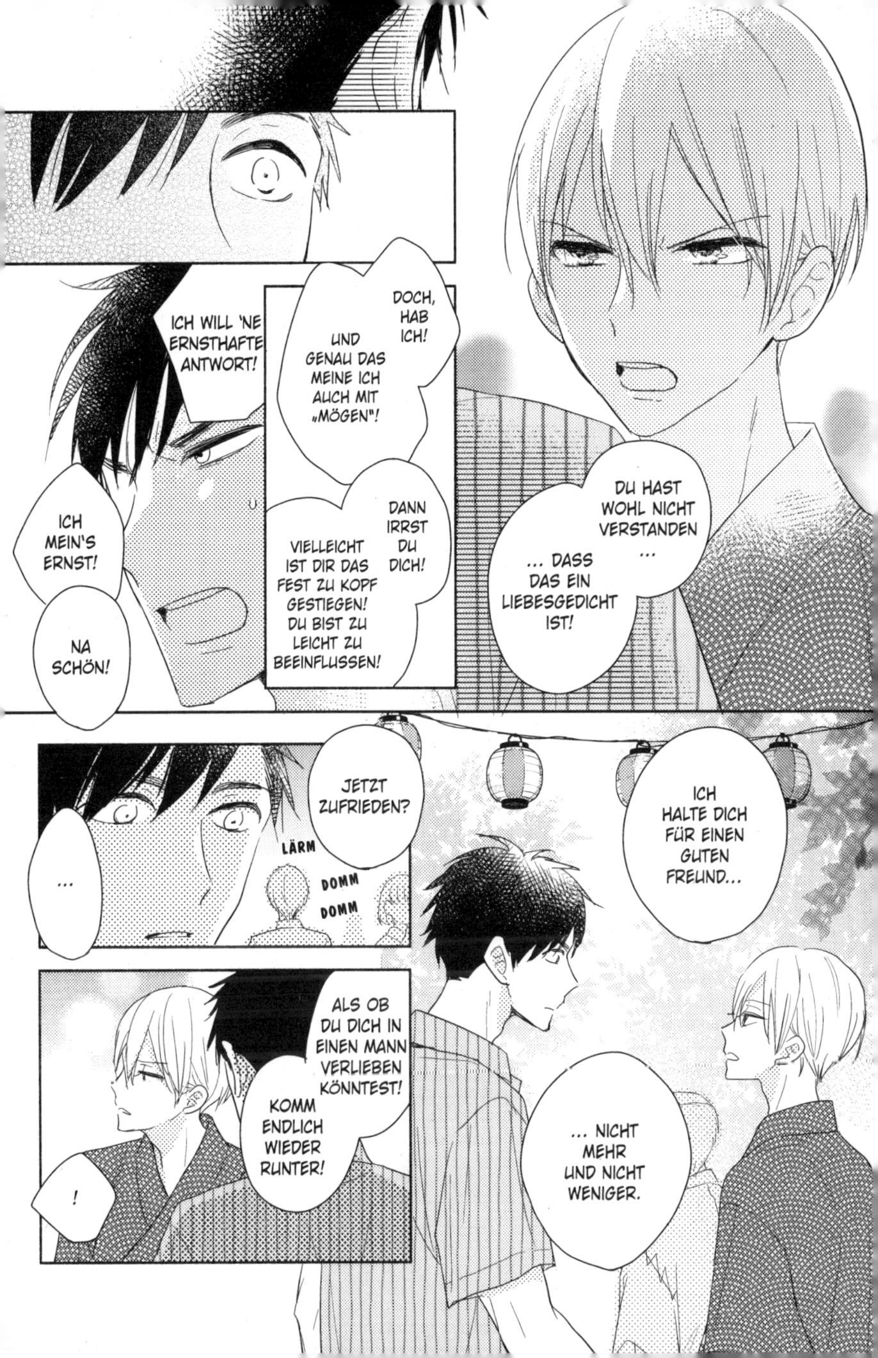
DU HAST WOHL NICHT VERSTANDEN ...
... DASS DAS EIN LIEBESGEDICHT IST!
DOCH, HAB ICH!
UND GENAU DAS MEINE ICH AUCH MIT „MÖGEN"!
DANN IRRST DU DICH!
VIELLEICHT IST DIR DAS FEST ZU KOPF GESTIEGEN! DU BIST ZU LEICHT ZU BEEINFLUSSEN!
ICH WILL 'NE ERNSTHAFTE ANTWORT!
ICH MEIN'S ERNST!
NA SCHÖN!
ICH HALTE DICH FÜR EINEN GUTEN FREUND...
... NICHT MEHR UND NICHT WENIGER.
JETZT ZUFRIEDEN?
LÄRM
DOMM
DOMM
...
ALS OB DU DICH IN EINEN MANN VERLIEBEN KÖNNTEST!
KOMM ENDLICH WIEDER RUNTER!
!

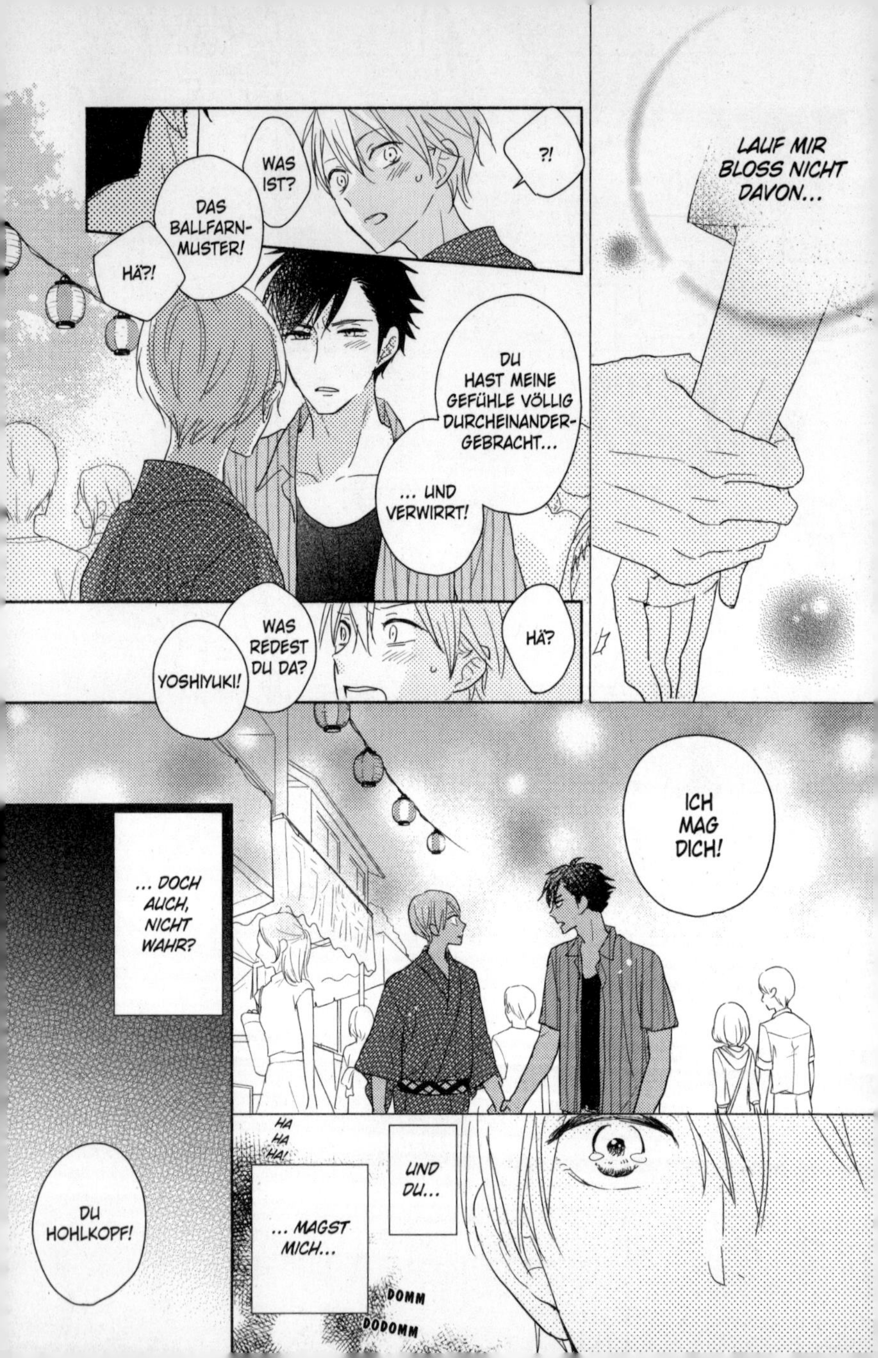
LAUF MIR BLOSS NICHT DAVON…
?!
WAS IST?
DAS BALLFARN-MUSTER!
HÄ?!
DU HAST MEINE GEFÜHLE VÖLLIG DURCHEINANDER-GEBRACHT…
… UND VERWIRRT!
HÄ?
WAS REDEST DU DA?
YOSHIYUKI!
ICH MAG DICH!
… DOCH AUCH, NICHT WAHR?
UND DU…
… MAGST MICH…
HA HA HA!
DOMM
DODOMM
DU HOHLKOPF!

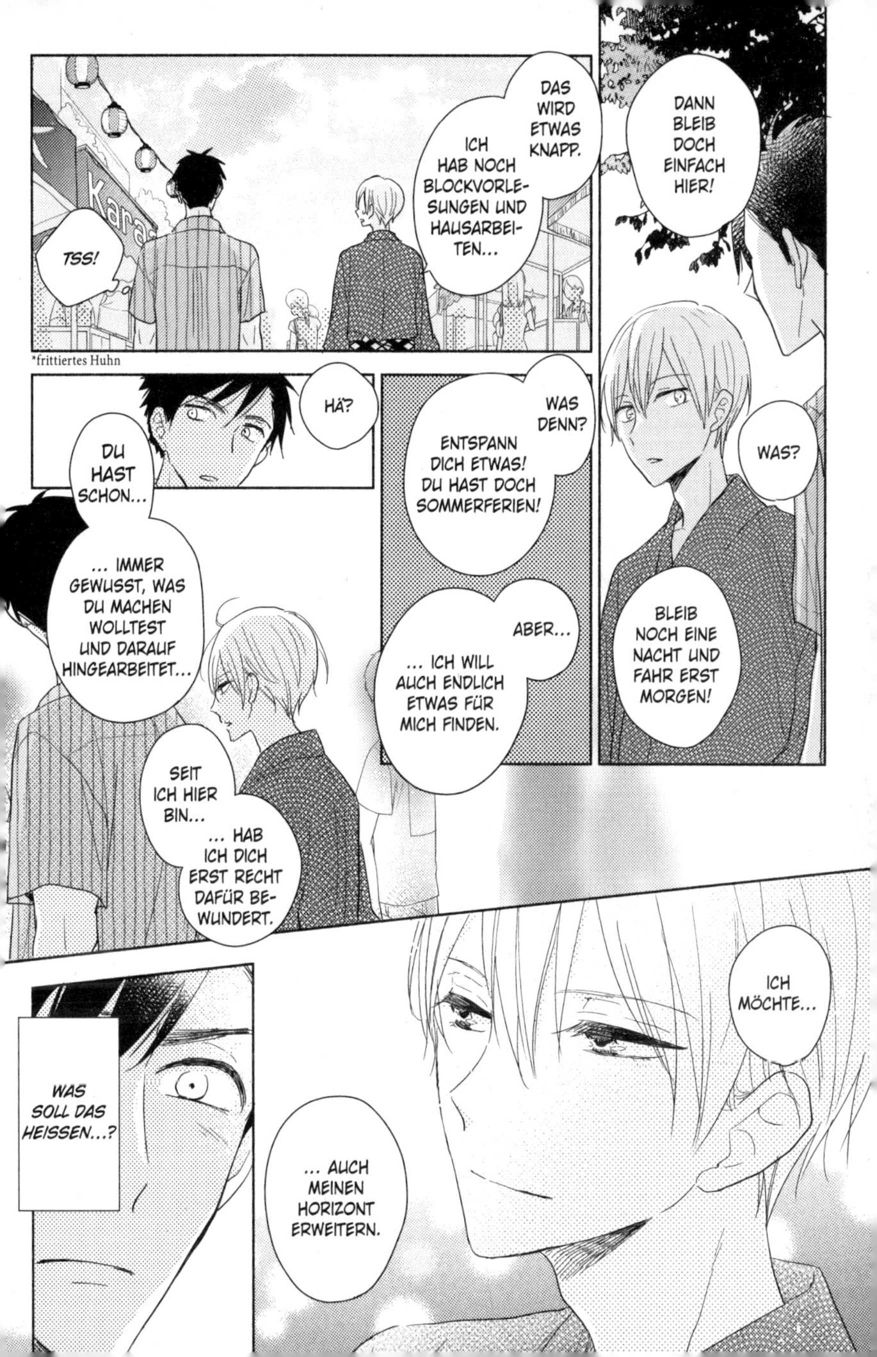

*frittiertes Huhn

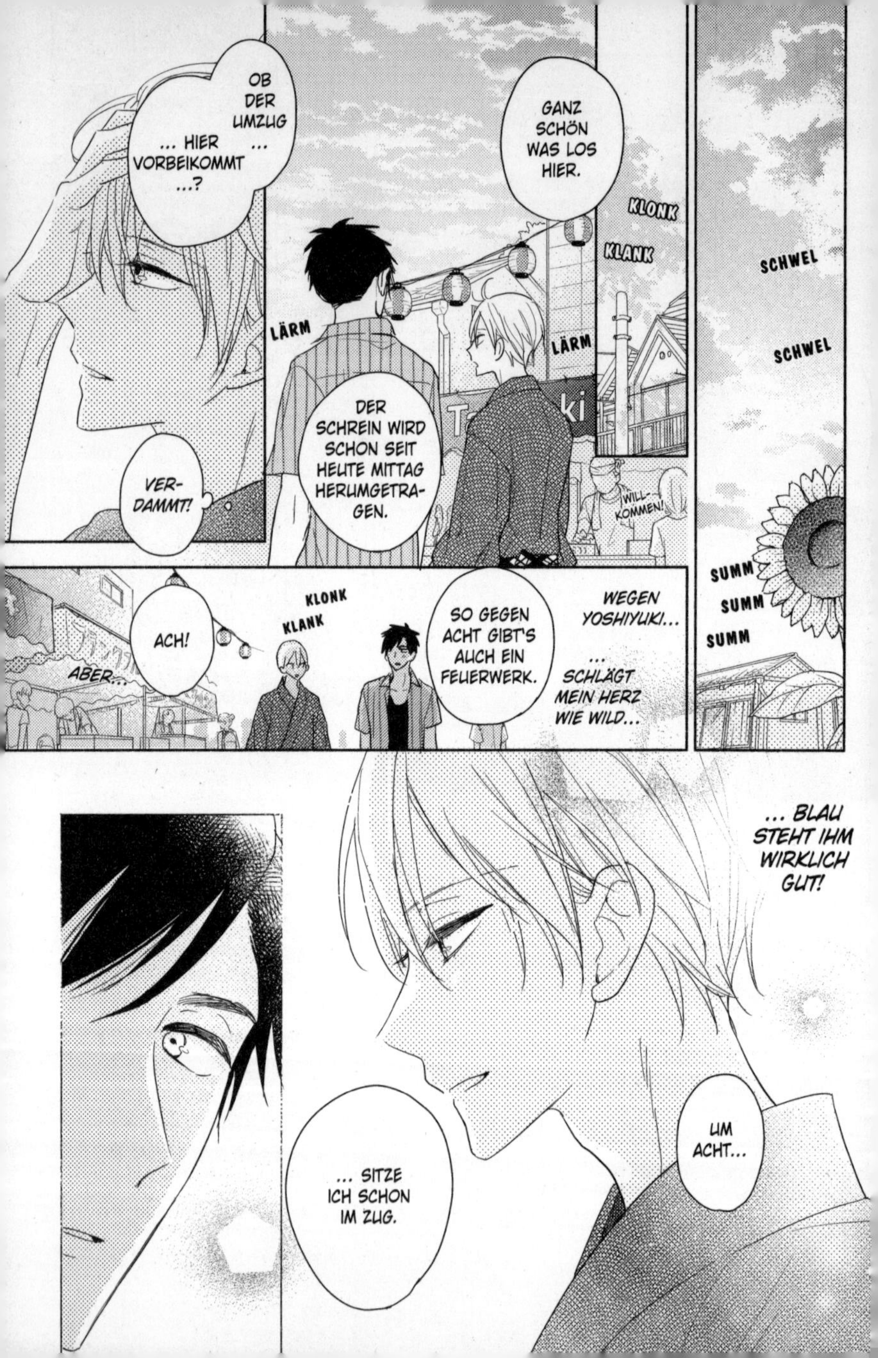
SCHWEL
SCHWEL
SUMM
SUMM
SUMM
GANZ SCHÖN WAS LOS HIER.
KLONK
KLANK
LÄRM
LÄRM
DER SCHREIN WIRD SCHON SEIT HEUTE MITTAG HERUMGETRAGEN.
WILLKOMMEN!
OB DER UMZUG ... HIER VORBEIKOMMT ...?
VERDAMMT!
WEGEN YOSHIYUKI...
... SCHLÄGT MEIN HERZ WIE WILD...
SO GEGEN ACHT GIBT'S AUCH EIN FEUERWERK.
KLONK
KLANK
ACH!
ABER...
... BLAU STEHT IHM WIRKLICH GUT!
UM ACHT...
... SITZE ICH SCHON IM ZUG.

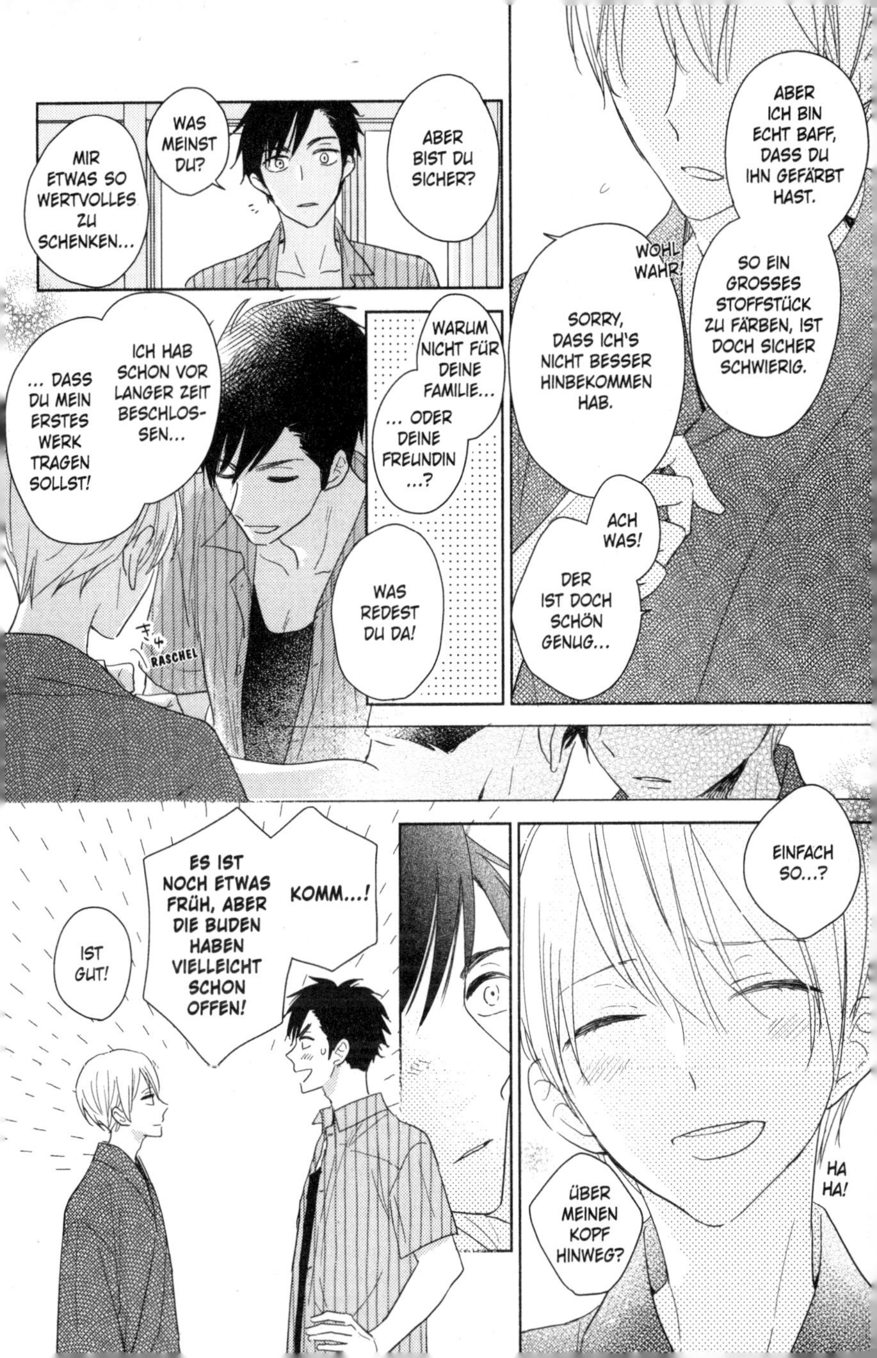
ABER ICH BIN ECHT BAFF, DASS DU IHN GEFÄRBT HAST.
SO EIN GROSSES STOFFSTÜCK ZU FÄRBEN, IST DOCH SICHER SCHWIERIG.
WOHL WAHR!
SORRY, DASS ICH'S NICHT BESSER HINBEKOMMEN HAB.
ACH WAS!
DER IST DOCH SCHÖN GENUG...
ABER BIST DU SICHER?
WAS MEINST DU?
MIR ETWAS SO WERTVOLLES ZU SCHENKEN...
WARUM NICHT FÜR DEINE FAMILIE...
... ODER DEINE FREUNDIN ...?
WAS REDEST DU DA!
ICH HAB SCHON VOR LANGER ZEIT BESCHLOSSEN...
... DASS DU MEIN ERSTES WERK TRAGEN SOLLST!
RASCHEL
EINFACH SO...?
HA HA!
ÜBER MEINEN KOPF HINWEG?
KOMM...!
ES IST NOCH ETWAS FRÜH, ABER DIE BUDEN HABEN VIELLEICHT SCHON OFFEN!
IST GUT!

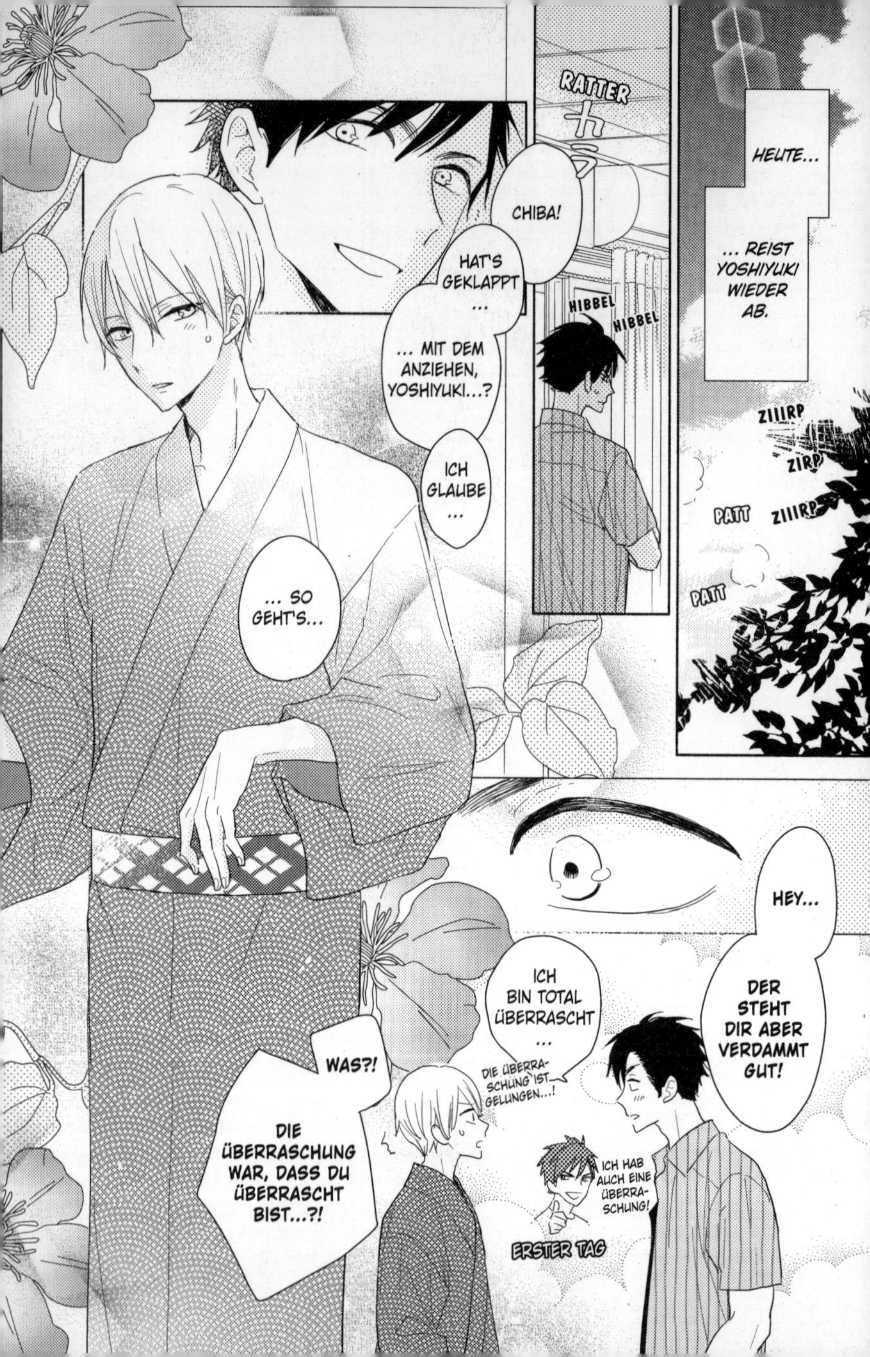
HEUTE...
... REIST YOSHIYUKI WIEDER AB.
ZIIIRP
ZIRP
ZIIIRP
PATT
PATT
RATTER
HIBBEL HIBBEL
CHIBA!
HAT'S GEKLAPPT ...
... MIT DEM ANZIEHEN, YOSHIYUKI...?
ICH GLAUBE ...
... SO GEHT'S...
HEY...
DER STEHT DIR ABER VERDAMMT GUT!
ICH BIN TOTAL ÜBERRASCHT ...
DIE ÜBERRASCHUNG IST GELUNGEN...!
WAS?!
DIE ÜBERRASCHUNG WAR, DASS DU ÜBERRASCHT BIST...?!
ICH HAB AUCH EINE ÜBERRASCHUNG!
ERSTER TAG

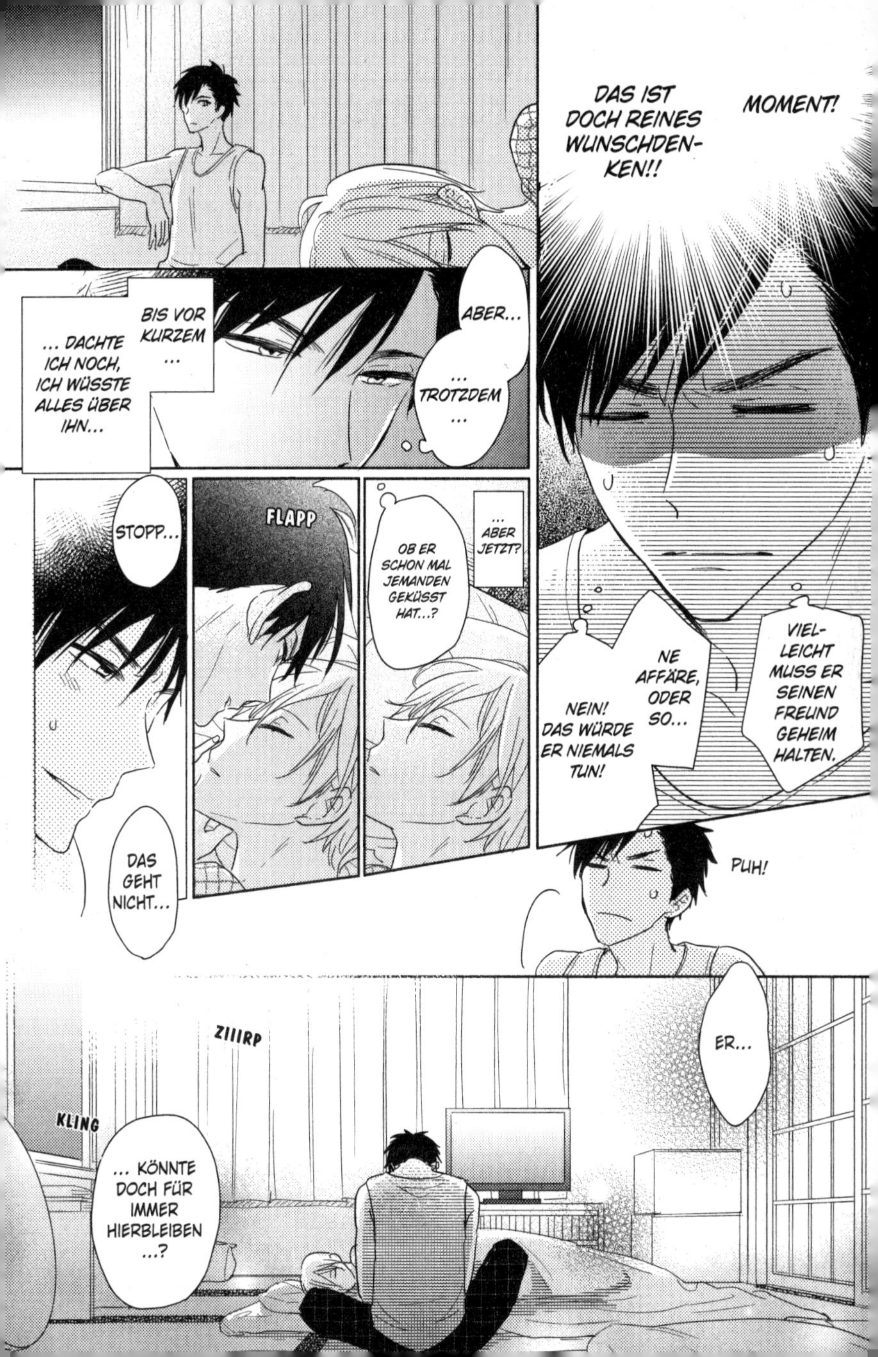
MOMENT!
DAS IST DOCH REINES WUNSCHDENKEN!!
VIELLEICHT MUSS ER SEINEN FREUND GEHEIM HALTEN.
NE AFFÄRE, ODER SO...
NEIN! DAS WÜRDE ER NIEMALS TUN!
ABER...
... TROTZDEM ...
BIS VOR KURZEM ...
... DACHTE ICH NOCH, ICH WÜSSTE ALLES ÜBER IHN...
... ABER JETZT?
OB ER SCHON MAL JEMANDEN GEKÜSST HAT...?
FLAPP
STOPP...
DAS GEHT NICHT...
PUH!
ER...
ZIIIRP
KLING
... KÖNNTE DOCH FÜR IMMER HIERBLEIBEN ...?

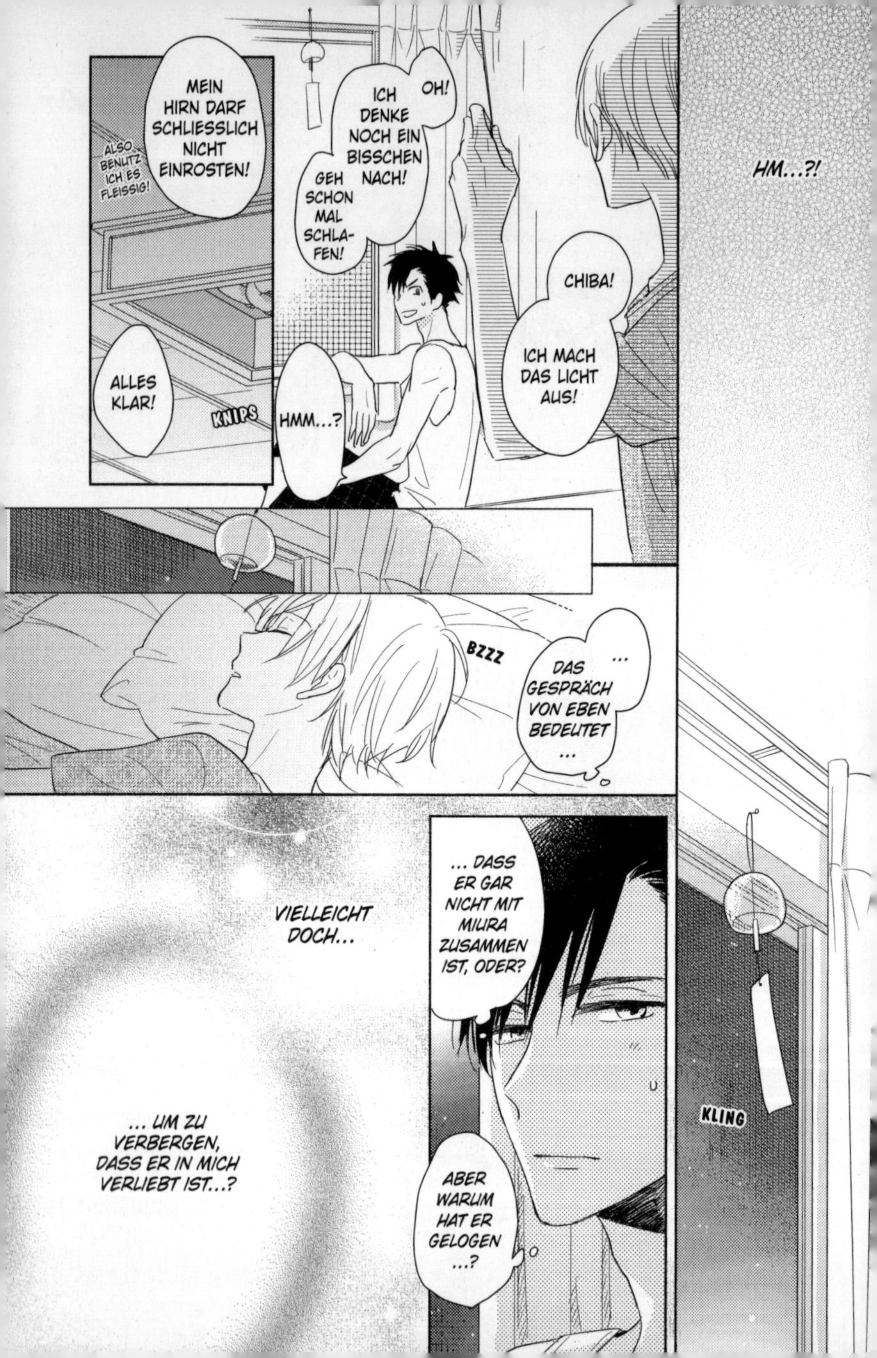
HM...?!
CHIBA!
ICH MACH DAS LICHT AUS!
OH! ICH DENKE NOCH EIN BISSCHEN NACH!
GEH SCHON MAL SCHLA-FEN!
MEIN HIRN DARF SCHLIESSLICH NICHT EINROSTEN!
ALSO BENUTZ ICH ES FLEISSIG!
HMM...?
ALLES KLAR!
KNIPS
BZZZ
...
DAS GESPRÄCH VON EBEN BEDEUTET ...
... DASS ER GAR NICHT MIT MIURA ZUSAMMEN IST, ODER?
KLING
ABER WARUM HAT ER GELOGEN ...?
VIELLEICHT DOCH...
... UM ZU VERBERGEN, DASS ER IN MICH VERLIEBT IST...?

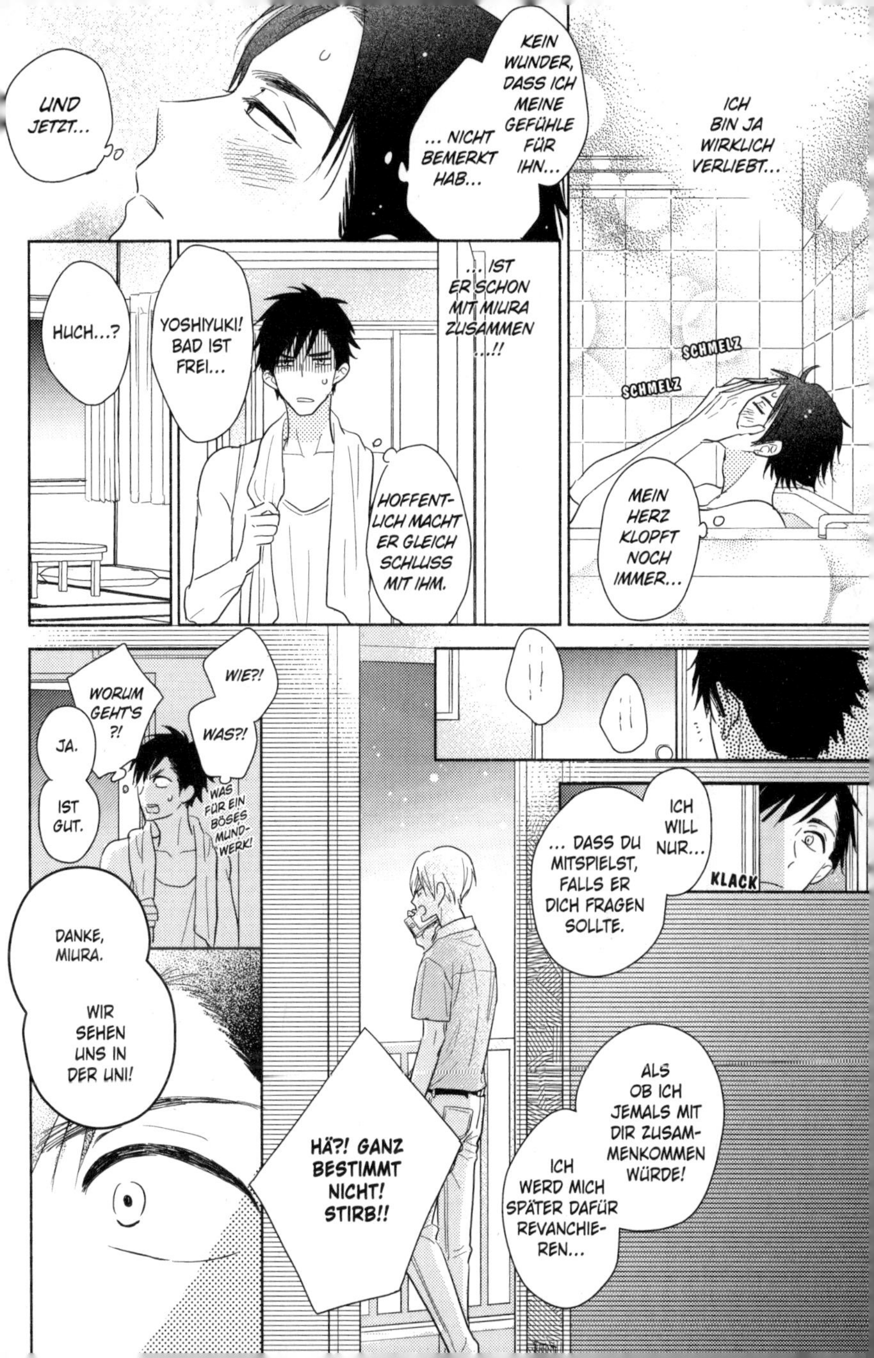
ICH BIN JA WIRKLICH VERLIEBT…
KEIN WUNDER, DASS ICH MEINE GEFÜHLE FÜR IHN…
… NICHT BEMERKT HAB…
UND JETZT…
SCHMELZ
SCHMELZ
MEIN HERZ KLOPFT NOCH IMMER…
… IST ER SCHON MIT MIURA ZUSAMMEN …!!
HOFFENT-LICH MACHT ER GLEICH SCHLUSS MIT IHM.
YOSHIYUKI! BAD IST FREI…
HUCH…?
ICH WILL NUR…
KLACK
… DASS DU MITSPIELST, FALLS ER DICH FRAGEN SOLLTE.
WIE?!
WAS?!
WORUM GEHT'S ?!
JA.
IST GUT.
WAS FÜR EIN BÖSES MUND-WERK!
ALS OB ICH JEMALS MIT DIR ZUSAM-MENKOMMEN WÜRDE!
ICH WERD MICH SPÄTER DAFÜR REVANCHIE-REN…
HÄ?! GANZ BESTIMMT NICHT! STIRB!!
DANKE, MIURA.
WIR SEHEN UNS IN DER UNI!

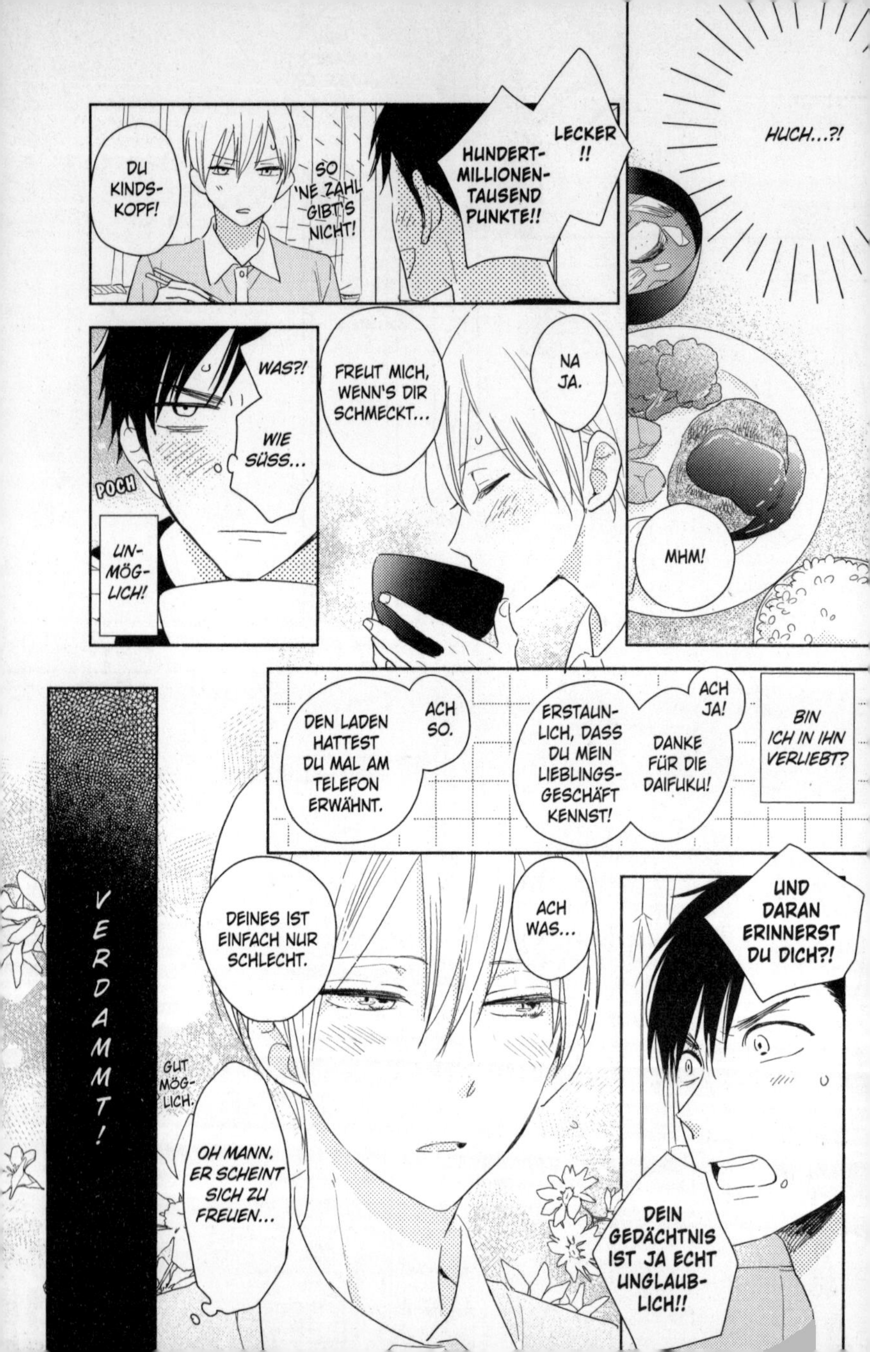
HUCH...?!
LECKER!!
HUNDERT-MILLIONEN-TAUSEND PUNKTE!!
SO 'NE ZAHL GIBT'S NICHT!
DU KINDS-KOPF!
MHM!
NA JA.
FREUT MICH, WENN'S DIR SCHMECKT...
WAS?!
WIE SÜSS...
POCH
UN-MÖG-LICH!
BIN ICH IN IHN VERLIEBT?
ACH JA!
DANKE FÜR DIE DAIFUKU!
ERSTAUN-LICH, DASS DU MEIN LIEBLINGS-GESCHÄFT KENNST!
ACH SO.
DEN LADEN HATTEST DU MAL AM TELEFON ERWÄHNT.
UND DARAN ERINNERST DU DICH?!
DEIN GEDÄCHTNIS IST JA ECHT UNGLAUB-LICH!!
ACH WAS...
DEINES IST EINFACH NUR SCHLECHT.
GUT MÖG-LICH.
OH MANN. ER SCHEINT SICH ZU FREUEN...
VERDAMMT!

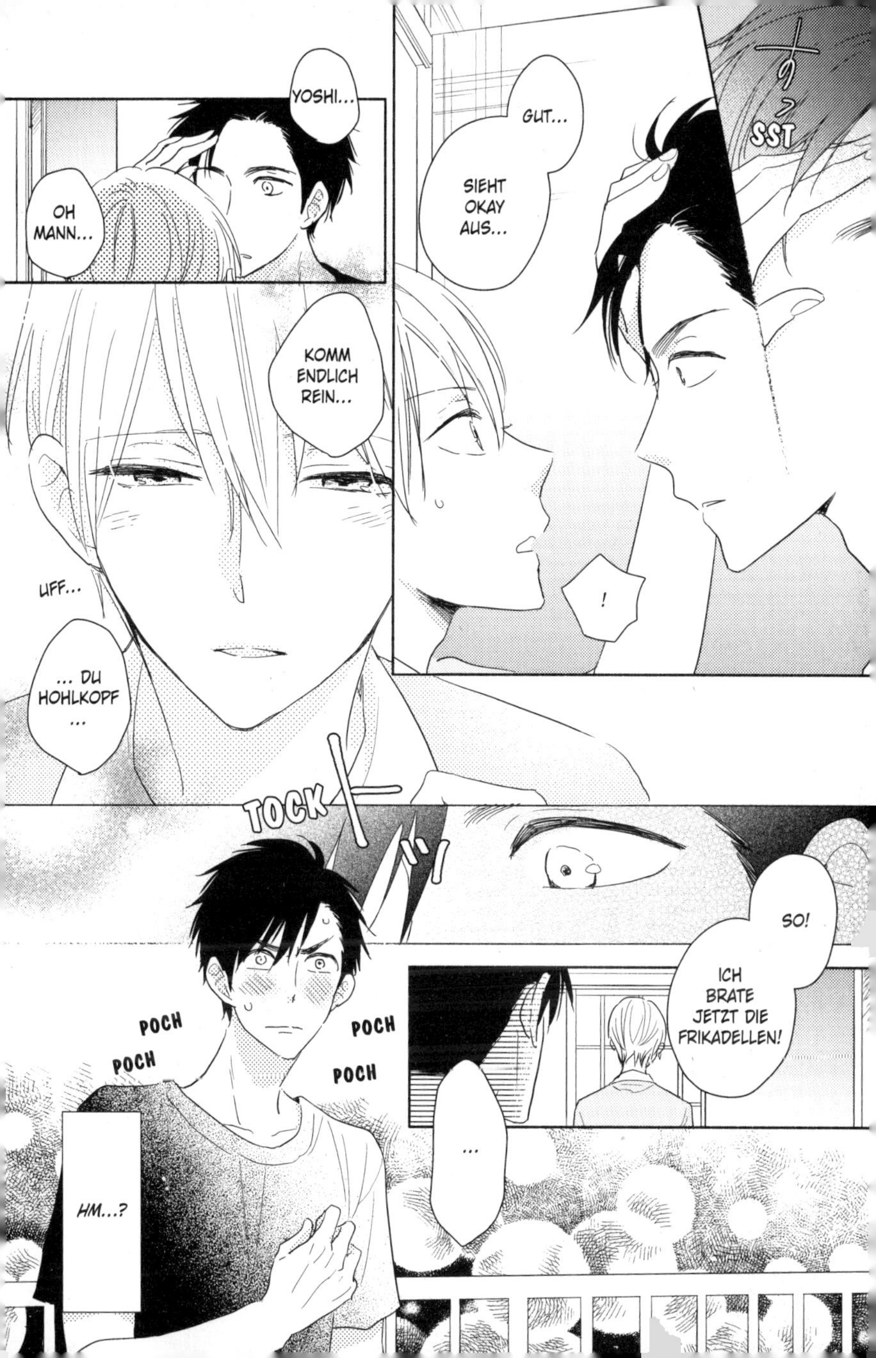
SST
GUT...
SIEHT OKAY AUS...
!
YOSHI...
OH MANN...
KOMM ENDLICH REIN...
UFF...
... DU HOHLKOPF ...
TOCK
SO!
ICH BRATE JETZT DIE FRIKADELLEN!
...
POCH
POCH
POCH
POCH
HM...?

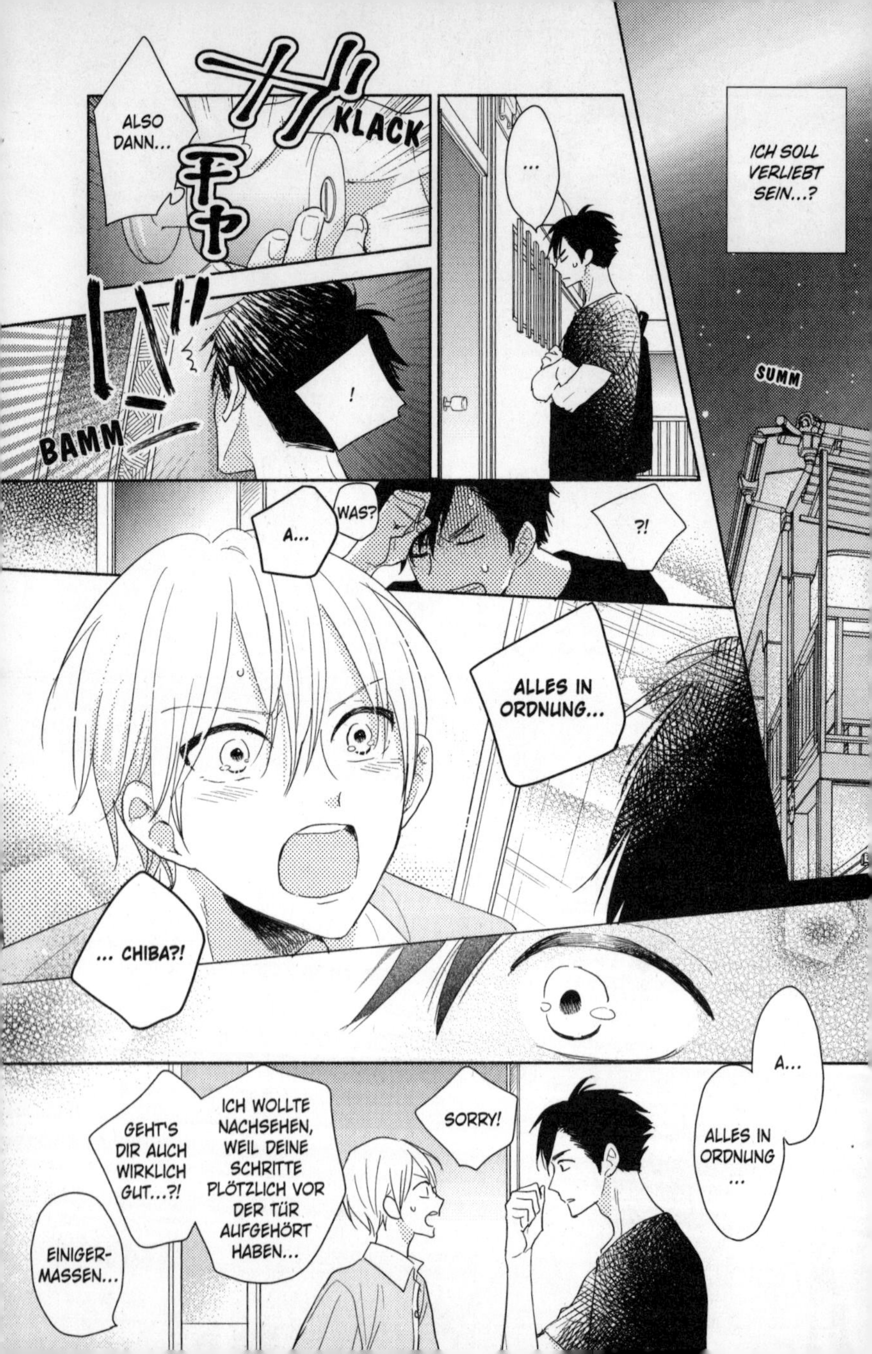

ICH SOLL VERLIEBT SEIN...?
SUMM
...
ALSO DANN...
KLACK
!
BAMM
?!
WAS?
A...
ALLES IN ORDNUNG...
... CHIBA?!
A...
ALLES IN ORDNUNG ...
SORRY!
ICH WOLLTE NACHSEHEN, WEIL DEINE SCHRITTE PLÖTZLICH VOR DER TÜR AUFGEHÖRT HABEN...
GEHT'S DIR AUCH WIRKLICH GUT...?!
EINIGER-MASSEN...

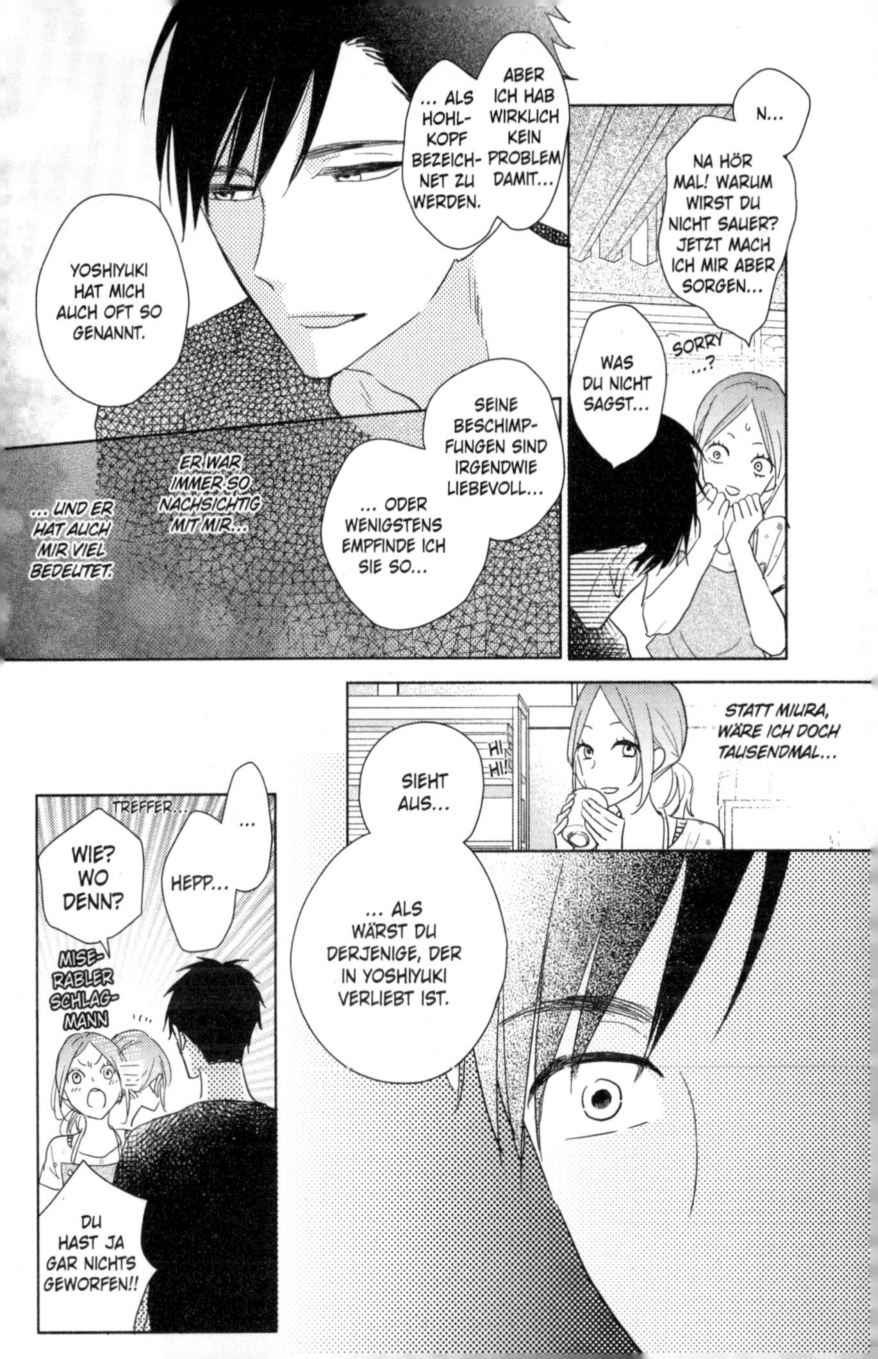
N...
NA HÖR MAL! WARUM WIRST DU NICHT SAUER? JETZT MACH ICH MIR ABER SORGEN...
SORRY ...?
WAS DU NICHT SAGST...
ABER ICH HAB WIRKLICH KEIN PROBLEM DAMIT...
... ALS HOHLKOPF BEZEICHNET ZU WERDEN.
YOSHIYUKI HAT MICH AUCH OFT SO GENANNT.
SEINE BESCHIMPFUNGEN SIND IRGENDWIE LIEBEVOLL...
... ODER WENIGSTENS EMPFINDE ICH SIE SO...
ER WAR IMMER SO NACHSICHTIG MIT MIR...
... UND ER HAT AUCH MIR VIEL BEDEUTET.
STATT MIURA, WÄRE ICH DOCH TAUSENDMAL...
HI HI!
SIEHT AUS...
... ALS WÄRST DU DERJENIGE, DER IN YOSHIYUKI VERLIEBT IST.
...
HEPP...
TREFFER...
WIE? WO DENN?
MISERABLER SCHLAGMANN
DU HAST JA GAR NICHTS GEWORFEN!!

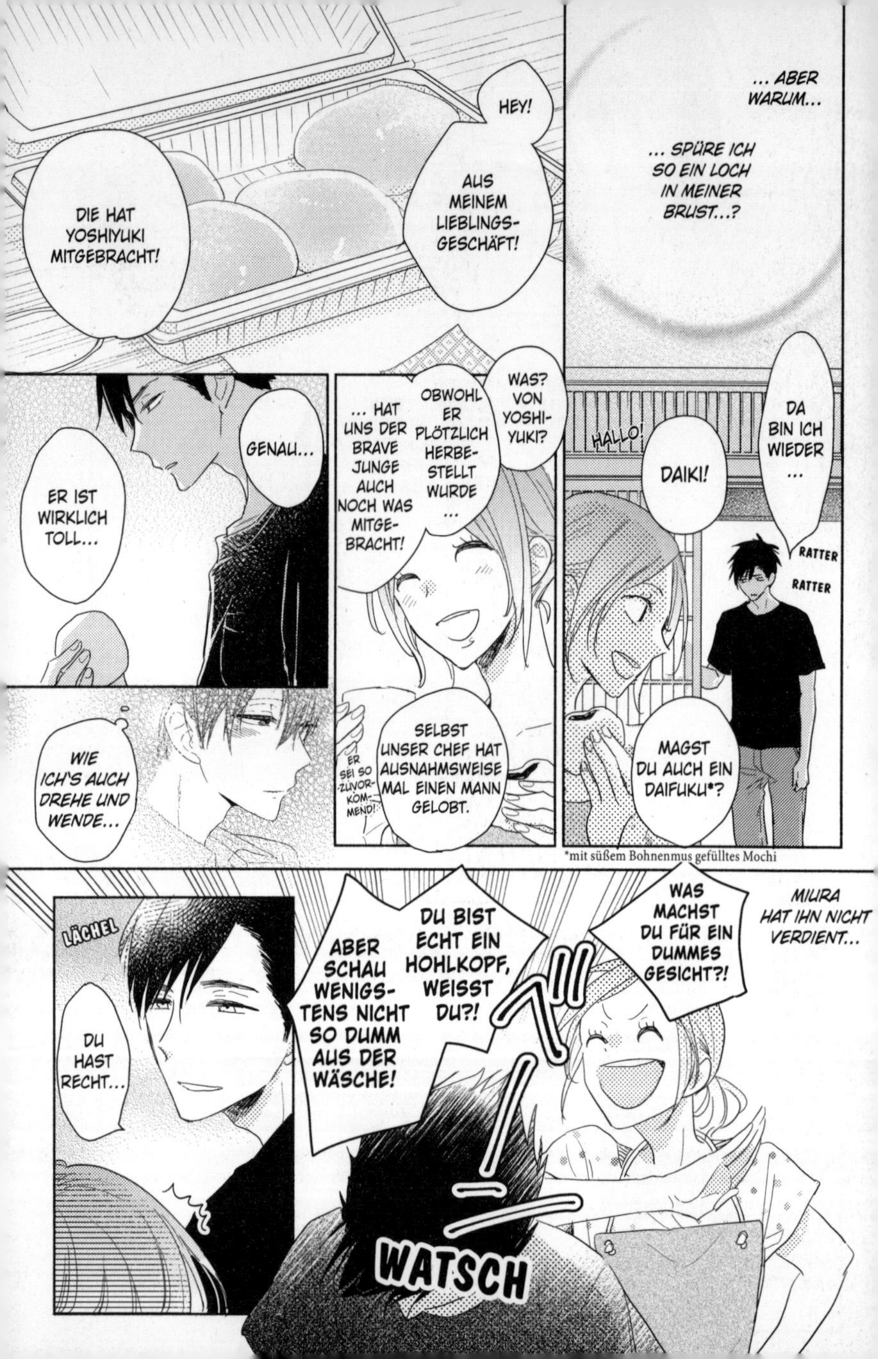

*mit süßem Bohnenmus gefülltes Mochi

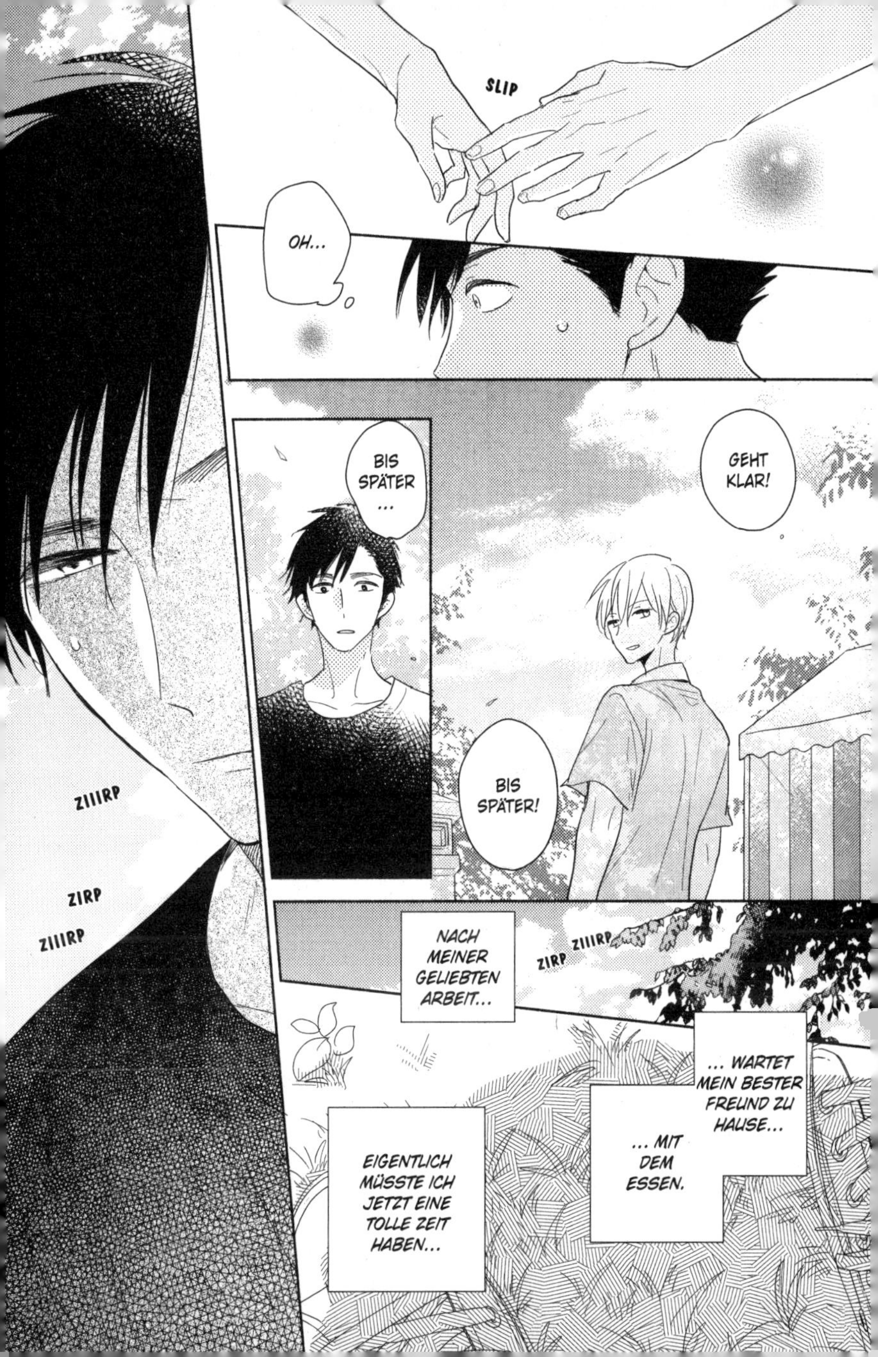
SLIP
OH...
GEHT KLAR!
BIS SPÄTER!
BIS SPÄTER ...
NACH MEINER GELIEBTEN ARBEIT...
ZIIIRP
ZIRP
... WARTET MEIN BESTER FREUND ZU HAUSE...
... MIT DEM ESSEN.
EIGENTLICH MÜSSTE ICH JETZT EINE TOLLE ZEIT HABEN...
ZIIIRP
ZIRP
ZIIIRP

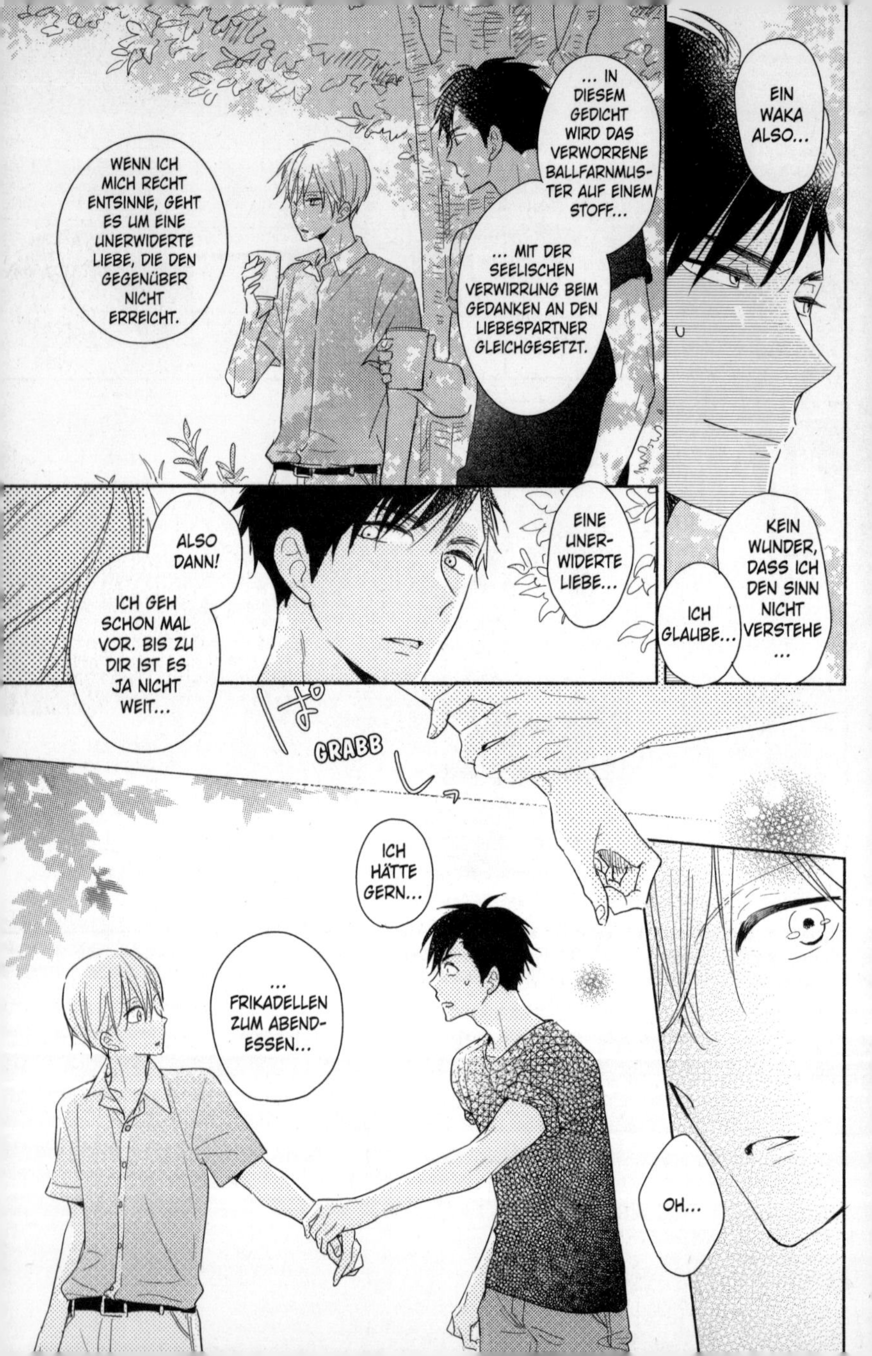
EIN WAKA ALSO...
... IN DIESEM GEDICHT WIRD DAS VERWORRENE BALLFARNMUSTER AUF EINEM STOFF...
... MIT DER SEELISCHEN VERWIRRUNG BEIM GEDANKEN AN DEN LIEBESPARTNER GLEICHGESETZT.
WENN ICH MICH RECHT ENTSINNE, GEHT ES UM EINE UNERWIDERTE LIEBE, DIE DEN GEGENÜBER NICHT ERREICHT.
KEIN WUNDER, DASS ICH DEN SINN NICHT VERSTEHE ...
ICH GLAUBE...
EINE UNERWIDERTE LIEBE...
ALSO DANN!
ICH GEH SCHON MAL VOR. BIS ZU DIR IST ES JA NICHT WEIT...
GRABB
OH...
ICH HÄTTE GERN...
... FRIKADELLEN ZUM ABENDESSEN...

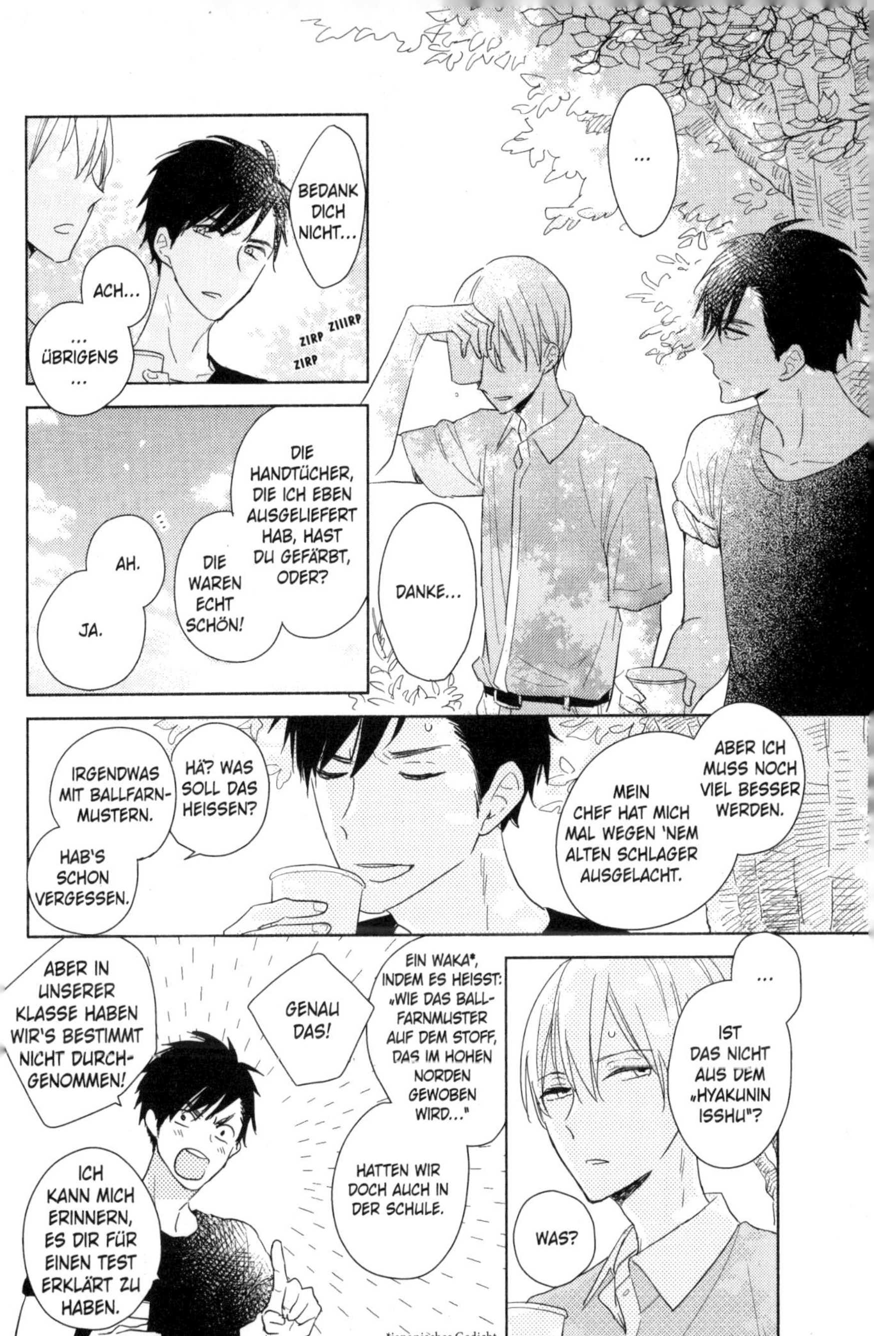

*japanisches Gedicht

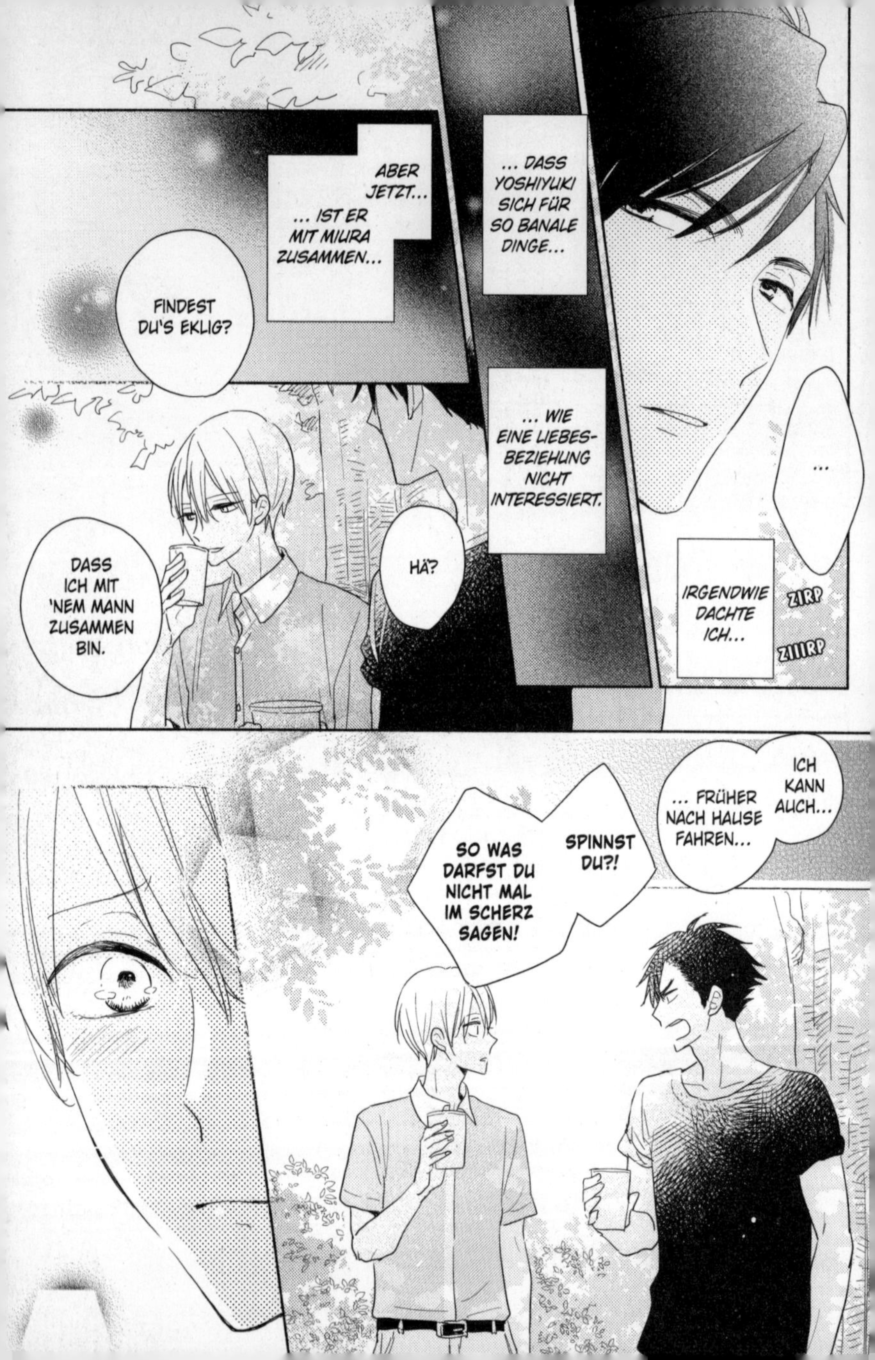

IRGENDWIE DACHTE ICH...
... DASS YOSHIYUKI SICH FÜR SO BANALE DINGE...
... WIE EINE LIEBES-BEZIEHUNG NICHT INTERESSIERT.
...
ZIRP
ZIIIRP
ABER JETZT...
... IST ER MIT MIURA ZUSAMMEN...
FINDEST DU'S EKLIG?
HÄ?
DASS ICH MIT 'NEM MANN ZUSAMMEN BIN.
ICH KANN AUCH...
... FRÜHER NACH HAUSE FAHREN...
SPINNST DU?!
SO WAS DARFST DU NICHT MAL IM SCHERZ SAGEN!

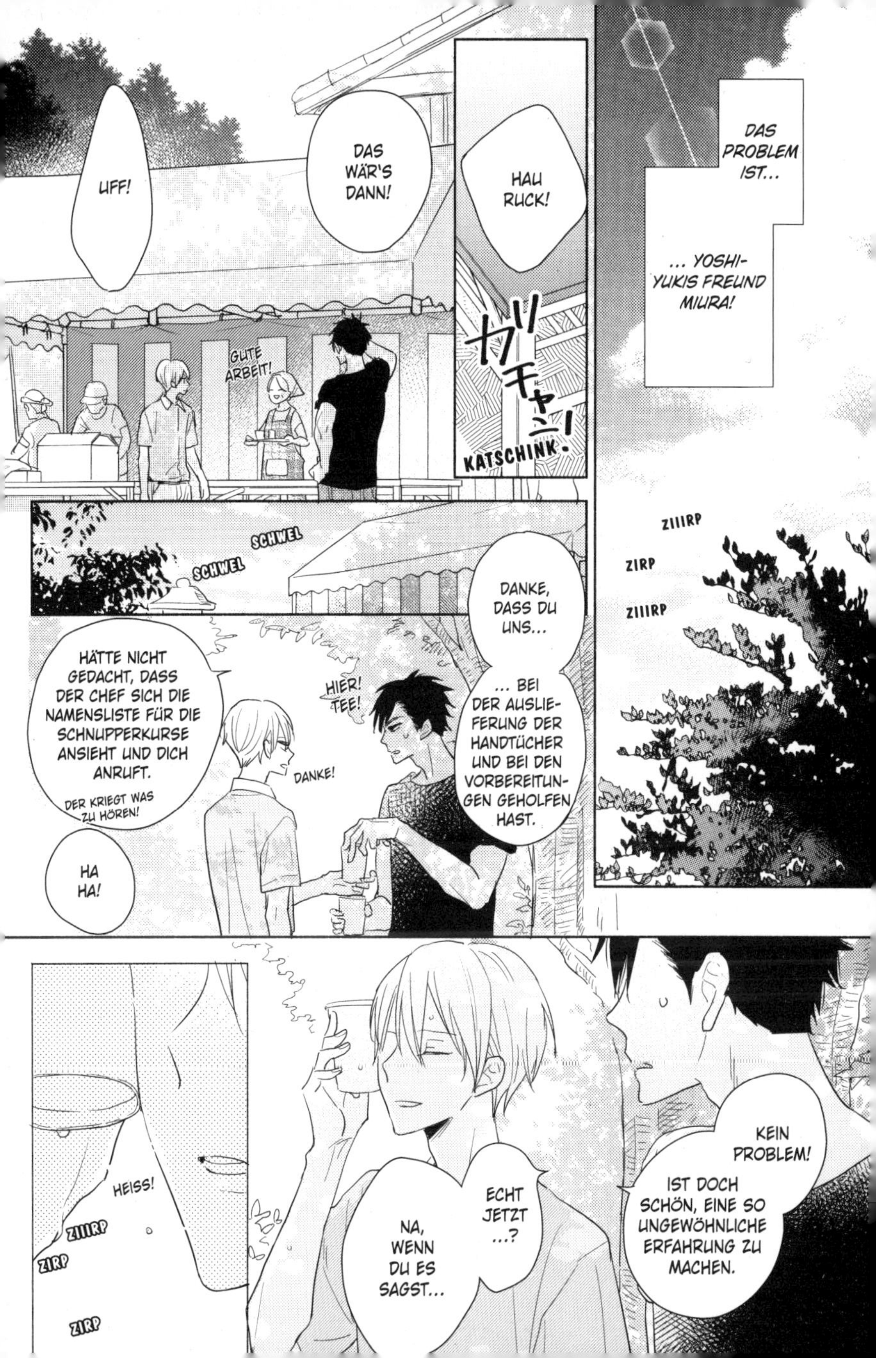
DAS PROBLEM IST…
… YOSHI-YUKIS FREUND MIURA!
HAU RUCK!
ガチャン!
KATSCHINK.
DAS WÄR'S DANN!
UFF!
GUTE ARBEIT!
SCHWEL
SCHWEL
ZIIIRP
ZIRP
ZIIIRP
DANKE, DASS DU UNS…
… BEI DER AUSLIE-FERUNG DER HANDTÜCHER UND BEI DEN VORBEREITUN-GEN GEHOLFEN HAST.
HIER! TEE!
DANKE!
HÄTTE NICHT GEDACHT, DASS DER CHEF SICH DIE NAMENSLISTE FÜR DIE SCHNUPPERKURSE ANSIEHT UND DICH ANRUFT.
DER KRIEGT WAS ZU HÖREN!
HA HA!
KEIN PROBLEM!
IST DOCH SCHÖN, EINE SO UNGEWÖHNLICHE ERFAHRUNG ZU MACHEN.
ECHT JETZT …?
NA, WENN DU ES SAGST…
HEISS!
ZIIIRP
ZIRP
ZIRP

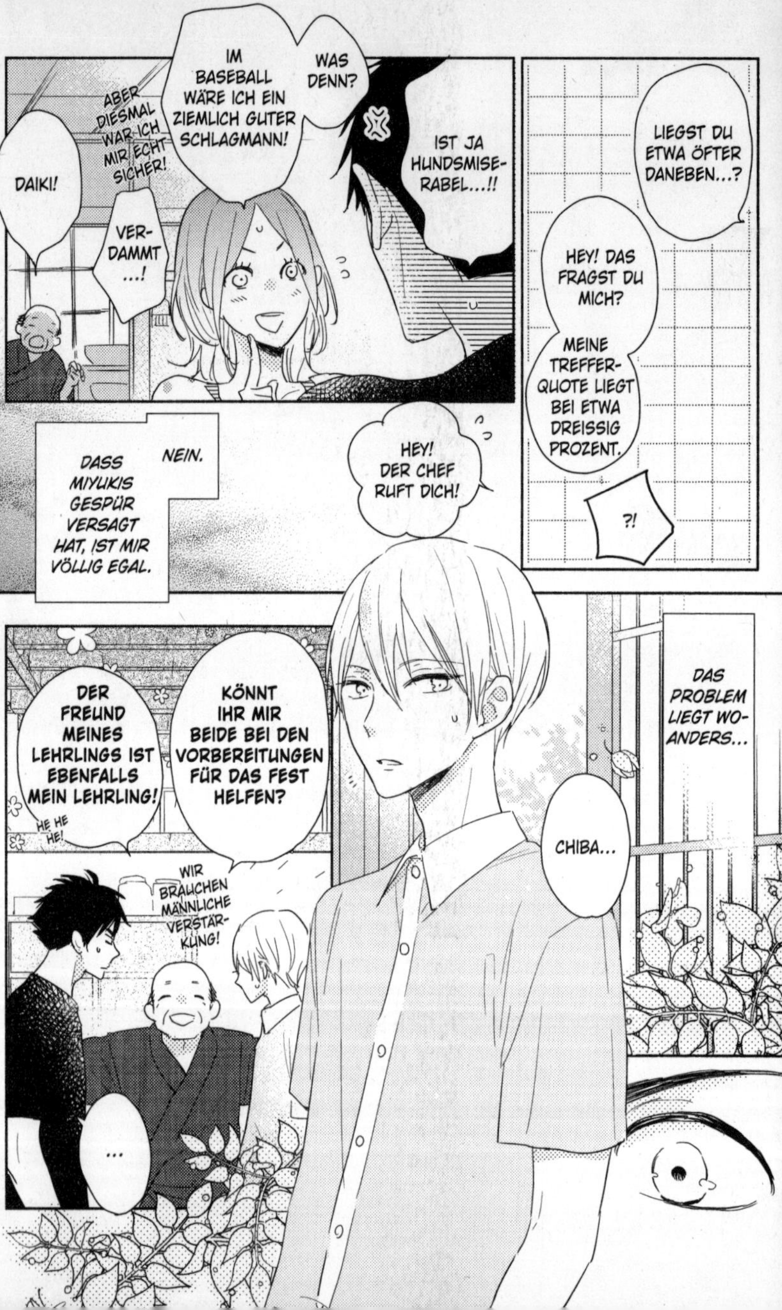
LIEGST DU ETWA ÖFTER DANEBEN...?
HEY! DAS FRAGST DU MICH?
MEINE TREFFER-QUOTE LIEGT BEI ETWA DREISSIG PROZENT.
?!
WAS DENN?
IST JA HUNDSMISE-RABEL...!!
IM BASEBALL WÄRE ICH EIN ZIEMLICH GUTER SCHLAGMANN!
ABER DIESMAL WAR ICH MIR ECHT SICHER!
VER-DAMMT ...!
DAIKI!
HEY! DER CHEF RUFT DICH!
NEIN.
DASS MIYUKIS GESPÜR VERSAGT HAT, IST MIR VÖLLIG EGAL.
DAS PROBLEM LIEGT WO-ANDERS...
CHIBA...
KÖNNT IHR MIR BEIDE BEI DEN VORBEREITUNGEN FÜR DAS FEST HELFEN?
WIR BRAUCHEN MÄNNLICHE VERSTÄR-KUNG!
DER FREUND MEINES LEHRLINGS IST EBENFALLS MEIN LEHRLING!
HE HE HE!
...

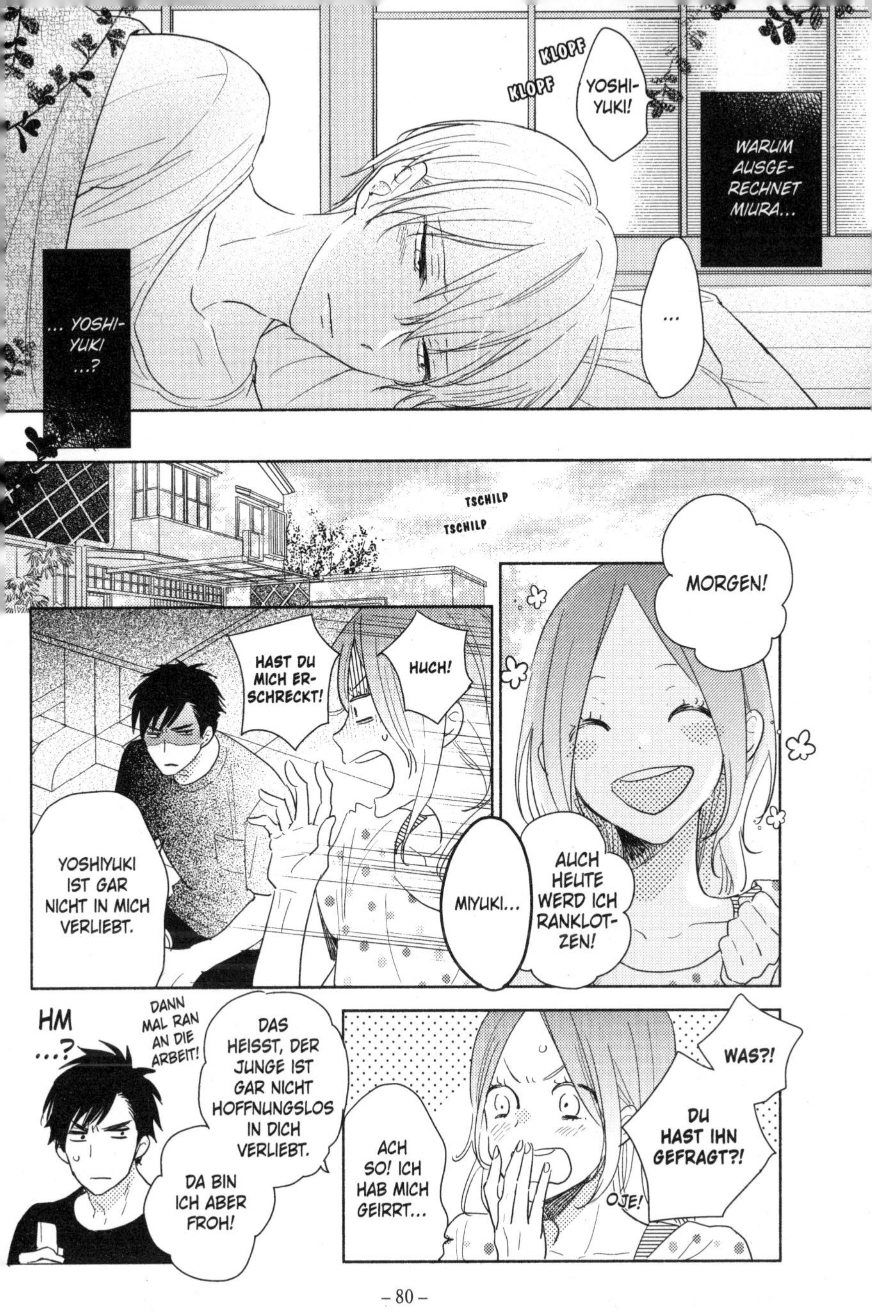
KLOPF
KLOPF
YOSHI-YUKI!
WARUM AUSGE-RECHNET MIURA...
...
... YOSHI-YUKI ...?
TSCHILP
TSCHILP
MORGEN!
AUCH HEUTE WERD ICH RANKLOT-ZEN!
MIYUKI...
HUCH!
HAST DU MICH ER-SCHRECKT!
YOSHIYUKI IST GAR NICHT IN MICH VERLIEBT.
WAS?!
DU HAST IHN GEFRAGT?!
OJE!
ACH SO! ICH HAB MICH GEIRRT...
DAS HEISST, DER JUNGE IST GAR NICHT HOFFNUNGSLOS IN DICH VERLIEBT.
DA BIN ICH ABER FROH!
DANN MAL RAN AN DIE ARBEIT!
HM ...?

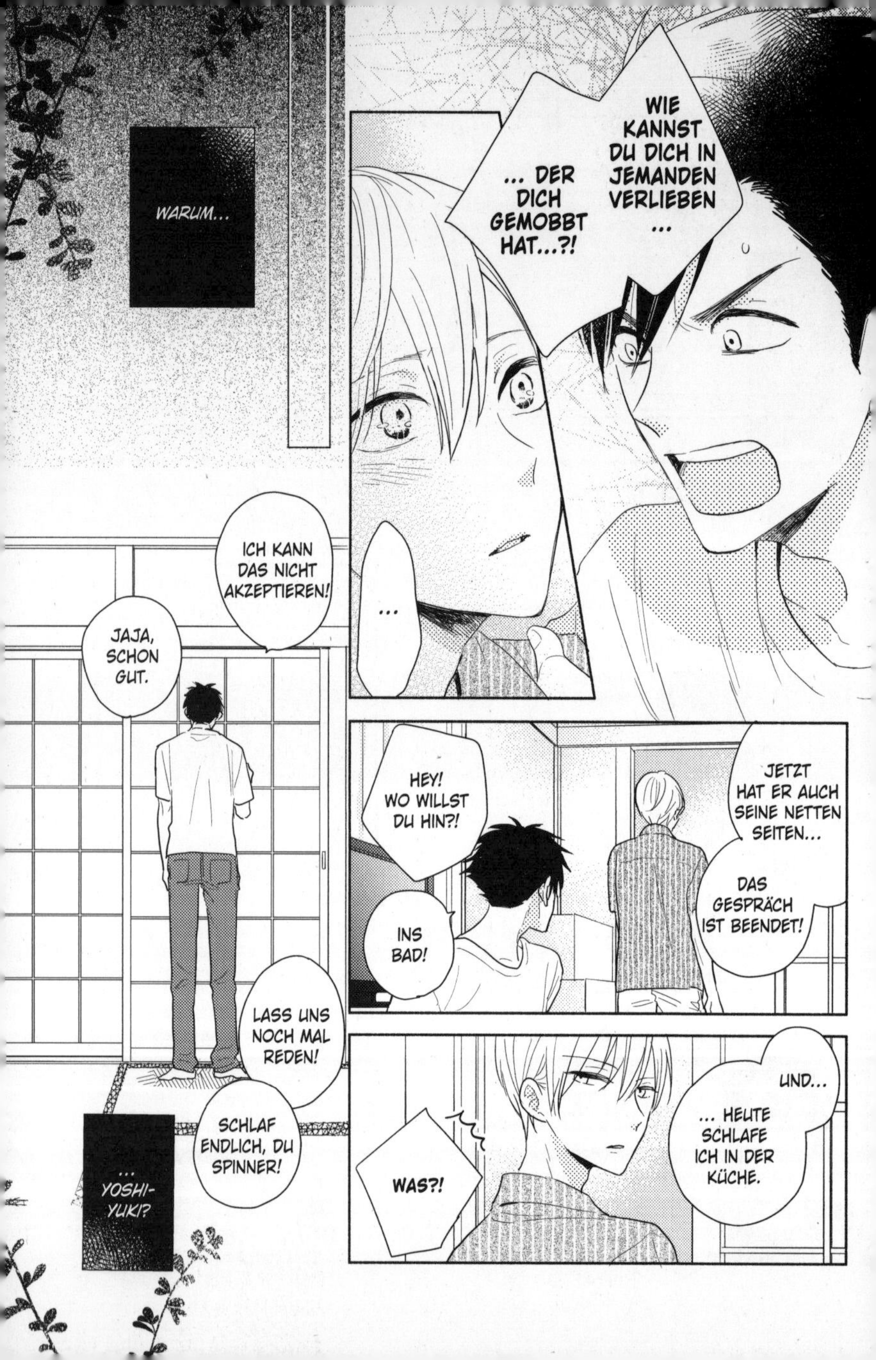
WIE KANNST DU DICH IN JEMANDEN VERLIEBEN ...
... DER DICH GEMOBBT HAT...?!
...
JETZT HAT ER AUCH SEINE NETTEN SEITEN...
DAS GESPRÄCH IST BEENDET!
HEY! WO WILLST DU HIN?!
INS BAD!
UND...
... HEUTE SCHLAFE ICH IN DER KÜCHE.
WAS?!
WARUM...
ICH KANN DAS NICHT AKZEPTIEREN!
JAJA, SCHON GUT.
LASS UNS NOCH MAL REDEN!
SCHLAF ENDLICH, DU SPINNER!
... YOSHI-YUKI?

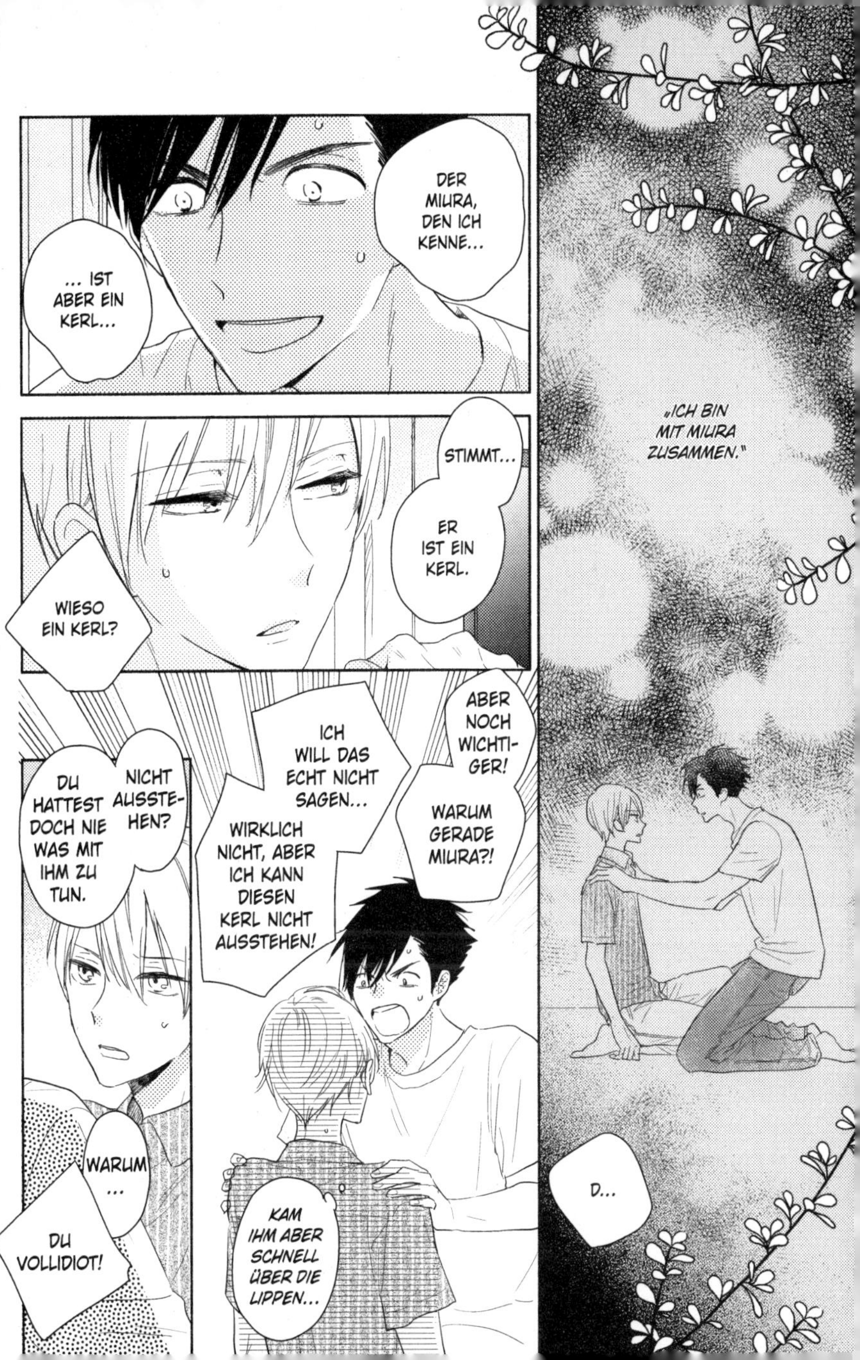
„ICH BIN MIT MIURA ZUSAMMEN."
D…
DER MIURA, DEN ICH KENNE…
… IST ABER EIN KERL…
STIMMT…
ER IST EIN KERL.
WIESO EIN KERL?
ABER NOCH WICHTIGER!
WARUM GERADE MIURA?!
ICH WILL DAS ECHT NICHT SAGEN…
WIRKLICH NICHT, ABER ICH KANN DIESEN KERL NICHT AUSSTEHEN!
NICHT AUSSTEHEN?
DU HATTEST DOCH NIE WAS MIT IHM ZU TUN.
KAM IHM ABER SCHNELL ÜBER DIE LIPPEN…
WARUM …
DU VOLLIDIOT!

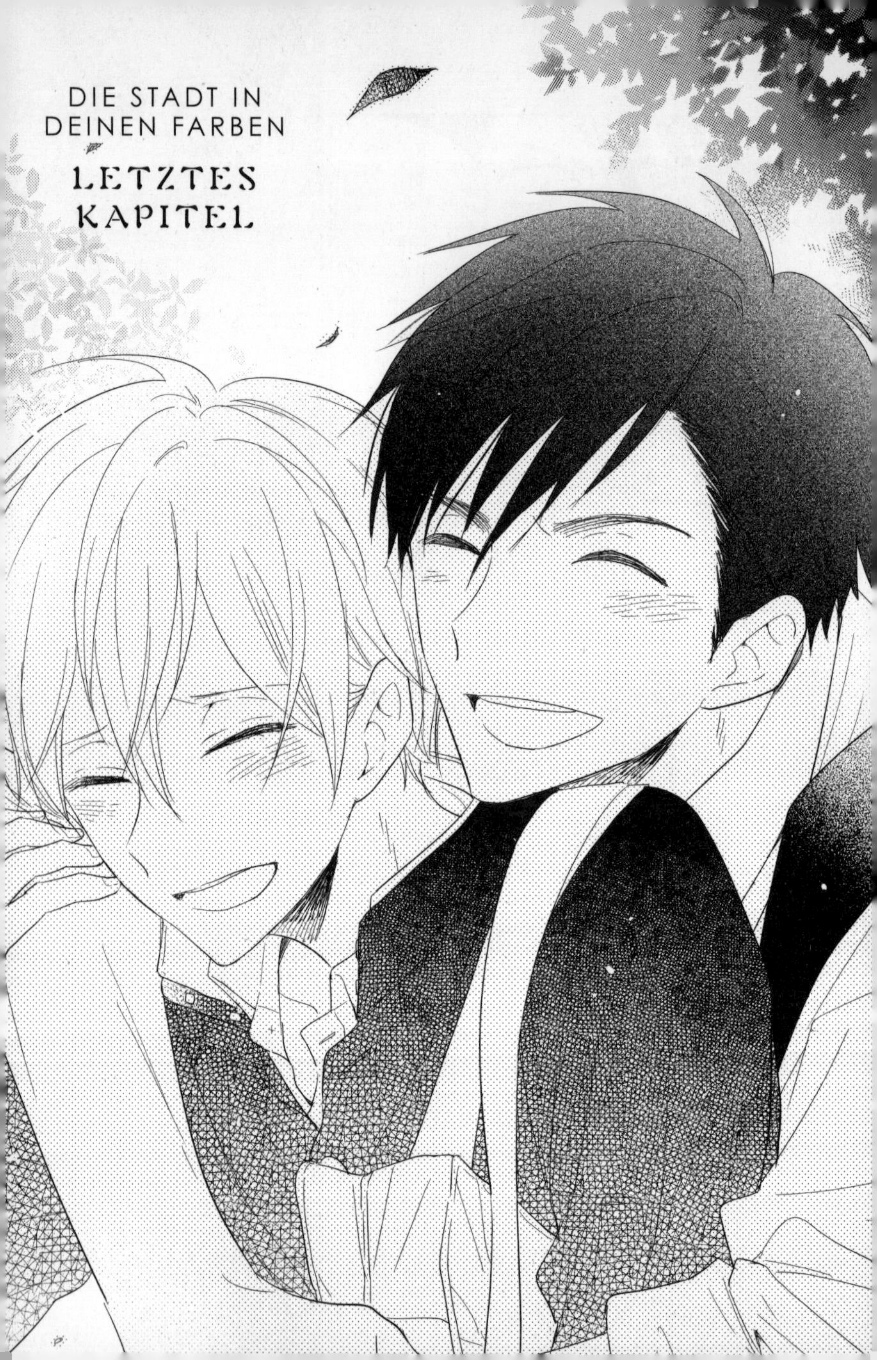
DIE STADT IN
DEINEN FARBEN
LETZTES
KAPITEL

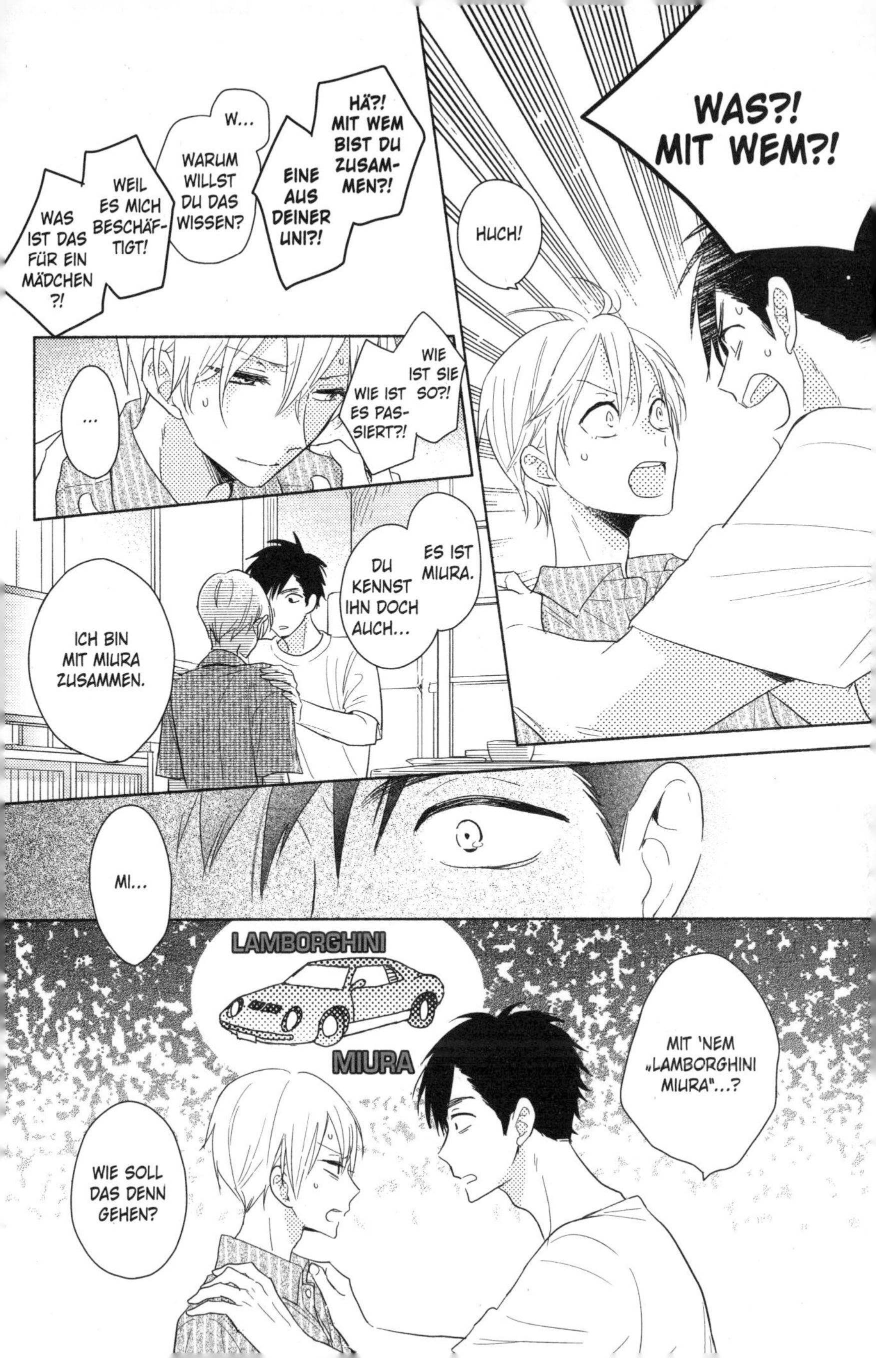
WAS?! MIT WEM?!
HUCH!
HÄ?! MIT WEM BIST DU ZUSAMMEN?!
EINE AUS DEINER UNI?!
W...
WARUM WILLST DU DAS WISSEN?
WEIL ES MICH BESCHÄFTIGT!
WAS IST DAS FÜR EIN MÄDCHEN?!
WIE IST SIE SO?!
WIE IST ES PASSIERT?!
...
ES IST MIURA.
DU KENNST IHN DOCH AUCH...
ICH BIN MIT MIURA ZUSAMMEN.
MI...
LAMBORGHINI
MIURA
MIT 'NEM „LAMBORGHINI MIURA"...?
WIE SOLL DAS DENN GEHEN?

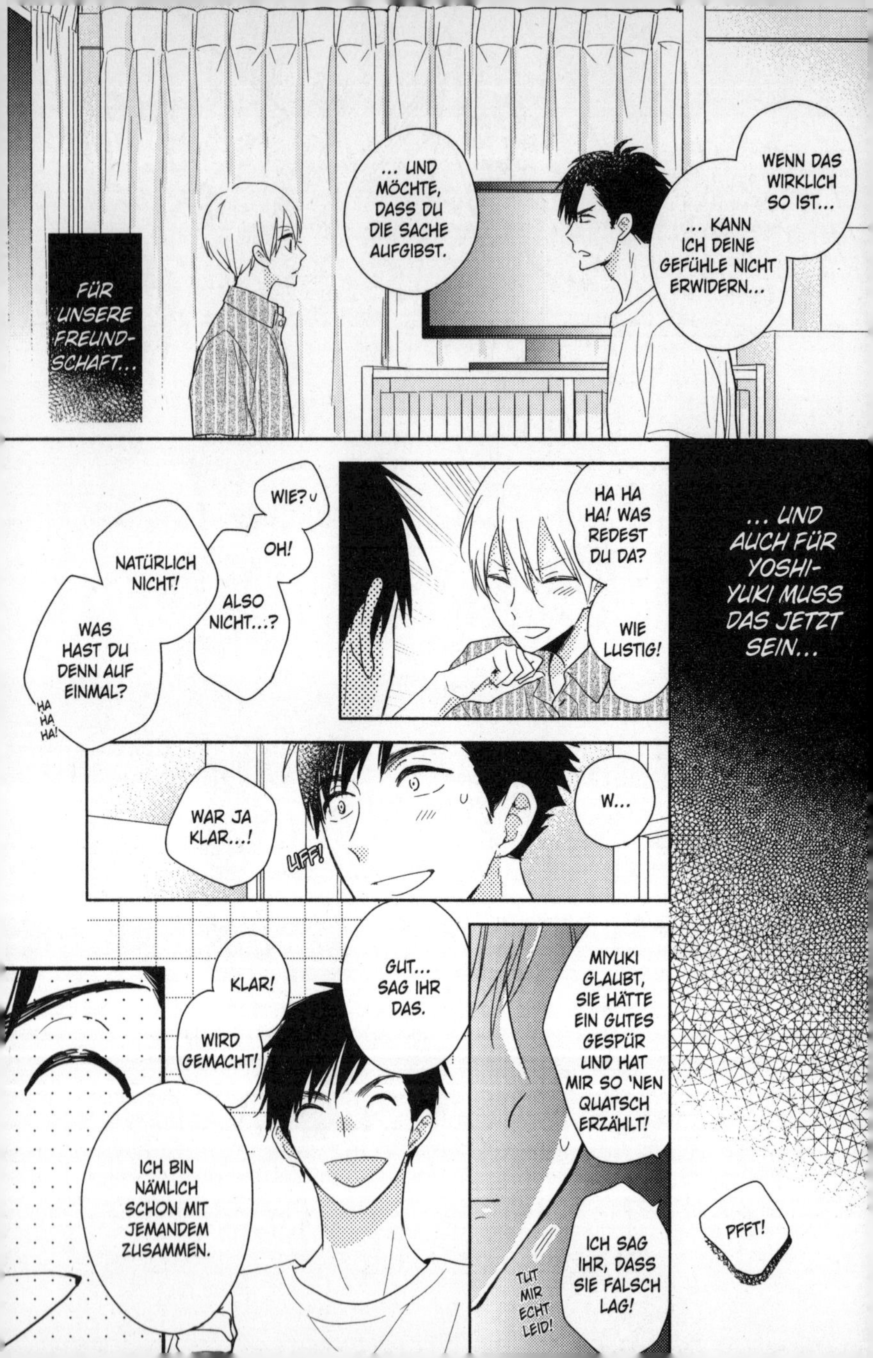
WENN DAS WIRKLICH SO IST…
… KANN ICH DEINE GEFÜHLE NICHT ERWIDERN…
… UND MÖCHTE, DASS DU DIE SACHE AUFGIBST.
FÜR UNSERE FREUND-SCHAFT…
… UND AUCH FÜR YOSHI-YUKI MUSS DAS JETZT SEIN…
HA HA HA! WAS REDEST DU DA?
WIE LUSTIG!
WIE?
OH!
ALSO NICHT…?
NATÜRLICH NICHT!
WAS HAST DU DENN AUF EINMAL?
HA HA HA!
W…
WAR JA KLAR…!
UFF!
MIYUKI GLAUBT, SIE HÄTTE EIN GUTES GESPÜR UND HAT MIR SO 'NEN QUATSCH ERZÄHLT!
ICH SAG IHR, DASS SIE FALSCH LAG!
TUT MIR ECHT LEID!
PFFT!
GUT… SAG IHR DAS.
KLAR!
WIRD GEMACHT!
ICH BIN NÄMLICH SCHON MIT JEMANDEM ZUSAMMEN.

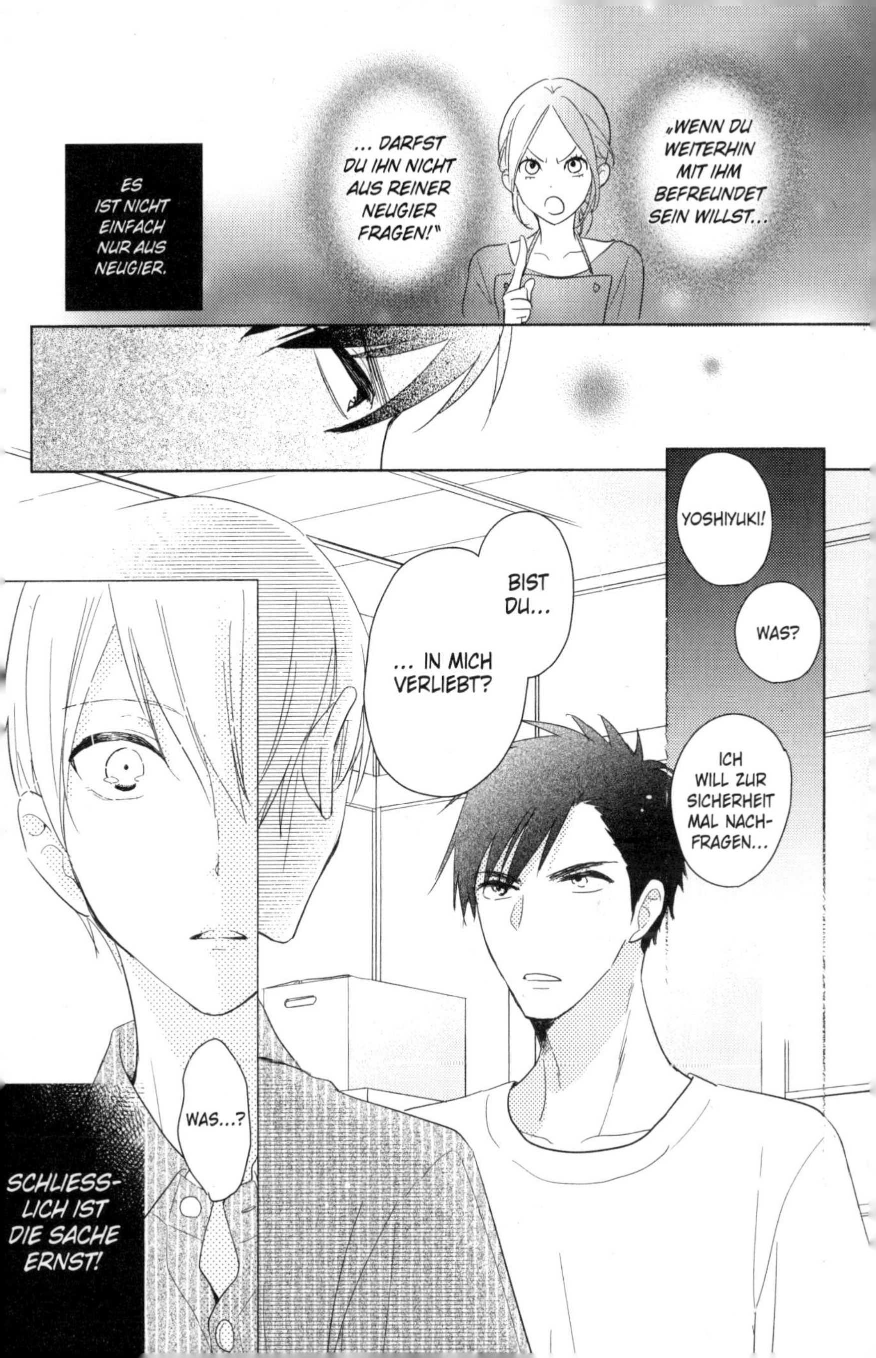
„WENN DU WEITERHIN MIT IHM BEFREUNDET SEIN WILLST…
… DARFST DU IHN NICHT AUS REINER NEUGIER FRAGEN!“
ES IST NICHT EINFACH NUR AUS NEUGIER.
YOSHIYUKI!
WAS?
ICH WILL ZUR SICHERHEIT MAL NACH-FRAGEN…
BIST DU…
… IN MICH VERLIEBT?
WAS…?
SCHLIESS-LICH IST DIE SACHE ERNST!

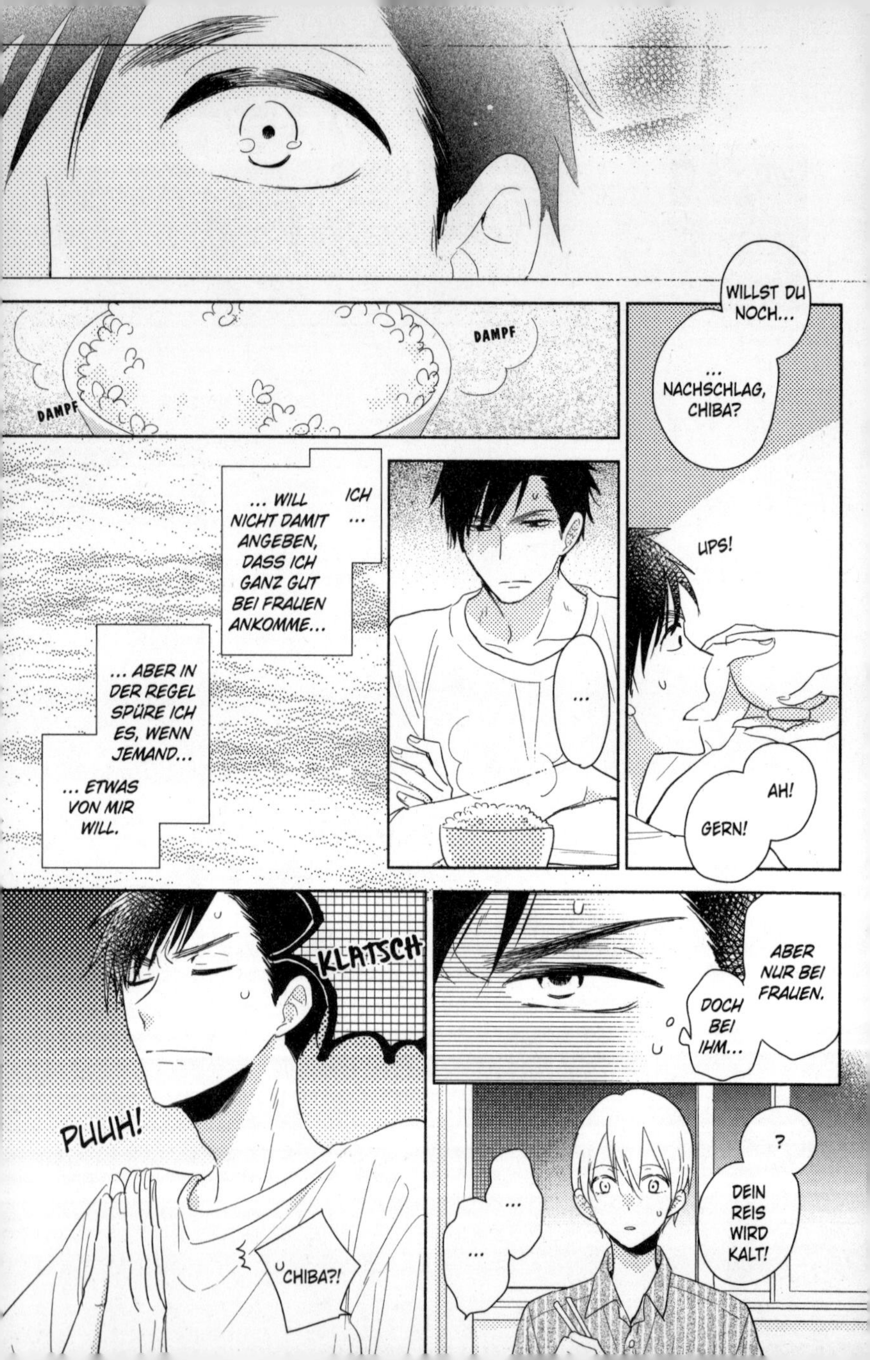
WILLST DU NOCH...
... NACHSCHLAG, CHIBA?
DAMPF
DAMPF
UPS!
AH!
GERN!
...
ICH ...
... WILL NICHT DAMIT ANGEBEN, DASS ICH GANZ GUT BEI FRAUEN ANKOMME...
... ABER IN DER REGEL SPÜRE ICH ES, WENN JEMAND...
... ETWAS VON MIR WILL.
ABER NUR BEI FRAUEN.
DOCH BEI IHM...
KLATSCH
PUUH!
?
DEIN REIS WIRD KALT!
...
...
CHIBA?!

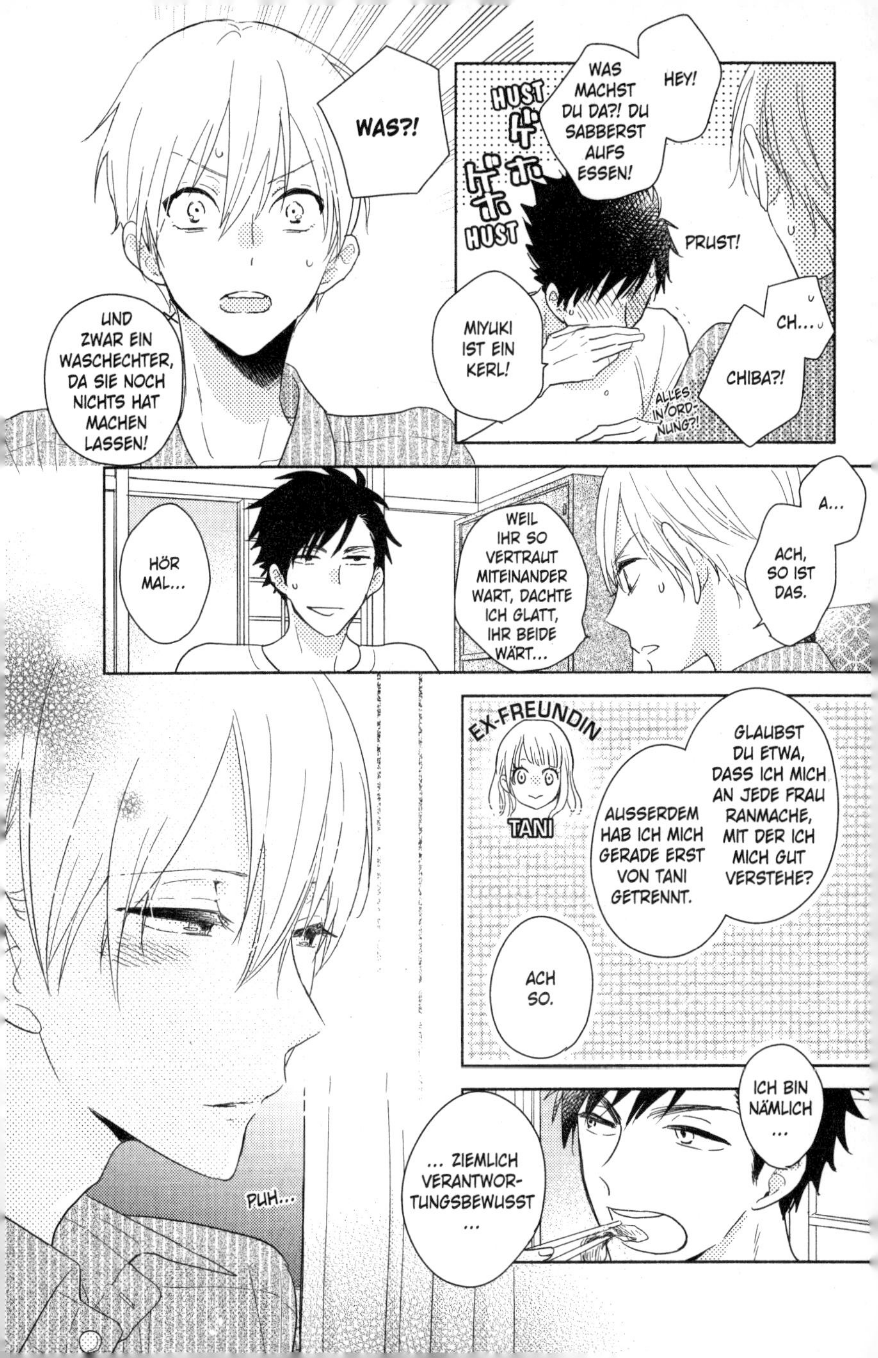
HEY!
WAS MACHST DU DA?! DU SABBERST AUFS ESSEN!
HUST ゲホ
ゲホ HUST
PRUST!
CH…
CHIBA?!
ALLES IN ORD-NUNG?!
MIYUKI IST EIN KERL!
WAS?!
UND ZWAR EIN WASCHECHTER, DA SIE NOCH NICHTS HAT MACHEN LASSEN!
A…
ACH, SO IST DAS.
WEIL IHR SO VERTRAUT MITEINANDER WART, DACHTE ICH GLATT, IHR BEIDE WÄRT…
HÖR MAL…
GLAUBST DU ETWA, DASS ICH MICH AN JEDE FRAU RANMACHE, MIT DER ICH MICH GUT VERSTEHE?
AUSSERDEM HAB ICH MICH GERADE ERST VON TANI GETRENNT.
EX-FREUNDIN
TANI
ACH SO.
ICH BIN NÄMLICH …
… ZIEMLICH VERANTWORTUNGSBEWUSST …
PUH…

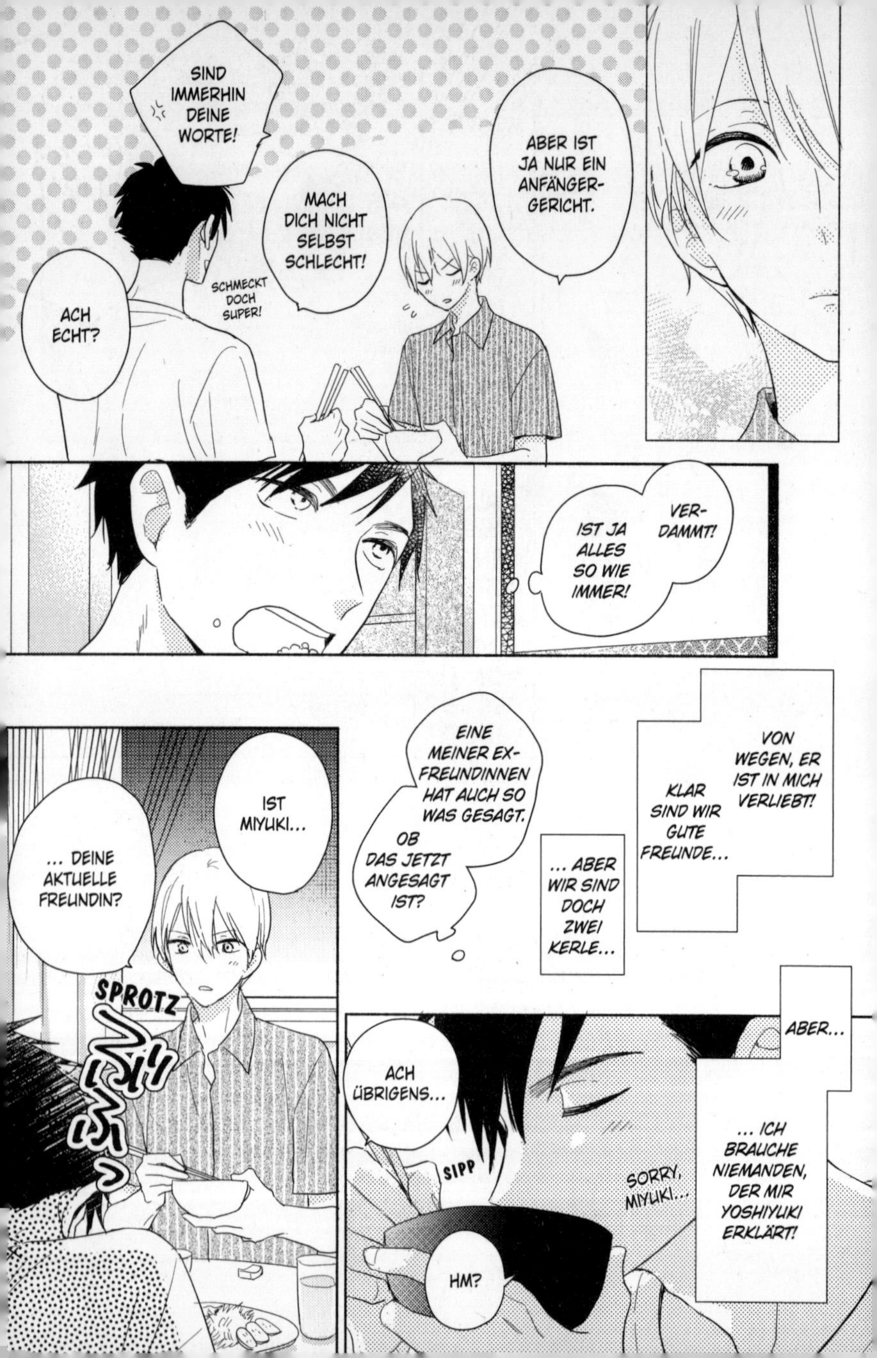
ABER IST JA NUR EIN ANFÄNGER-GERICHT.
MACH DICH NICHT SELBST SCHLECHT!
SCHMECKT DOCH SUPER!
SIND IMMERHIN DEINE WORTE!
ACH ECHT?
VER-DAMMT!
IST JA ALLES SO WIE IMMER!
VON WEGEN, ER IST IN MICH VERLIEBT!
KLAR SIND WIR GUTE FREUNDE…
… ABER WIR SIND DOCH ZWEI KERLE…
EINE MEINER EX-FREUNDINNEN HAT AUCH SO WAS GESAGT.
OB DAS JETZT ANGESAGT IST?
ABER…
… ICH BRAUCHE NIEMANDEN, DER MIR YOSHIYUKI ERKLÄRT!
SORRY, MIYUKI…
SIPP
ACH ÜBRIGENS…
HM?
IST MIYUKI…
… DEINE AKTUELLE FREUNDIN?
SPROTZ

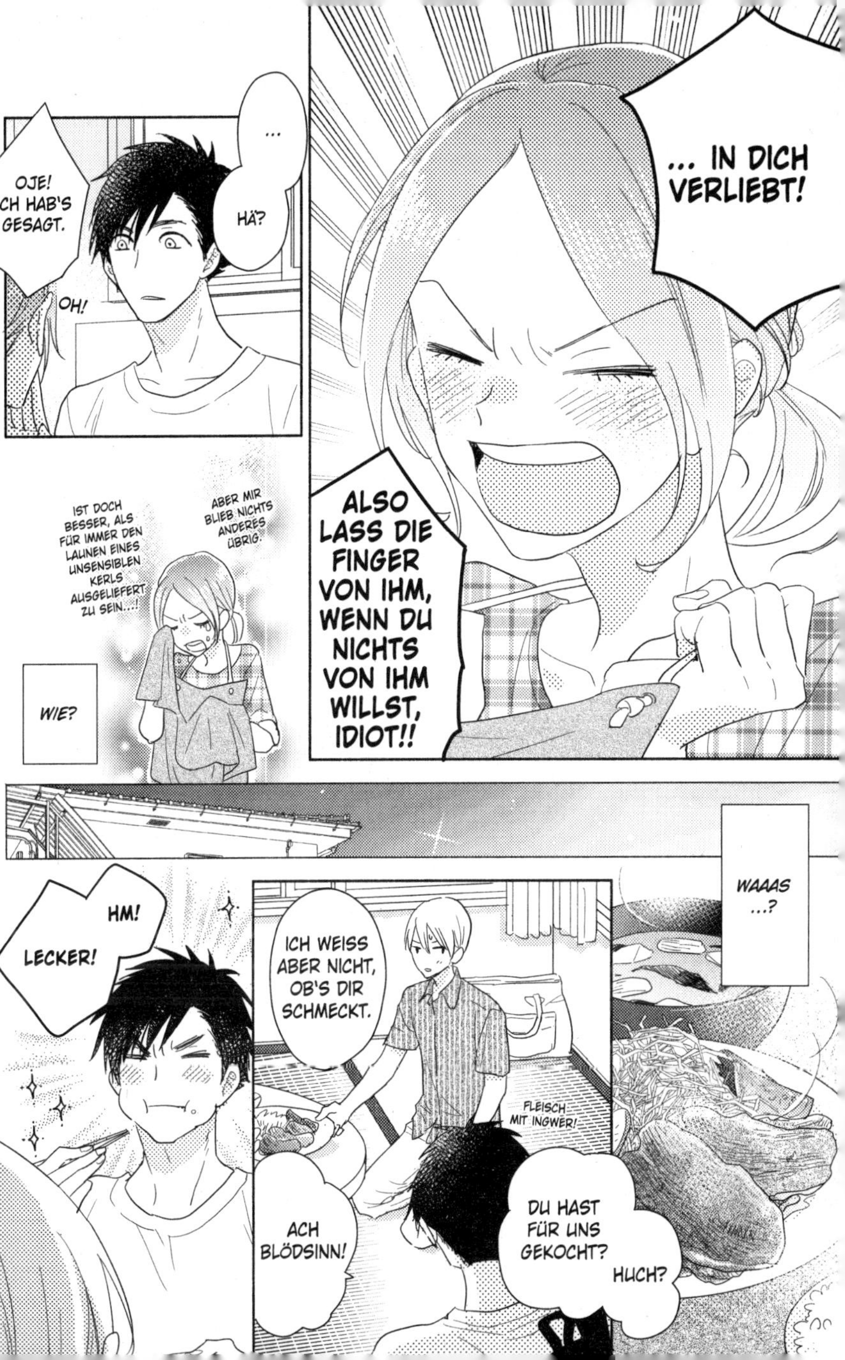
... IN DICH VERLIEBT!
ALSO LASS DIE FINGER VON IHM, WENN DU NICHTS VON IHM WILLST, IDIOT!!
...
HÄ?
OJE! ICH HAB'S GESAGT.
OH!
ABER MIR BLIEB NICHTS ANDERES ÜBRIG.
IST DOCH BESSER, ALS FÜR IMMER DEN LAUNEN EINES UNSENSIBLEN KERLS AUSGELIEFERT ZU SEIN...!
WIE?
WAAAS ...?
DU HAST FÜR UNS GEKOCHT?
HUCH?
FLEISCH MIT INGWER!
ICH WEISS ABER NICHT, OB'S DIR SCHMECKT.
ACH BLÖDSINN!
HM!
LECKER!

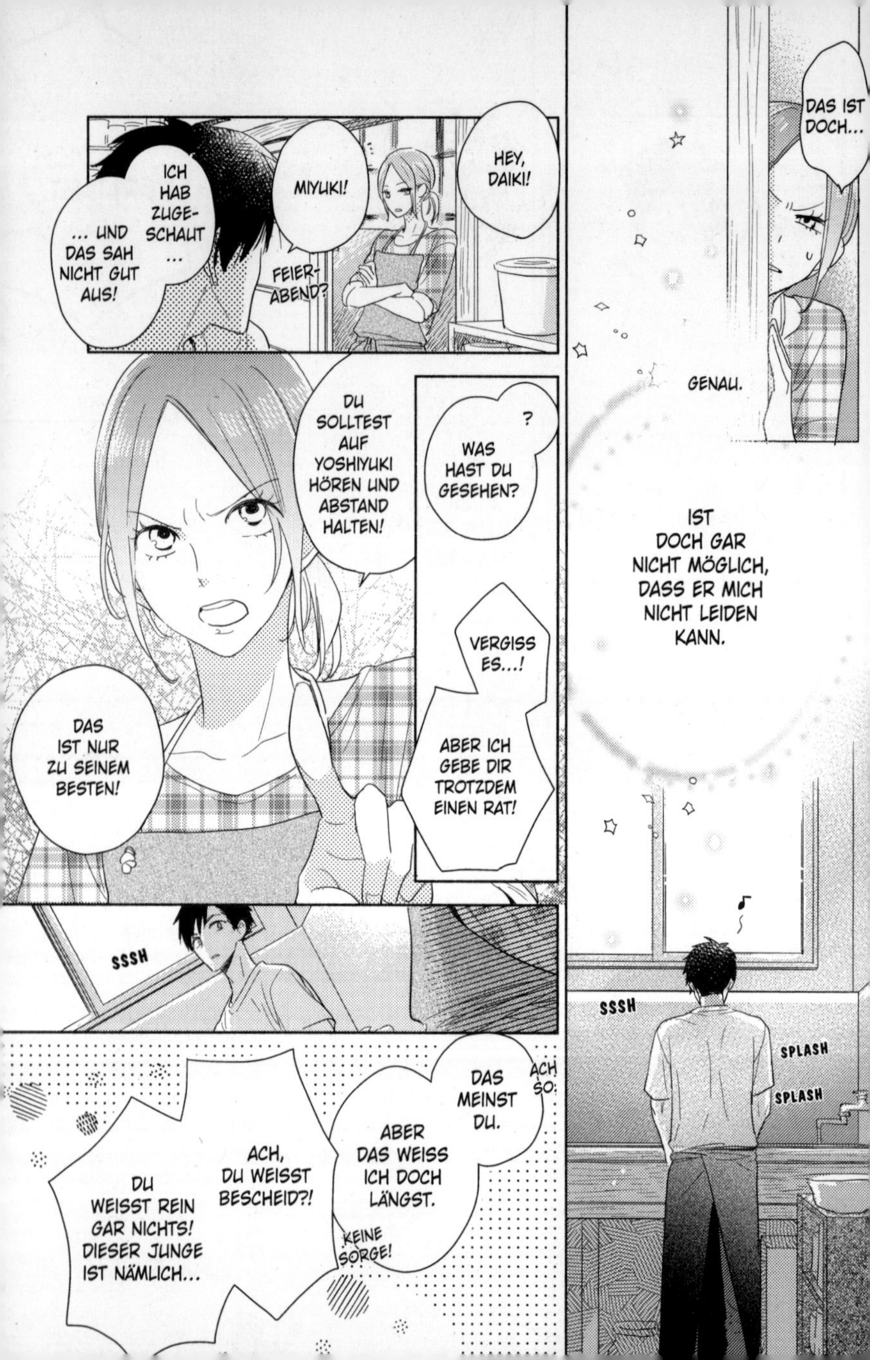

HEY, DAIKI!
MIYUKI!
FEIER-ABEND?
ICH HAB ZUGE-SCHAUT …
… UND DAS SAH NICHT GUT AUS!
? WAS HAST DU GESEHEN?
DU SOLLTEST AUF YOSHIYUKI HÖREN UND ABSTAND HALTEN!
VERGISS ES…!
ABER ICH GEBE DIR TROTZDEM EINEN RAT!
DAS IST NUR ZU SEINEM BESTEN!
SSSH
ACH SO.
DAS MEINST DU.
ABER DAS WEISS ICH DOCH LÄNGST.
KEINE SORGE!
ACH, DU WEISST BESCHEID?!
DU WEISST REIN GAR NICHTS! DIESER JUNGE IST NÄMLICH…
DAS IST DOCH…
GENAU.
IST DOCH GAR NICHT MÖGLICH, DASS ER MICH NICHT LEIDEN KANN.
SSSH
SPLASH
SPLASH

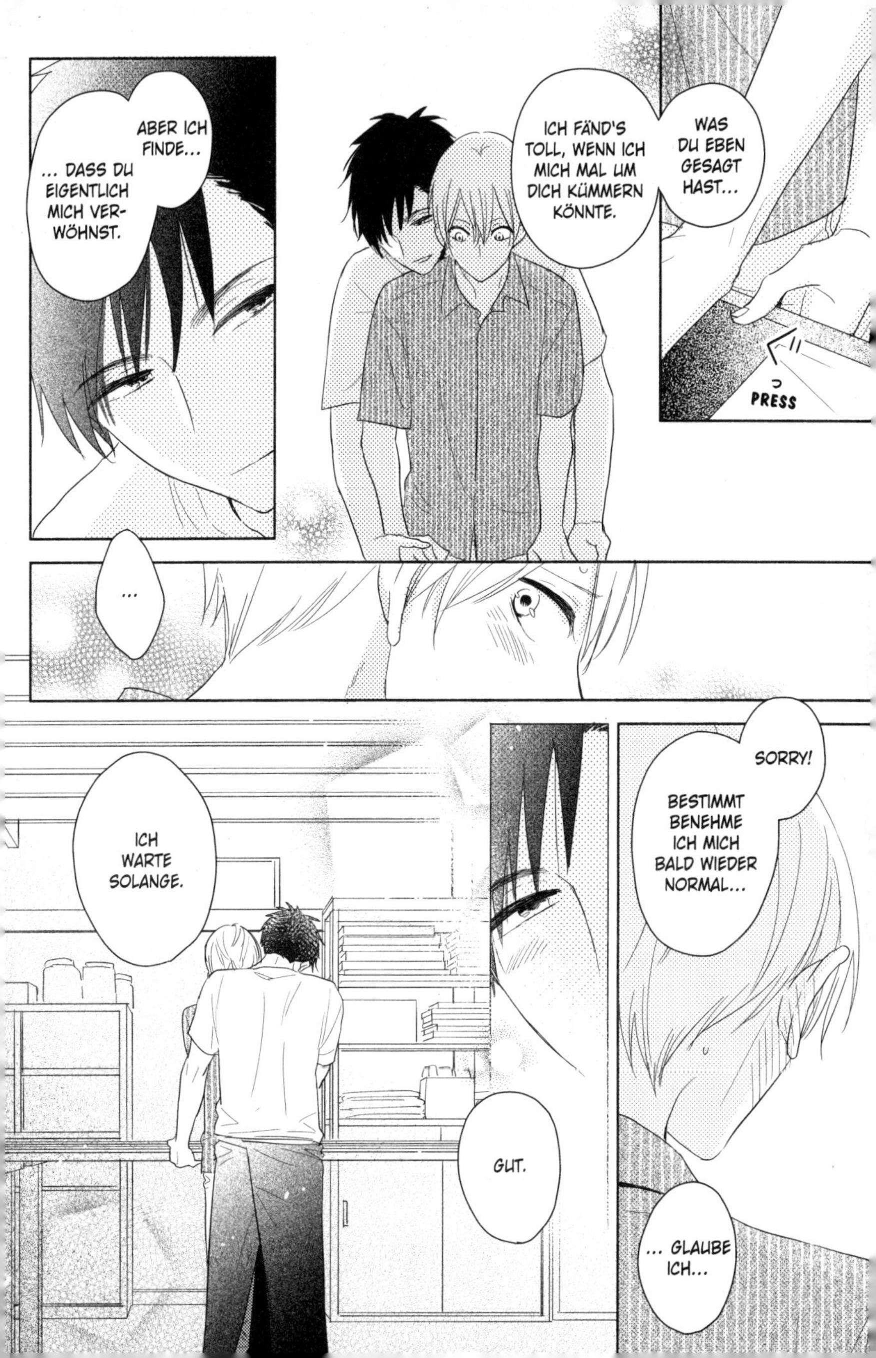
WAS DU EBEN GESAGT HAST…
PRESS
ICH FÄND'S TOLL, WENN ICH MICH MAL UM DICH KÜMMERN KÖNNTE.
ABER ICH FINDE…
… DASS DU EIGENTLICH MICH VERWÖHNST.
…
SORRY!
BESTIMMT BENEHME ICH MICH BALD WIEDER NORMAL…
… GLAUBE ICH…
GUT.
ICH WARTE SOLANGE.

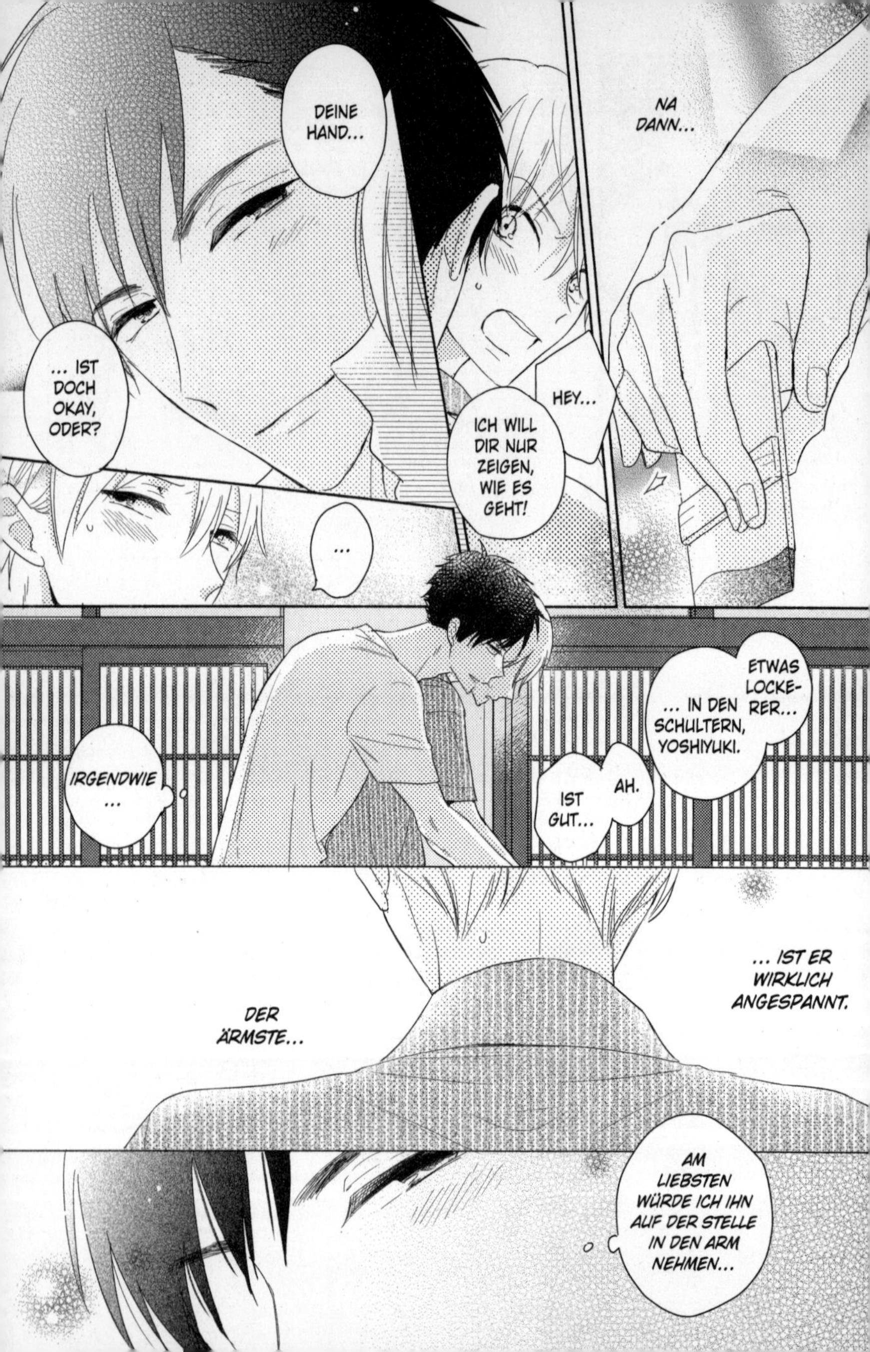
NA DANN…
DEINE HAND…
HEY…
ICH WILL DIR NUR ZEIGEN, WIE ES GEHT!
… IST DOCH OKAY, ODER?
…
ETWAS LOCKE-RER…
… IN DEN SCHULTERN, YOSHIYUKI.
AH.
IST GUT…
IRGENDWIE …
… IST ER WIRKLICH ANGESPANNT.
DER ÄRMSTE…
AM LIEBSTEN WÜRDE ICH IHN AUF DER STELLE IN DEN ARM NEHMEN…

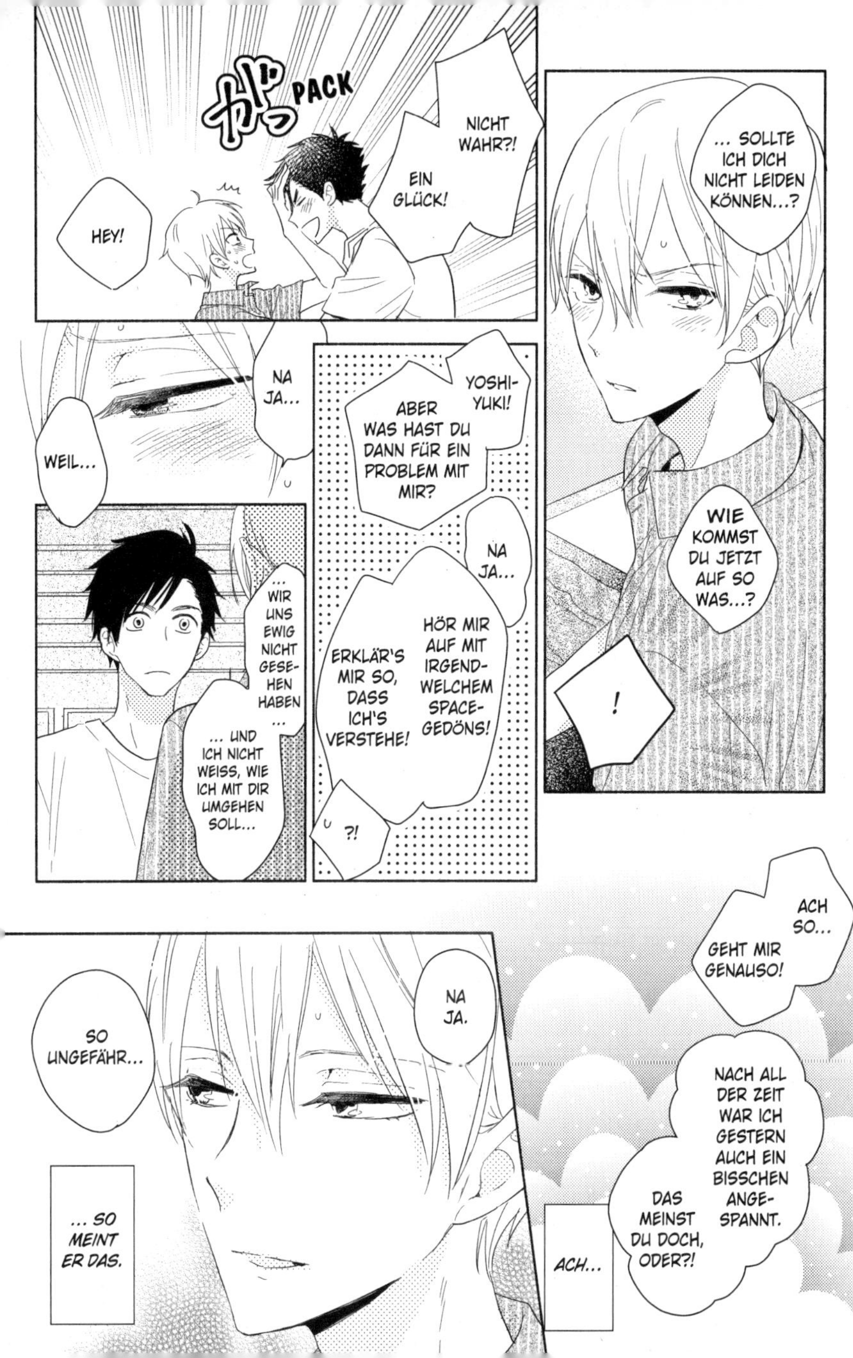
PACK
NICHT WAHR?!
EIN GLÜCK!
HEY!
... SOLLTE ICH DICH NICHT LEIDEN KÖNNEN...?
WIE KOMMST DU JETZT AUF SO WAS...?
!
NA JA...
WEIL...
YOSHIYUKI!
ABER WAS HAST DU DANN FÜR EIN PROBLEM MIT MIR?
NA JA...
HÖR MIR AUF MIT IRGENDWELCHEM SPACE-GEDÖNS!
ERKLÄR'S MIR SO, DASS ICH'S VERSTEHE!
?!
... WIR UNS EWIG NICHT GESEHEN HABEN ...
... UND ICH NICHT WEISS, WIE ICH MIT DIR UMGEHEN SOLL...
ACH SO...
GEHT MIR GENAUSO!
NACH ALL DER ZEIT WAR ICH GESTERN AUCH EIN BISSCHEN ANGESPANNT.
DAS MEINST DU DOCH, ODER?!
ACH...
NA JA.
SO UNGEFÄHR...
... SO MEINT ER DAS.

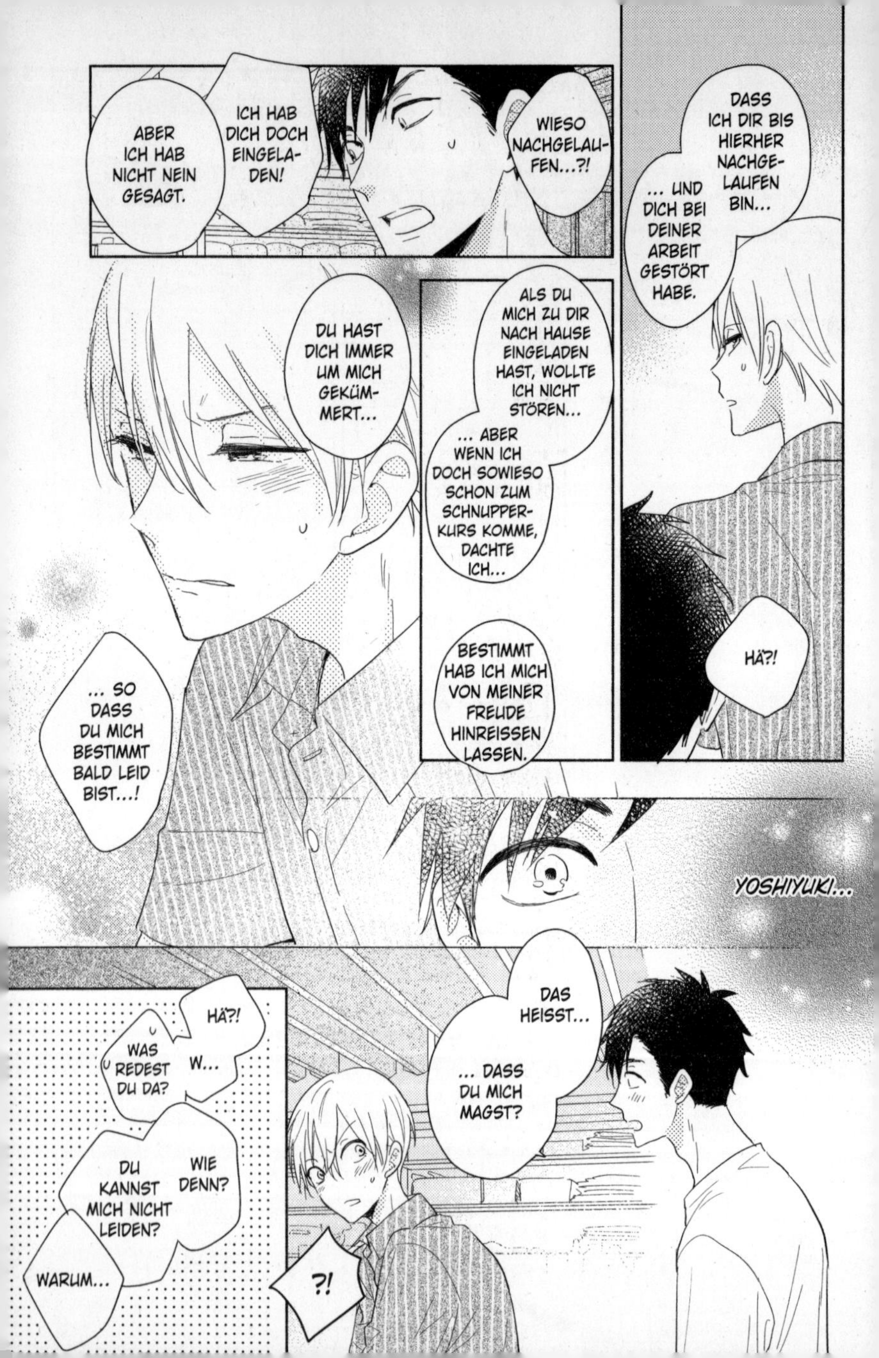
DASS ICH DIR BIS HIERHER NACHGELAUFEN BIN...
... UND DICH BEI DEINER ARBEIT GESTÖRT HABE.
WIESO NACHGELAUFEN...?!
ICH HAB DICH DOCH EINGELADEN!
ABER ICH HAB NICHT NEIN GESAGT.
HÄ?!
ALS DU MICH ZU DIR NACH HAUSE EINGELADEN HAST, WOLLTE ICH NICHT STÖREN...
... ABER WENN ICH DOCH SOWIESO SCHON ZUM SCHNUPPERKURS KOMME, DACHTE ICH...
BESTIMMT HAB ICH MICH VON MEINER FREUDE HINREISSEN LASSEN.
DU HAST DICH IMMER UM MICH GEKÜMMERT...
... SO DASS DU MICH BESTIMMT BALD LEID BIST...!
YOSHIYUKI...
DAS HEISST...
... DASS DU MICH MAGST?
?!
HÄ?!
W...
WAS REDEST DU DA?
WIE DENN?
DU KANNST MICH NICHT LEIDEN?
WARUM...

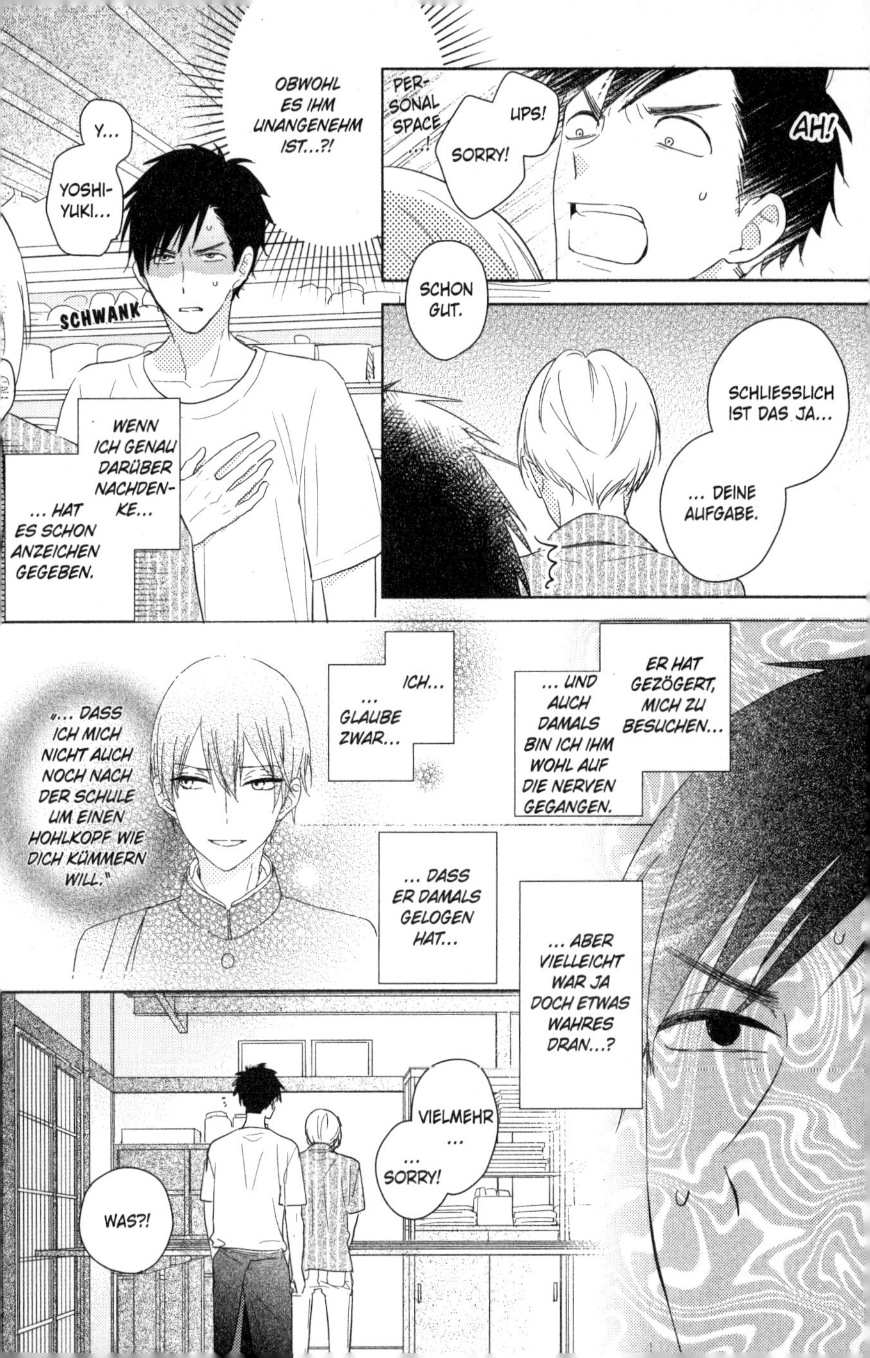
AH!
UPS!
SORRY!
PER-SONAL SPACE ...!
OBWOHL ES IHM UNANGENEHM IST...?!
Y...
YOSHI-YUKI...
SCHWANK
SCHON GUT.
SCHLIESSLICH IST DAS JA...
... DEINE AUFGABE.
WENN ICH GENAU DARÜBER NACHDEN-KE...
... HAT ES SCHON ANZEICHEN GEGEBEN.
ER HAT GEZÖGERT, MICH ZU BESUCHEN...
... UND AUCH DAMALS BIN ICH IHM WOHL AUF DIE NERVEN GEGANGEN.
ICH... ... GLAUBE ZWAR...
„... DASS ICH MICH NICHT AUCH NOCH NACH DER SCHULE UM EINEN HOHLKOPF WIE DICH KÜMMERN WILL."
... DASS ER DAMALS GELOGEN HAT...
... ABER VIELLEICHT WAR JA DOCH ETWAS WAHRES DRAN...?
VIELMEHR ... ... SORRY!
WAS?!

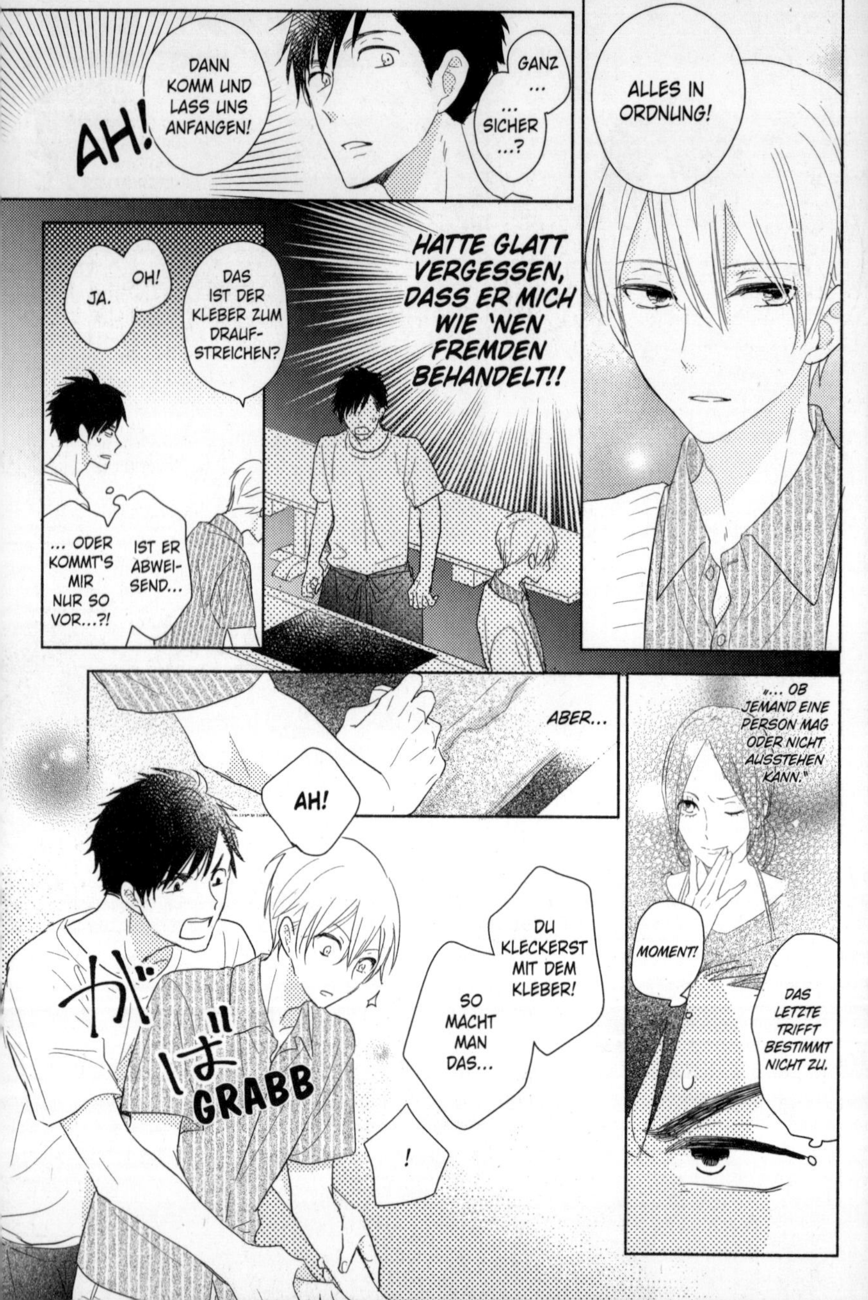
ALLES IN ORDNUNG!
GANZ … … SICHER …?
AH!
DANN KOMM UND LASS UNS ANFANGEN!
HATTE GLATT VERGESSEN, DASS ER MICH WIE 'NEN FREMDEN BEHANDELT!!
DAS IST DER KLEBER ZUM DRAUF-STREICHEN?
OH! JA.
IST ER ABWEISEND…
… ODER KOMMT'S MIR NUR SO VOR…?!
„… OB JEMAND EINE PERSON MAG ODER NICHT AUSSTEHEN KANN."
MOMENT!
DAS LETZTE TRIFFT BESTIMMT NICHT ZU.
ABER…
AH!
がばっ
GRABB
DU KLECKERST MIT DEM KLEBER!
SO MACHT MAN DAS…
!

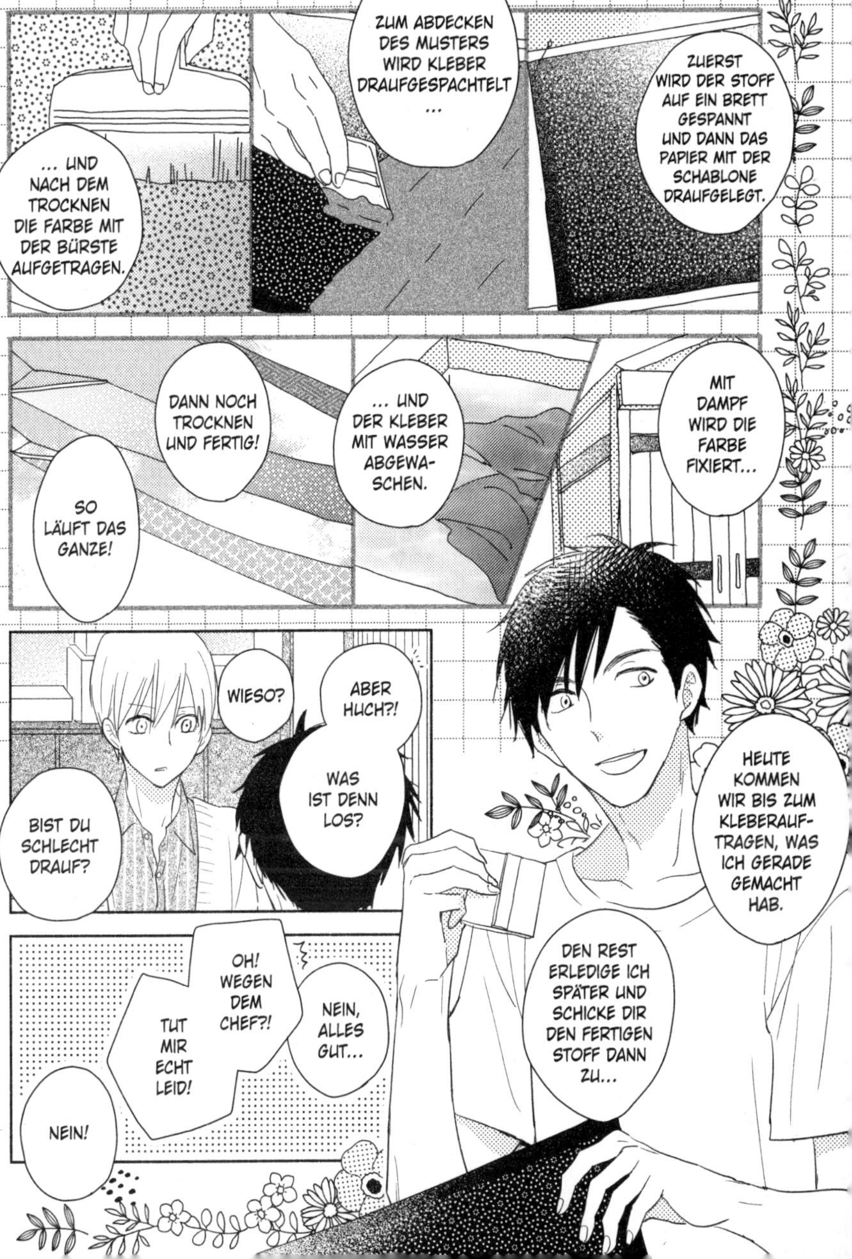
ZUERST WIRD DER STOFF AUF EIN BRETT GESPANNT UND DANN DAS PAPIER MIT DER SCHABLONE DRAUFGELEGT.
ZUM ABDECKEN DES MUSTERS WIRD KLEBER DRAUFGESPACHTELT …
… UND NACH DEM TROCKNEN DIE FARBE MIT DER BÜRSTE AUFGETRAGEN.
MIT DAMPF WIRD DIE FARBE FIXIERT…
… UND DER KLEBER MIT WASSER ABGEWA-SCHEN.
DANN NOCH TROCKNEN UND FERTIG!
SO LÄUFT DAS GANZE!
HEUTE KOMMEN WIR BIS ZUM KLEBERAUF-TRAGEN, WAS ICH GERADE GEMACHT HAB.
DEN REST ERLEDIGE ICH SPÄTER UND SCHICKE DIR DEN FERTIGEN STOFF DANN ZU…
ABER HUCH?!
WAS IST DENN LOS?
WIESO?
BIST DU SCHLECHT DRAUF?
NEIN, ALLES GUT…
OH! WEGEN DEM CHEF?!
TUT MIR ECHT LEID!
NEIN!

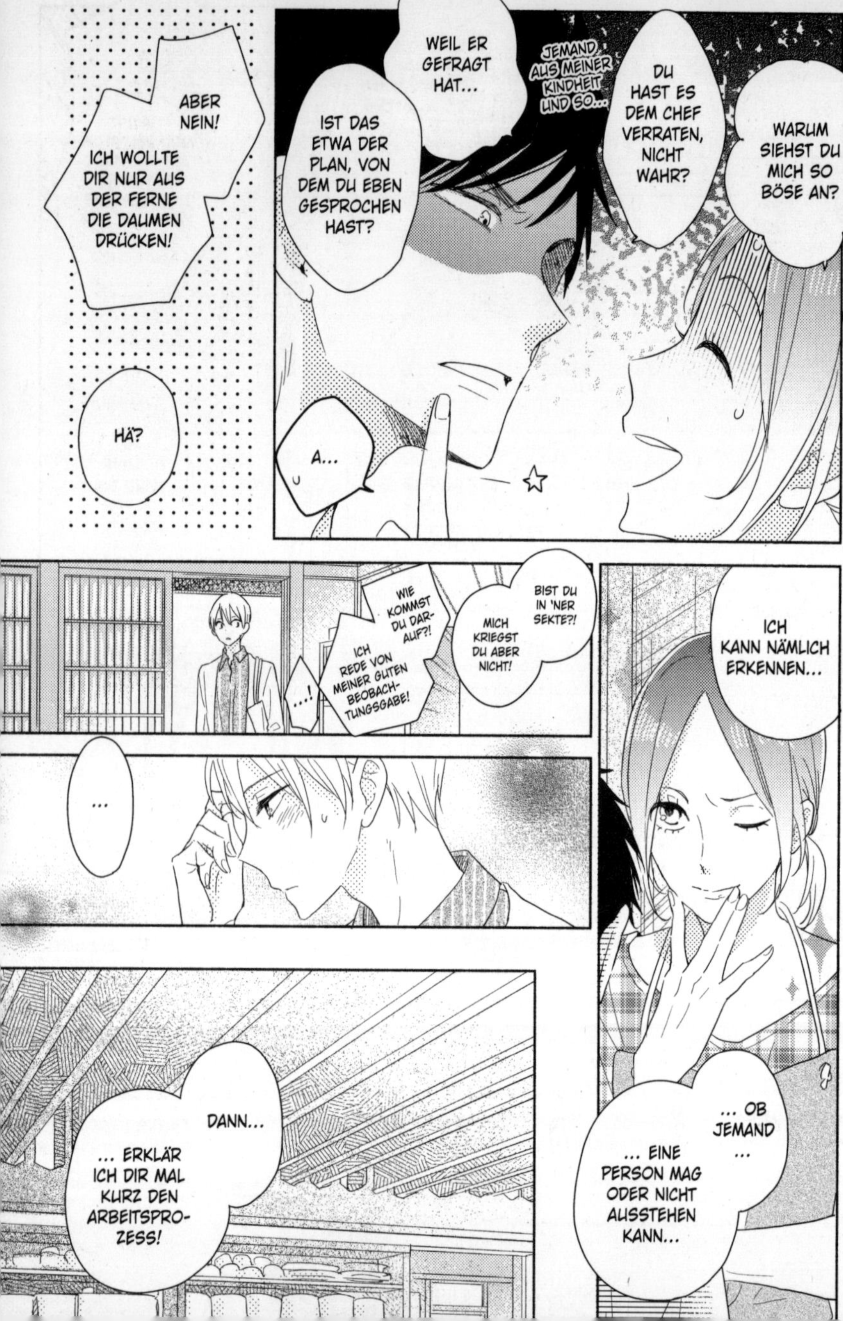
WARUM SIEHST DU MICH SO BÖSE AN?
DU HAST ES DEM CHEF VERRATEN, NICHT WAHR?
JEMAND AUS MEINER KINDHEIT UND SO...
WEIL ER GEFRAGT HAT...
IST DAS ETWA DER PLAN, VON DEM DU EBEN GESPROCHEN HAST?
A...
ABER NEIN!
ICH WOLLTE DIR NUR AUS DER FERNE DIE DAUMEN DRÜCKEN!
HÄ?
ICH KANN NÄMLICH ERKENNEN...
BIST DU IN 'NER SEKTE?!
MICH KRIEGST DU ABER NICHT!
WIE KOMMST DU DARAUF?!
ICH REDE VON MEINER GUTEN BEOBACHTUNGSGABE!
...!
...
... OB JEMAND ...
... EINE PERSON MAG ODER NICHT AUSSTEHEN KANN...
DANN...
... ERKLÄR ICH DIR MAL KURZ DEN ARBEITSPROZESS!

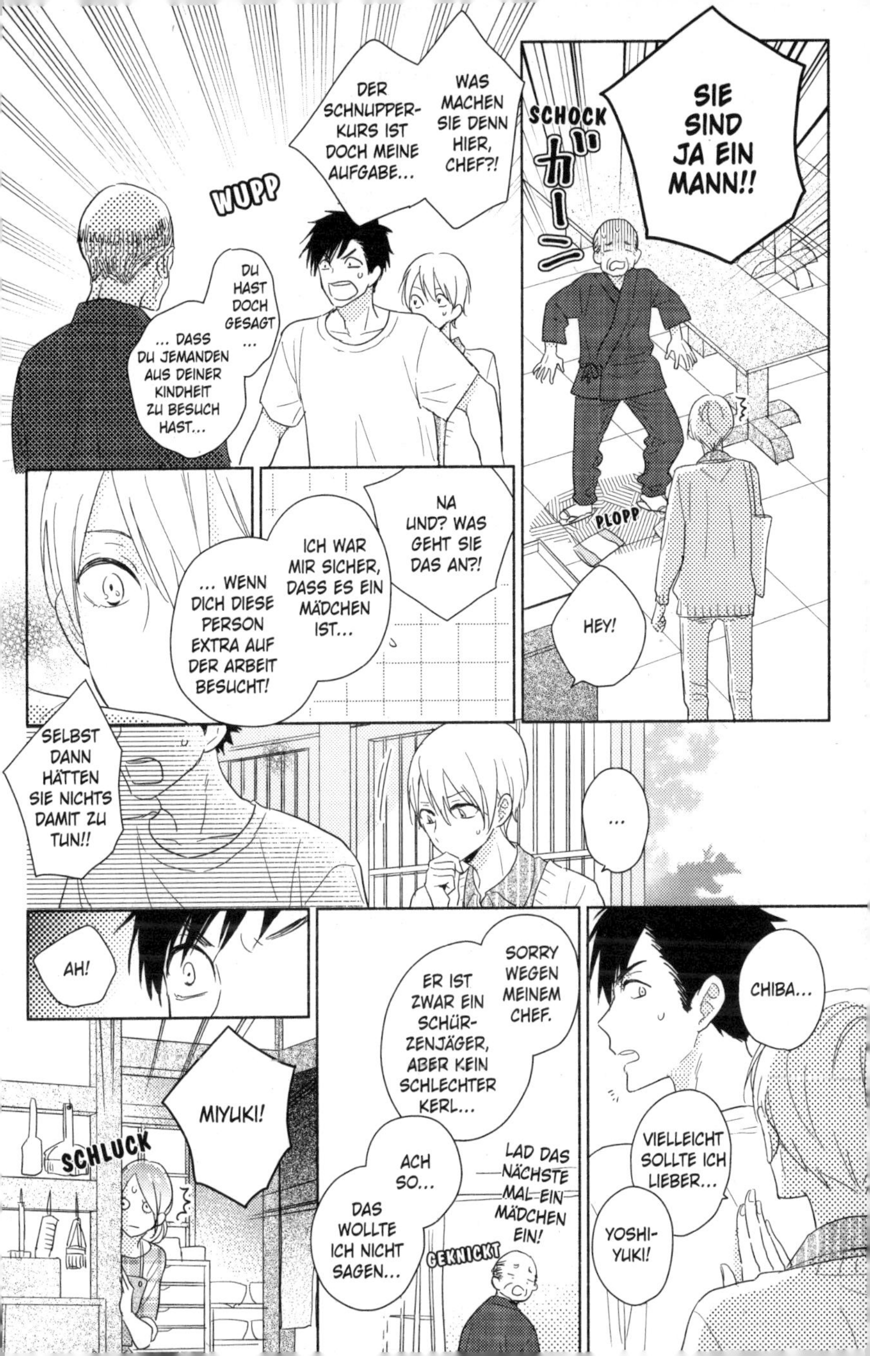
SIE SIND JA EIN MANN!!
SCHOCK
WAS MACHEN SIE DENN HIER, CHEF?!
DER SCHNUPPERKURS IST DOCH MEINE AUFGABE…
WUPP
DU HAST DOCH GESAGT …
… DASS DU JEMANDEN AUS DEINER KINDHEIT ZU BESUCH HAST…
PLOPP
HEY!
NA UND? WAS GEHT SIE DAS AN?!
ICH WAR MIR SICHER, DASS ES EIN MÄDCHEN IST…
… WENN DICH DIESE PERSON EXTRA AUF DER ARBEIT BESUCHT!
…
SELBST DANN HÄTTEN SIE NICHTS DAMIT ZU TUN!!
CHIBA…
VIELLEICHT SOLLTE ICH LIEBER…
YOSHI-YUKI!
SORRY WEGEN MEINEM CHEF.
ER IST ZWAR EIN SCHÜR-ZENJÄGER, ABER KEIN SCHLECHTER KERL…
LAD DAS NÄCHSTE MAL EIN MÄDCHEN EIN!
ACH SO…
DAS WOLLTE ICH NICHT SAGEN…
GEKNICKT
AH!
MIYUKI!
SCHLUCK

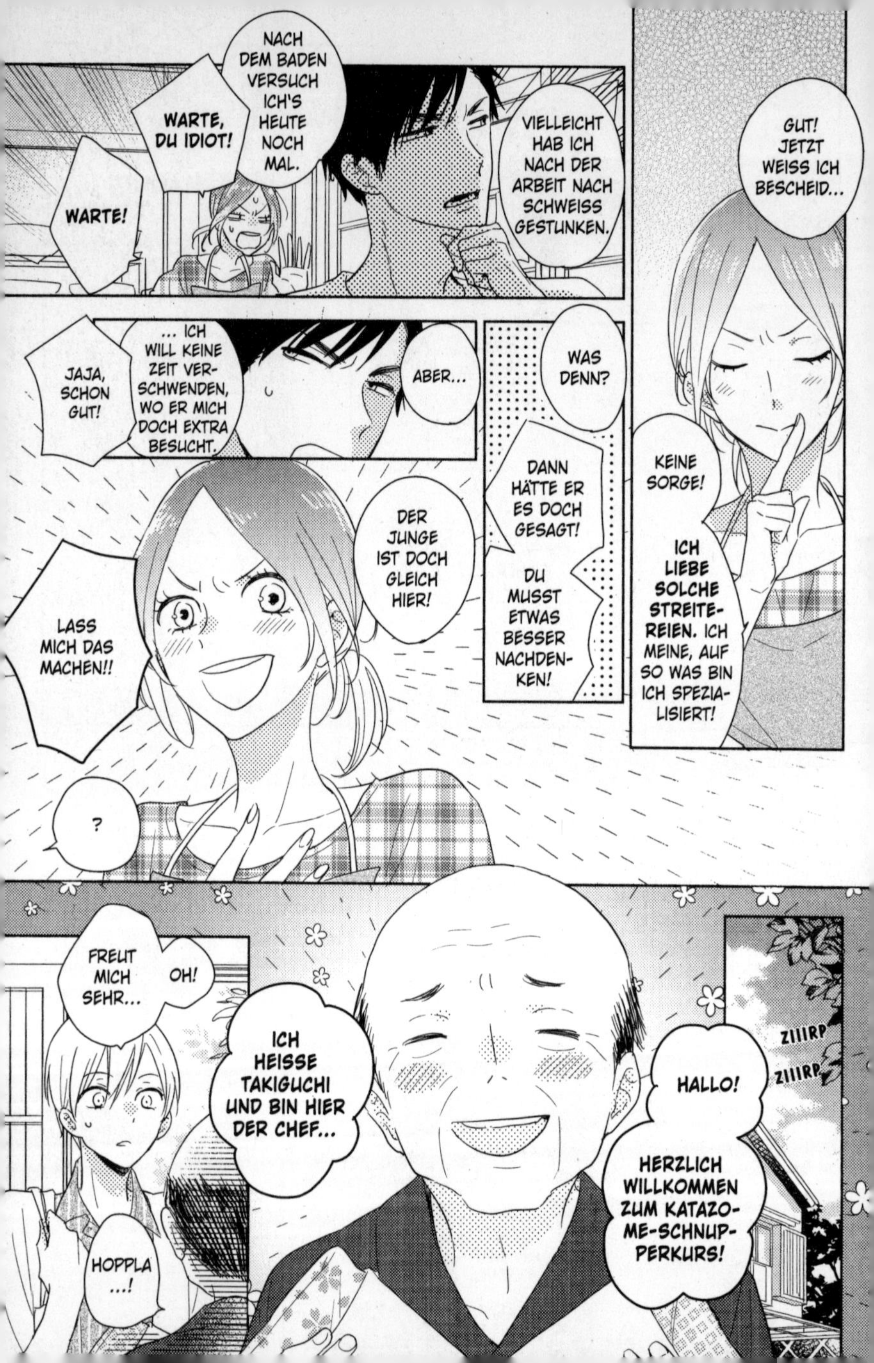
GUT! JETZT WEISS ICH BESCHEID...
VIELLEICHT HAB ICH NACH DER ARBEIT NACH SCHWEISS GESTUNKEN.
NACH DEM BADEN VERSUCH ICH'S HEUTE NOCH MAL.
WARTE, DU IDIOT!
WARTE!
WAS DENN?
DANN HÄTTE ER ES DOCH GESAGT!
DU MUSST ETWAS BESSER NACHDEN-KEN!
ABER...
... ICH WILL KEINE ZEIT VER-SCHWENDEN, WO ER MICH DOCH EXTRA BESUCHT.
JAJA, SCHON GUT!
KEINE SORGE!
ICH LIEBE SOLCHE STREITE-REIEN. ICH MEINE, AUF SO WAS BIN ICH SPEZIA-LISIERT!
DER JUNGE IST DOCH GLEICH HIER!
LASS MICH DAS MACHEN!!
?
ZIIIRP
ZIIIRP
HALLO!
HERZLICH WILLKOMMEN ZUM KATAZO-ME-SCHNUP-PERKURS!
ICH HEISSE TAKIGUCHI UND BIN HIER DER CHEF...
OH!
FREUT MICH SEHR...
HOPPLA ...!

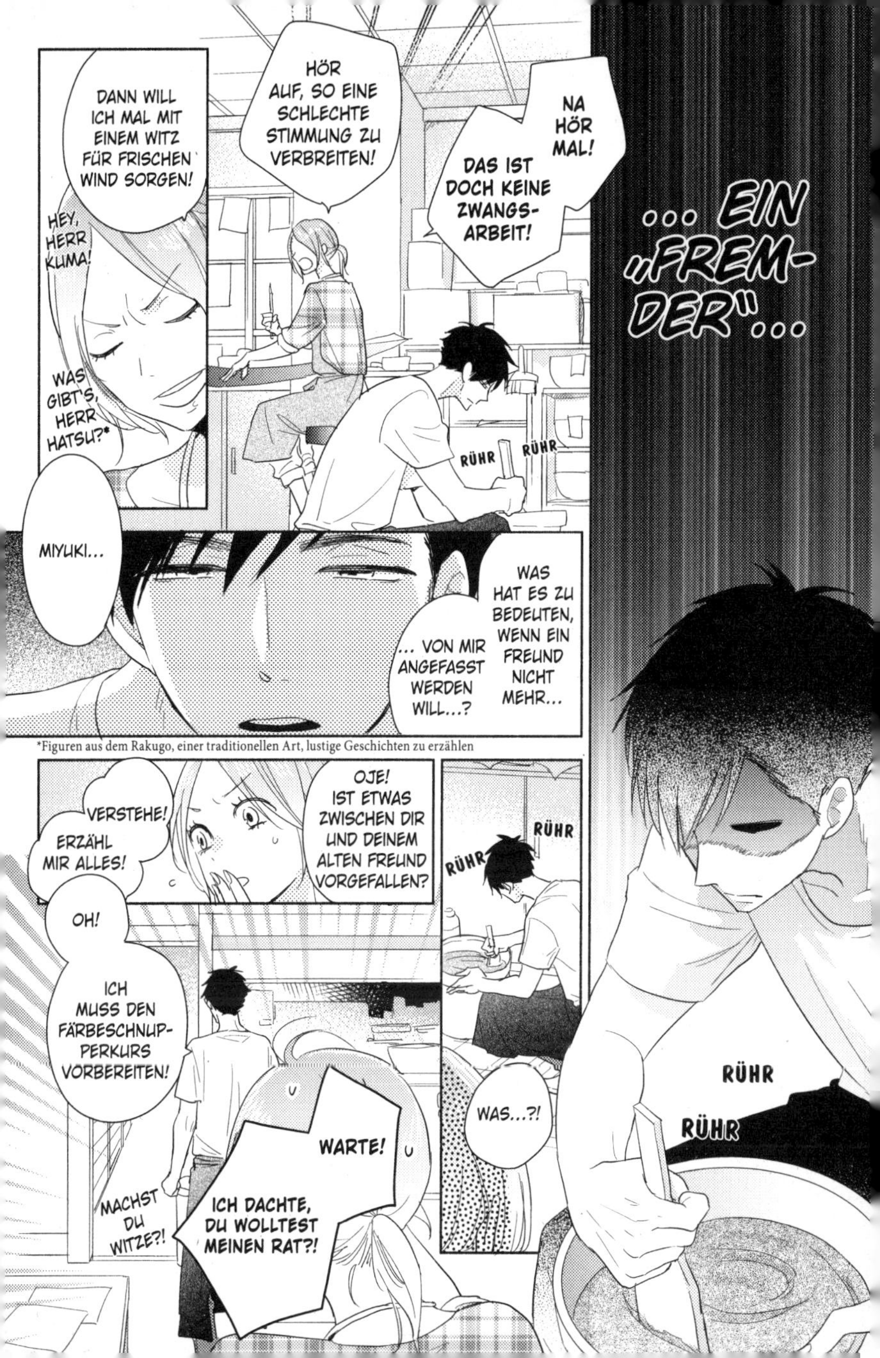

*Figuren aus dem Rakugo, einer traditionellen Art, lustige Geschichten zu erzählen

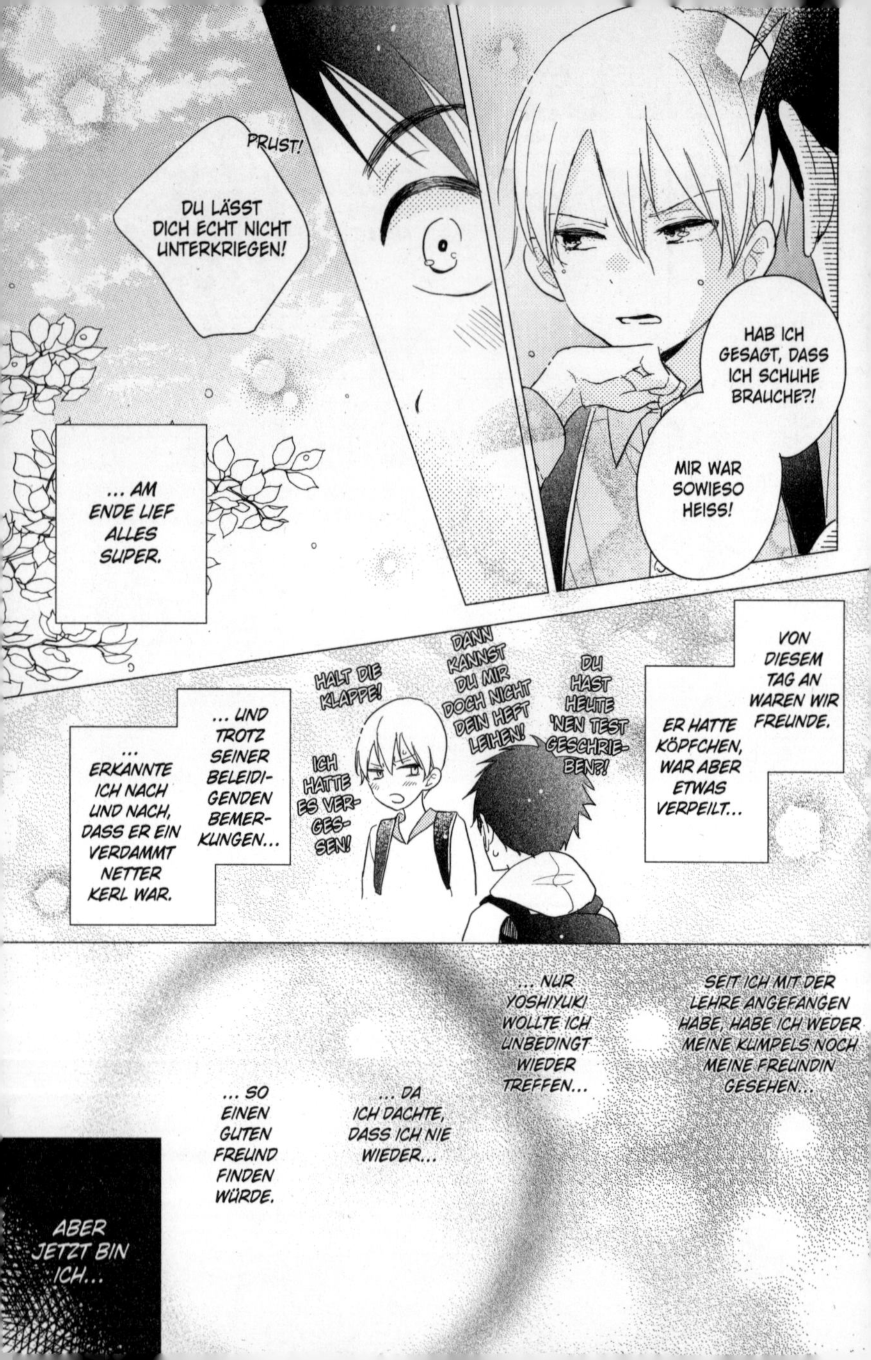

MIR WAR SOWIESO HEISS!
HAB ICH GESAGT, DASS ICH SCHUHE BRAUCHE?!
PRUST!
DU LÄSST DICH ECHT NICHT UNTERKRIEGEN!
… AM ENDE LIEF ALLES SUPER.
VON DIESEM TAG AN WAREN WIR FREUNDE.
ER HATTE KÖPFCHEN, WAR ABER ETWAS VERPEILT…
DU HAST HEUTE 'NEN TEST GESCHRIE-BEN?!
DANN KANNST DU MIR DOCH NICHT DEIN HEFT LEIHEN!
HALT DIE KLAPPE!
ICH HATTE ES VER-GES-SEN!
… UND TROTZ SEINER BELEIDI-GENDEN BEMER-KUNGEN…
… ERKANNTE ICH NACH UND NACH, DASS ER EIN VERDAMMT NETTER KERL WAR.
SEIT ICH MIT DER LEHRE ANGEFANGEN HABE, HABE ICH WEDER MEINE KUMPELS NOCH MEINE FREUNDIN GESEHEN…
… NUR YOSHIYUKI WOLLTE ICH UNBEDINGT WIEDER TREFFEN…
… DA ICH DACHTE, DASS ICH NIE WIEDER…
… SO EINEN GUTEN FREUND FINDEN WÜRDE.
ABER JETZT BIN ICH…

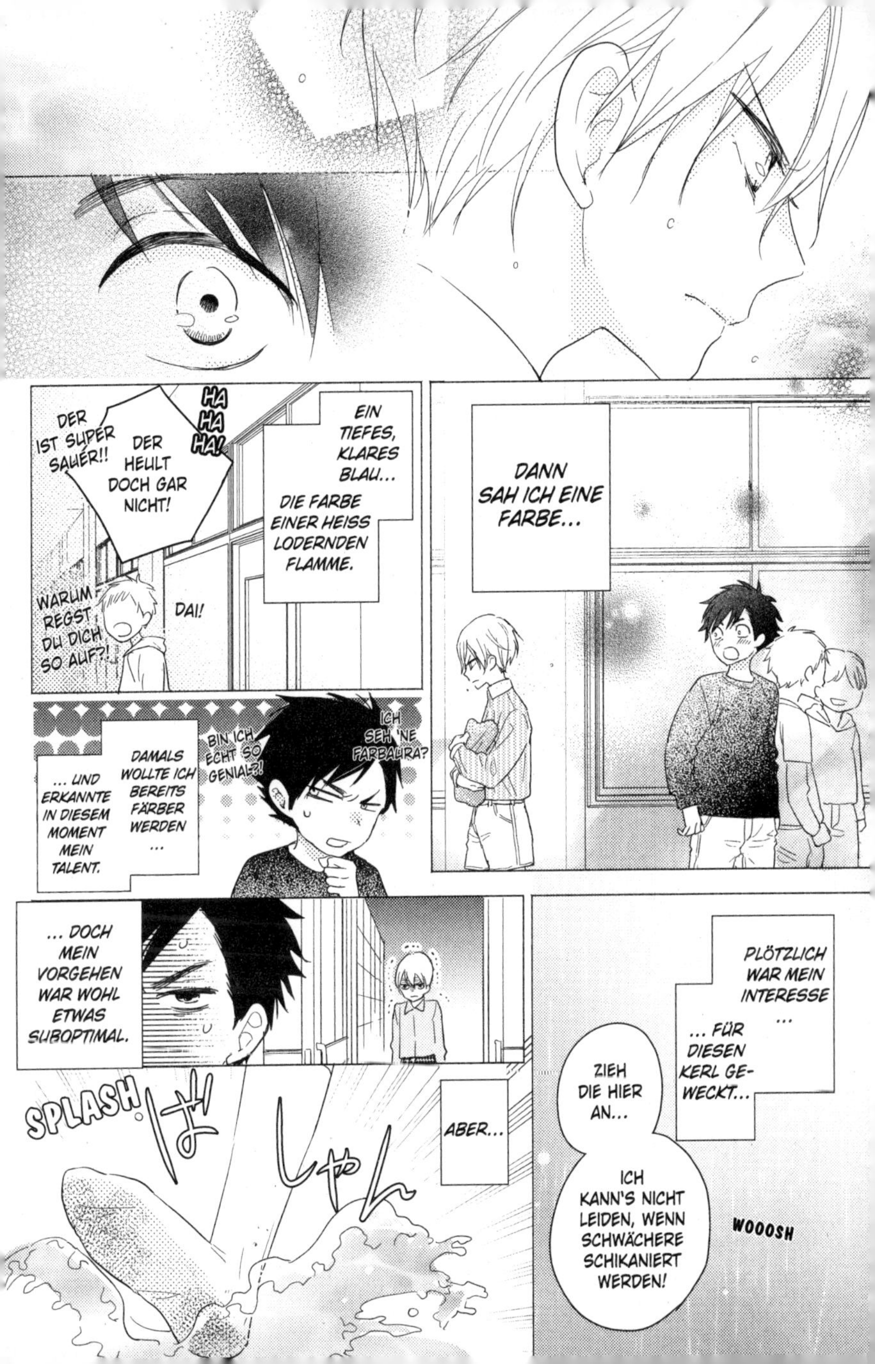
DANN SAH ICH EINE FARBE…
EIN TIEFES, KLARES BLAU…
DIE FARBE EINER HEISS LODERNDEN FLAMME.
HA HA HA!
DER IST SUPER SAUER!!
DER HEULT DOCH GAR NICHT!
DAI!
WARUM REGST DU DICH SO AUF?!
ICH SEH 'NE FARBAURA?
BIN ICH ECHT SO GENIAL?!
DAMALS WOLLTE ICH BEREITS FÄRBER WERDEN …
… UND ERKANNTE IN DIESEM MOMENT MEIN TALENT.
PLÖTZLICH WAR MEIN INTERESSE …
… FÜR DIESEN KERL GEWECKT…
ZIEH DIE HIER AN…
ICH KANN'S NICHT LEIDEN, WENN SCHWÄCHERE SCHIKANIERT WERDEN!
WOOOSH
… DOCH MEIN VORGEHEN WAR WOHL ETWAS SUBOPTIMAL.
ABER…
SPLASH
ばしゃん

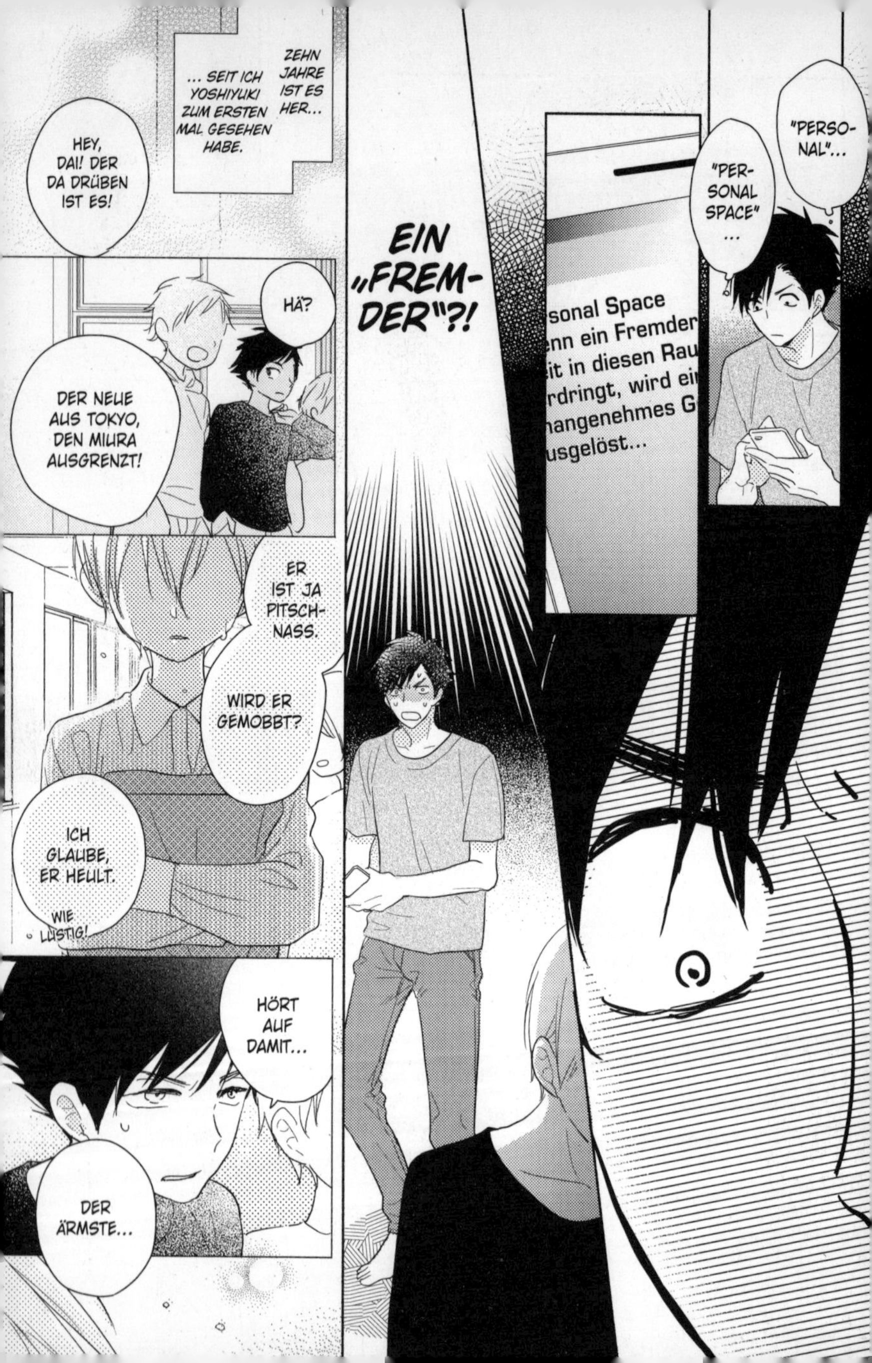
"PERSONAL"…
"PERSONAL SPACE" …
rsonal Space
enn ein Fremder
it in diesen Rau
rdringt, wird ei
nangenehmes G
usgelöst…
EIN „FREMDER"?!
ZEHN JAHRE IST ES HER…
… SEIT ICH YOSHIYUKI ZUM ERSTEN MAL GESEHEN HABE.
HEY, DAI! DER DA DRÜBEN IST ES!
HÄ?
DER NEUE AUS TOKYO, DEN MIURA AUSGRENZT!
ER IST JA PITSCHNASS.
WIRD ER GEMOBBT?
ICH GLAUBE, ER HEULT.
WIE LUSTIG!
HÖRT AUF DAMIT…
DER ÄRMSTE…

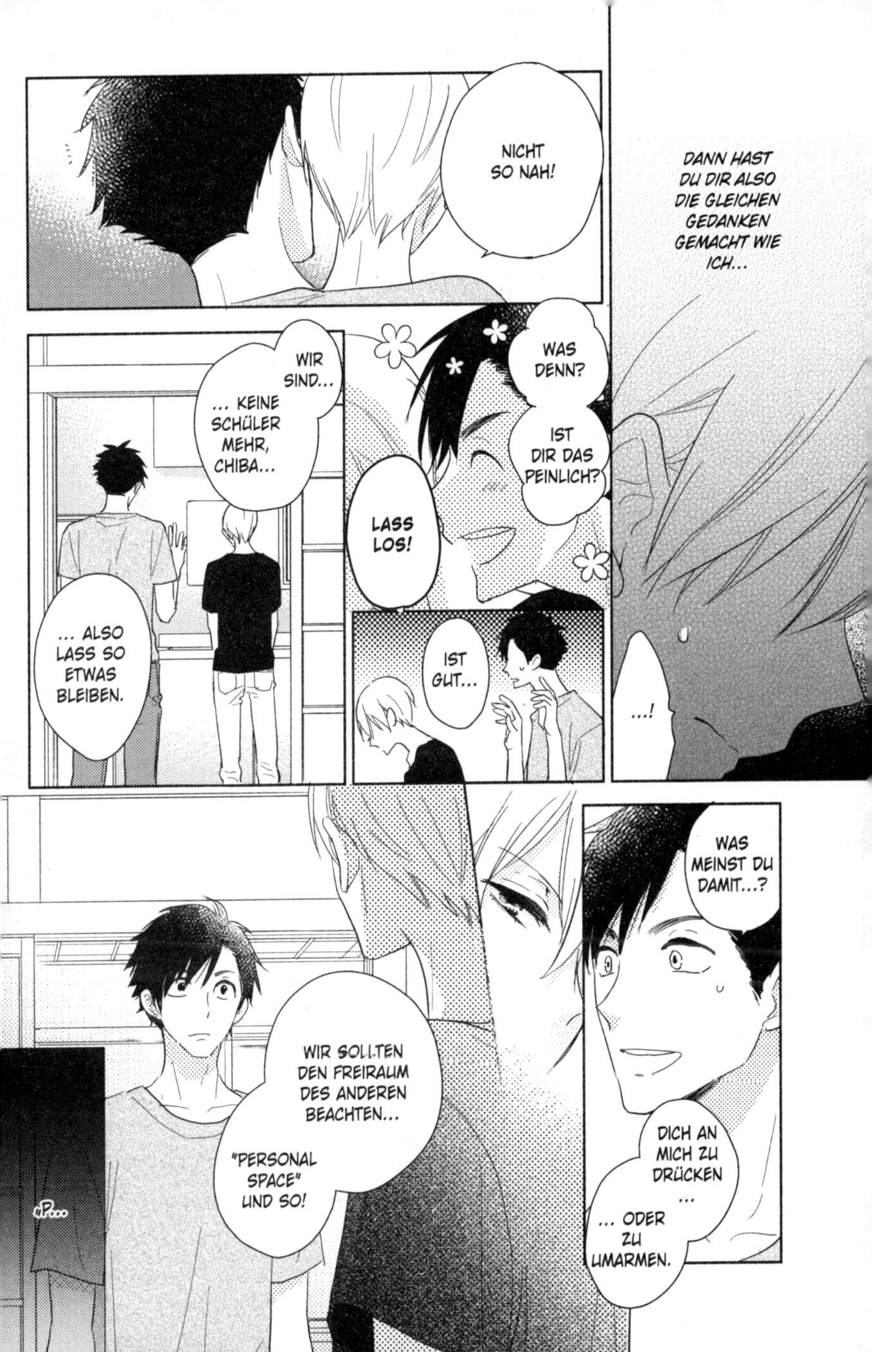
DANN HAST DU DIR ALSO DIE GLEICHEN GEDANKEN GEMACHT WIE ICH…
…!
NICHT SO NAH!
WAS DENN?
IST DIR DAS PEINLICH?
LASS LOS!
WIR SIND…
… KEINE SCHÜLER MEHR, CHIBA…
… ALSO LASS SO ETWAS BLEIBEN.
IST GUT…
WAS MEINST DU DAMIT…?
DICH AN MICH ZU DRÜCKEN …
… ODER ZU UMARMEN.
WIR SOLLTEN DEN FREIRAUM DES ANDEREN BEACHTEN…
"PERSONAL SPACE" UND SO!

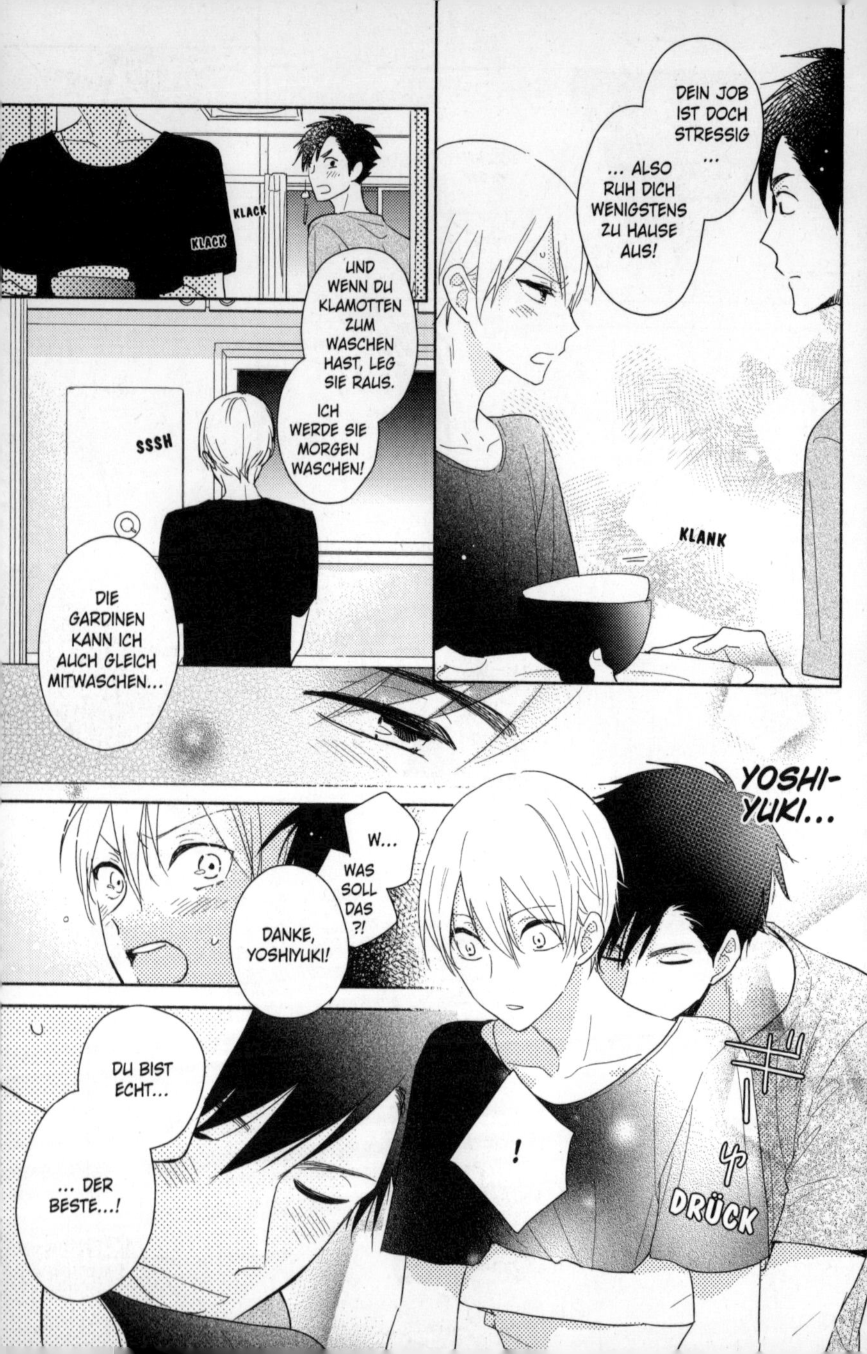
DEIN JOB IST DOCH STRESSIG ...
... ALSO RUH DICH WENIGSTENS ZU HAUSE AUS!
KLANK
KLACK
KLACK
UND WENN DU KLAMOTTEN ZUM WASCHEN HAST, LEG SIE RAUS.
ICH WERDE SIE MORGEN WASCHEN!
SSSH
DIE GARDINEN KANN ICH AUCH GLEICH MITWASCHEN...
YOSHI-YUKI...
!
DRÜCK
W... WAS SOLL DAS ?!
DANKE, YOSHIYUKI!
DU BIST ECHT...
... DER BESTE...!

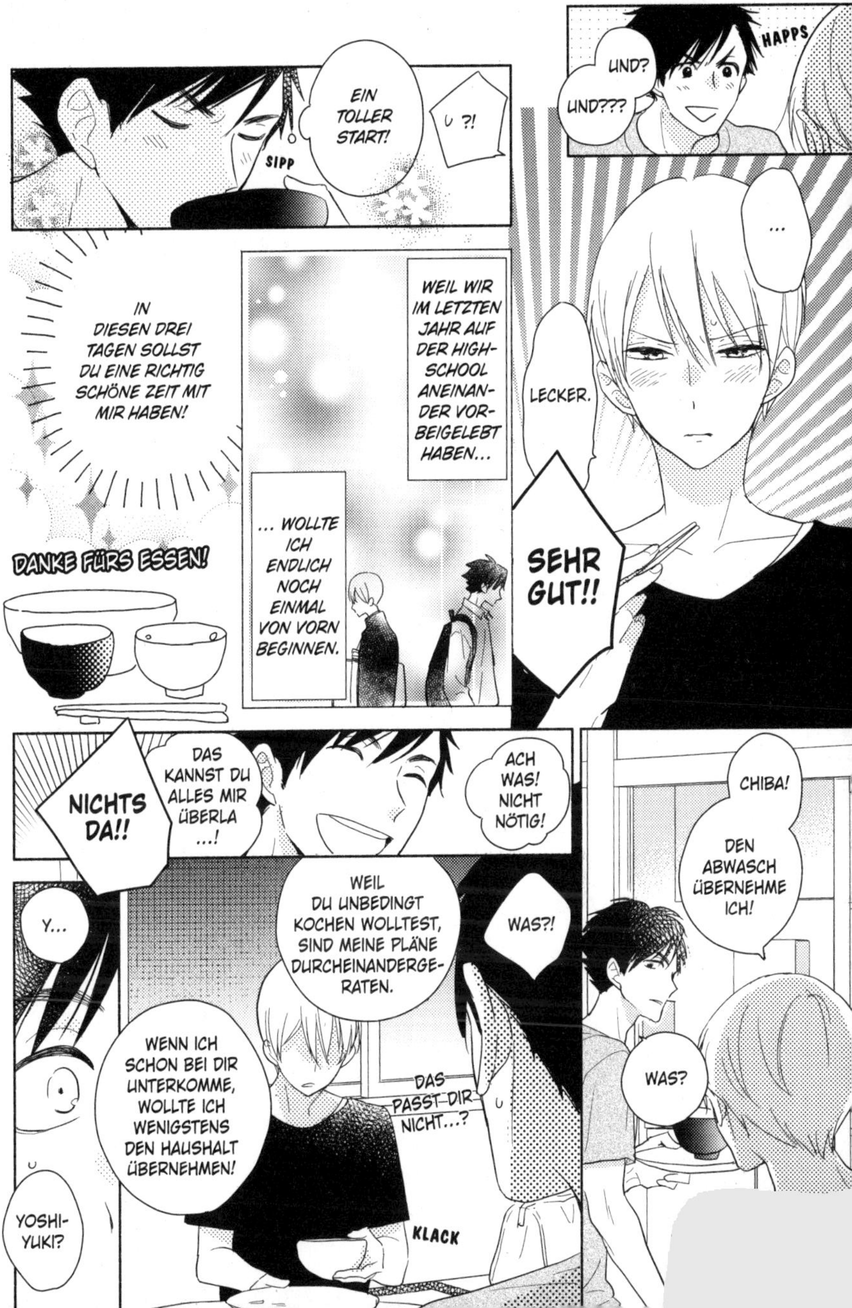
HAPPS
UND?
UND???
EIN TOLLER START!
?!
SIPP
...
LECKER.
SEHR GUT!!
WEIL WIR IM LETZTEN JAHR AUF DER HIGH-SCHOOL ANEINANDER VORBEIGELEBT HABEN...
... WOLLTE ICH ENDLICH NOCH EINMAL VON VORN BEGINNEN.
IN DIESEN DREI TAGEN SOLLST DU EINE RICHTIG SCHÖNE ZEIT MIT MIR HABEN!
DANKE FÜRS ESSEN!
CHIBA!
DEN ABWASCH ÜBERNEHME ICH!
WAS?
ACH WAS! NICHT NÖTIG!
DAS KANNST DU ALLES MIR ÜBERLA ...!
NICHTS DA!!
WAS?!
WEIL DU UNBEDINGT KOCHEN WOLLTEST, SIND MEINE PLÄNE DURCHEINANDERGERATEN.
DAS PASST DIR NICHT...?
WENN ICH SCHON BEI DIR UNTERKOMME, WOLLTE ICH WENIGSTENS DEN HAUSHALT ÜBERNEHMEN!
Y...
YOSHI-YUKI?
KLACK

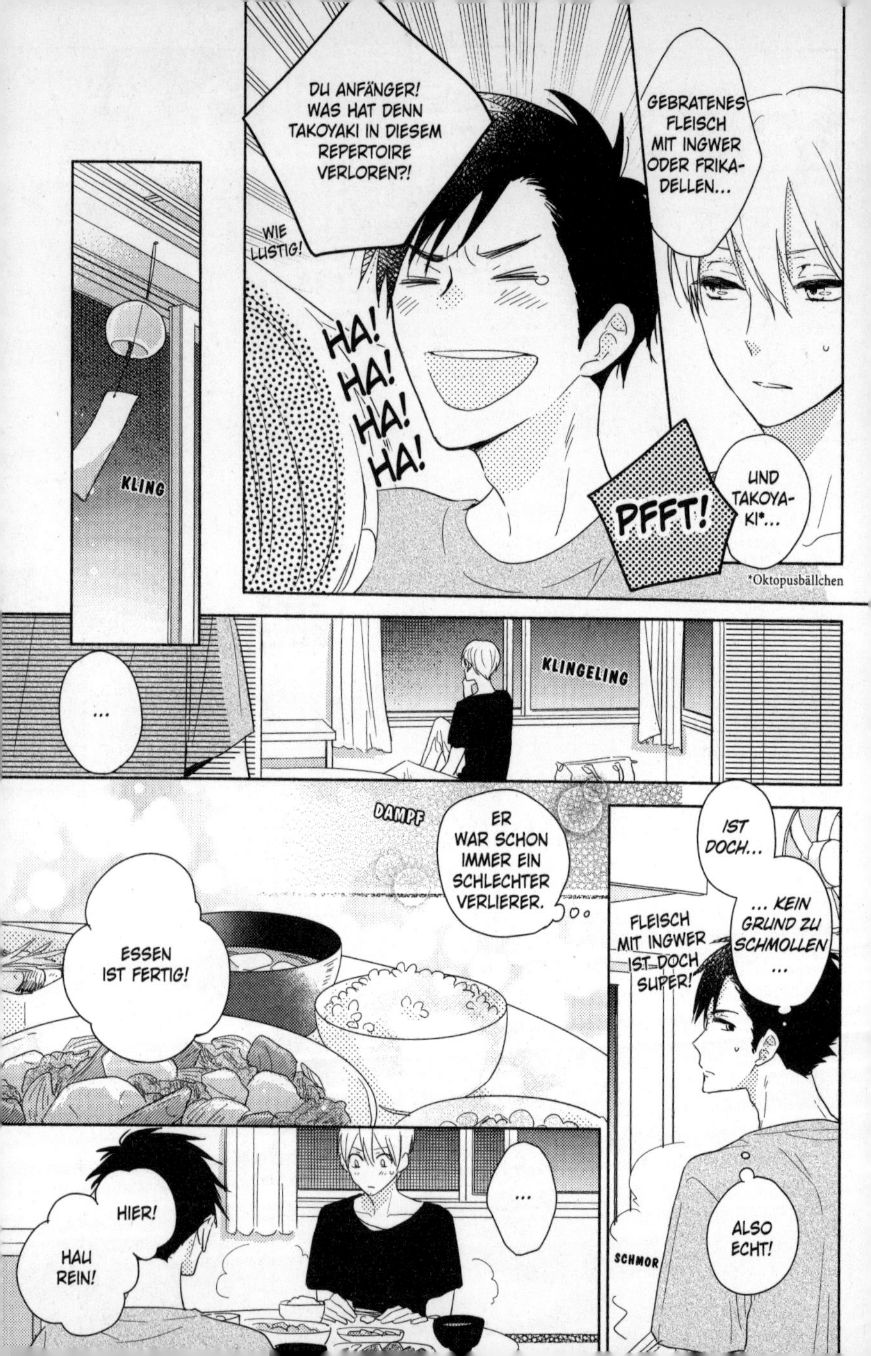

*Oktopusbällchen

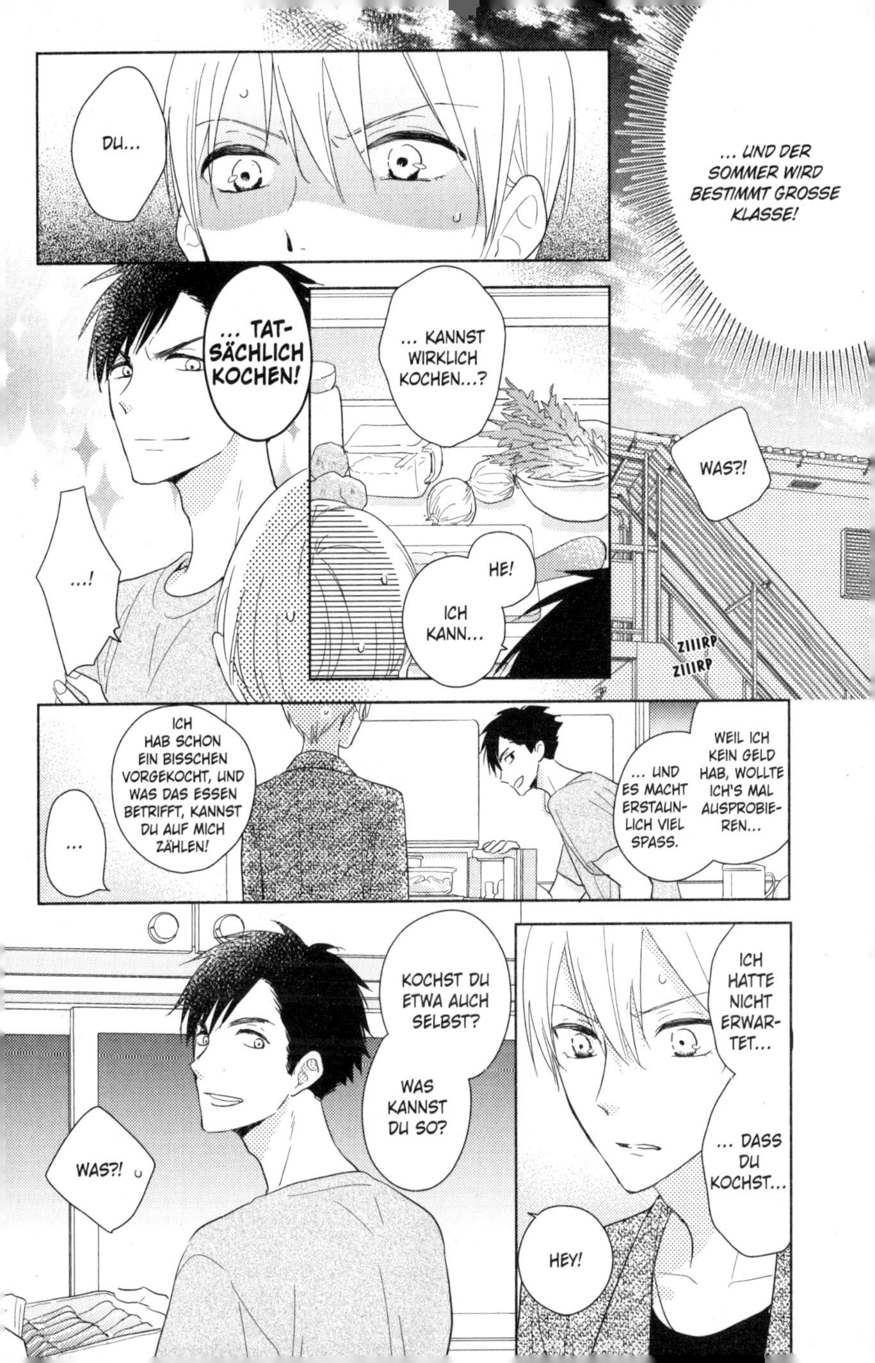
… UND DER SOMMER WIRD BESTIMMT GROSSE KLASSE!
DU…
WAS?!
… KANNST WIRKLICH KOCHEN…?
… TAT-SÄCHLICH KOCHEN!
…!
HE!
ICH KANN…
ZIIIRP
ZIIIRP
WEIL ICH KEIN GELD HAB, WOLLTE ICH'S MAL AUSPROBIE-REN…
… UND ES MACHT ERSTAUN-LICH VIEL SPASS.
ICH HAB SCHON EIN BISSCHEN VORGEKOCHT, UND WAS DAS ESSEN BETRIFFT, KANNST DU AUF MICH ZÄHLEN!
…
ICH HATTE NICHT ERWAR-TET…
… DASS DU KOCHST…
HEY!
KOCHST DU ETWA AUCH SELBST?
WAS KANNST DU SO?
WAS?!

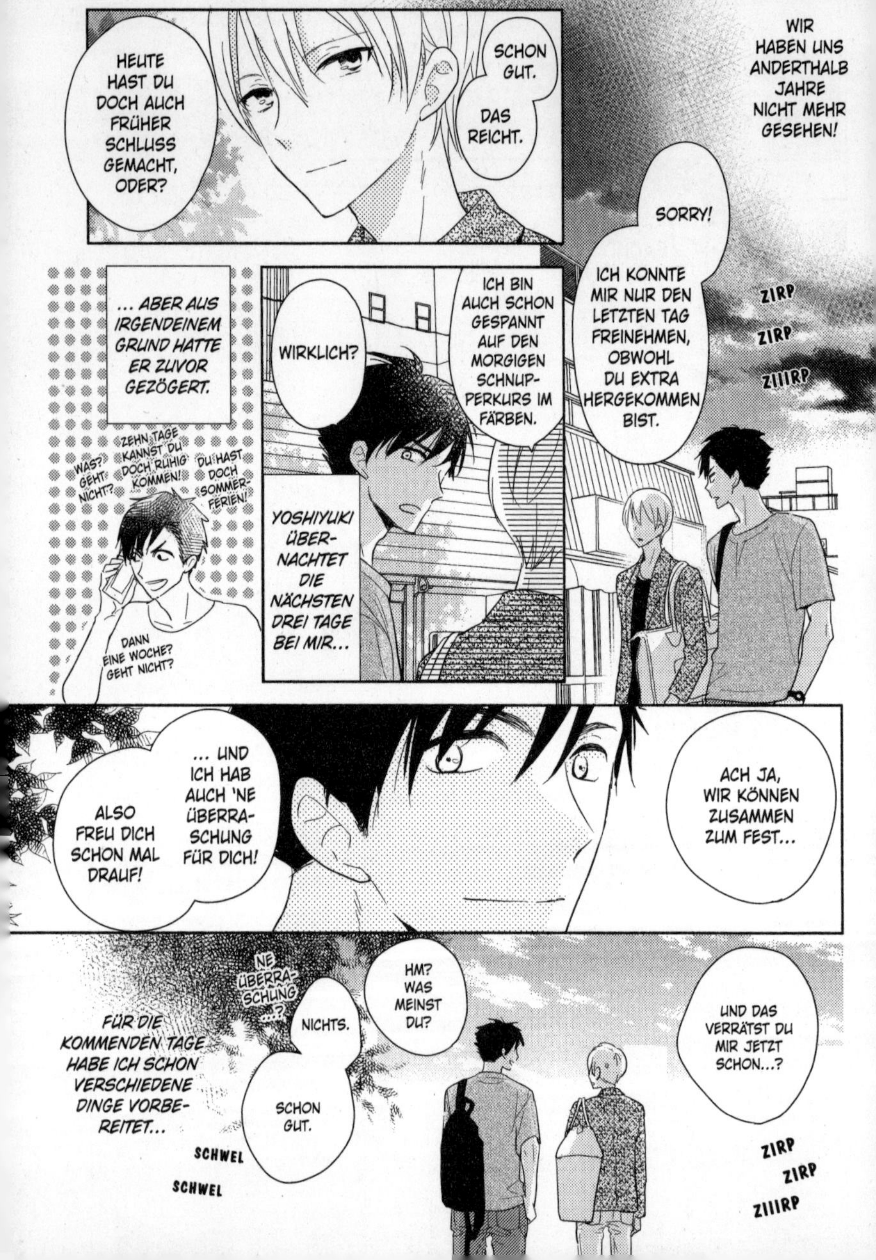
WIR HABEN UNS ANDERTHALB JAHRE NICHT MEHR GESEHEN!
SCHON GUT.
DAS REICHT.
HEUTE HAST DU DOCH AUCH FRÜHER SCHLUSS GEMACHT, ODER?
SORRY!
ICH KONNTE MIR NUR DEN LETZTEN TAG FREINEHMEN, OBWOHL DU EXTRA HERGEKOMMEN BIST.
ZIRP
ZIRP
ZIIIRP
ICH BIN AUCH SCHON GESPANNT AUF DEN MORGIGEN SCHNUPPERKURS IM FÄRBEN.
WIRKLICH?
YOSHIYUKI ÜBERNACHTET DIE NÄCHSTEN DREI TAGE BEI MIR …
… ABER AUS IRGENDEINEM GRUND HATTE ER ZUVOR GEZÖGERT.
DU HAST DOCH SOMMERFERIEN!
ZEHN TAGE KANNST DU DOCH RUHIG KOMMEN!
WAS? GEHT NICHT?
DANN EINE WOCHE? GEHT NICHT?
ACH JA, WIR KÖNNEN ZUSAMMEN ZUM FEST …
… UND ICH HAB AUCH 'NE ÜBERRASCHUNG FÜR DICH!
ALSO FREU DICH SCHON MAL DRAUF!
UND DAS VERRÄTST DU MIR JETZT SCHON …?
HM? WAS MEINST DU?
NICHTS.
SCHON GUT.
'NE ÜBERRASCHUNG …?
FÜR DIE KOMMENDEN TAGE HABE ICH SCHON VERSCHIEDENE DINGE VORBEREITET …
SCHWEL
SCHWEL
ZIRP
ZIRP
ZIIIRP

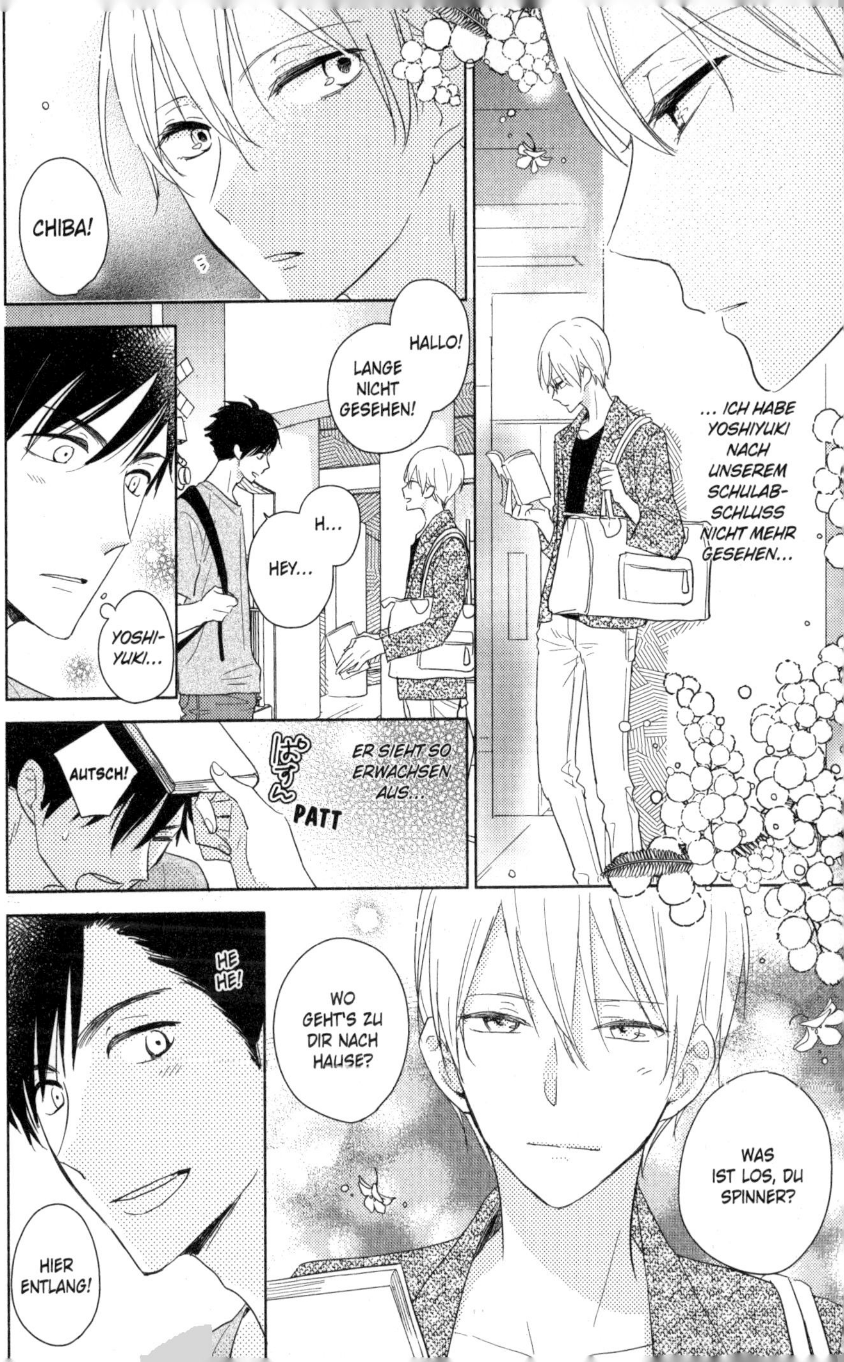
... ICH HABE YOSHIYUKI NACH UNSEREM SCHULAB-SCHLUSS NICHT MEHR GESEHEN...
CHIBA!
HALLO! LANGE NICHT GESEHEN!
H... HEY...
YOSHI-YUKI...
ER SIEHT SO ERWACHSEN AUS...
ぱすん
PATT
AUTSCH!
WAS IST LOS, DU SPINNER?
WO GEHT'S ZU DIR NACH HAUSE?
HE HE!
HIER ENTLANG!

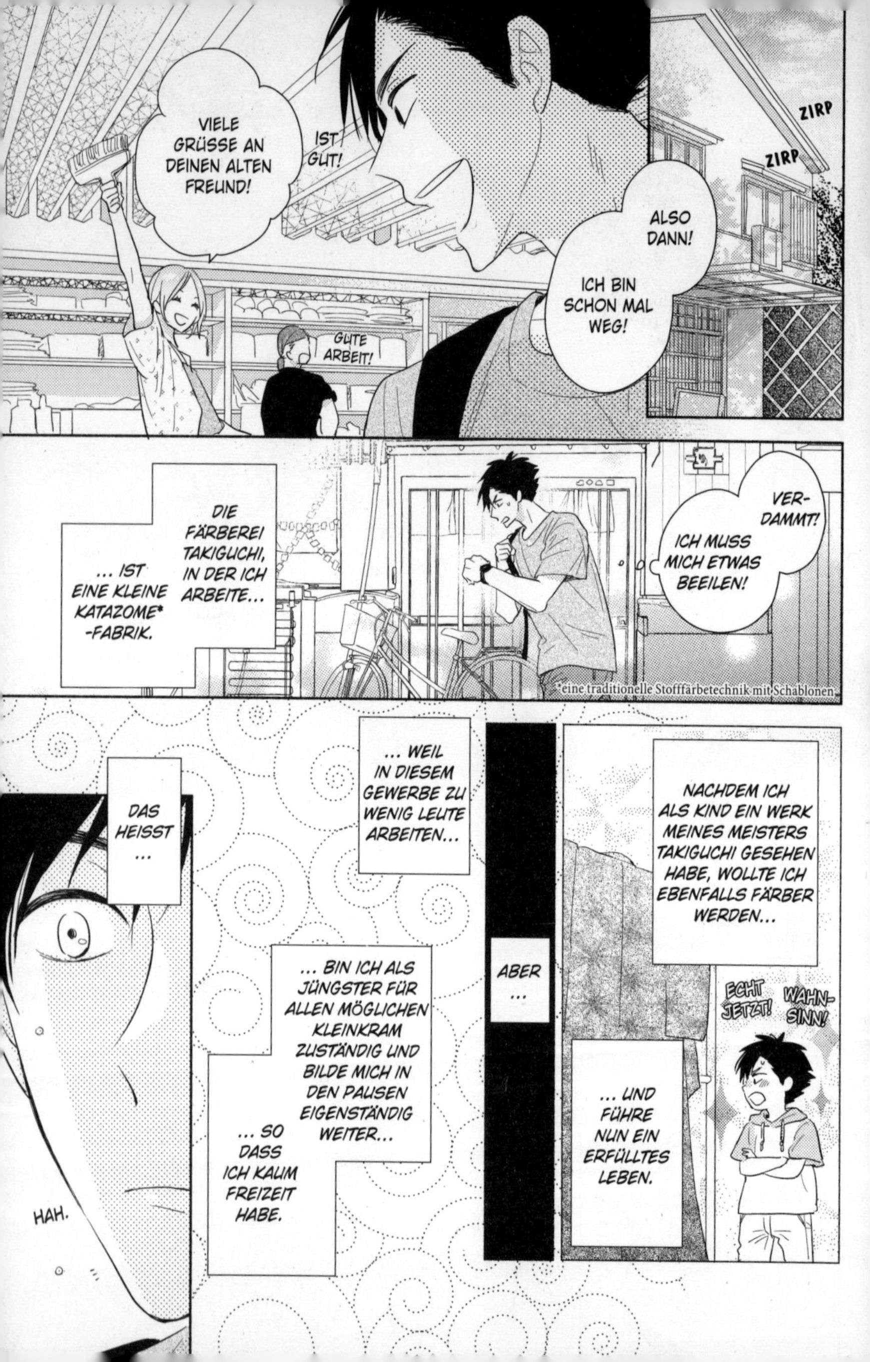
ZIRP
ZIRP
ALSO DANN!
ICH BIN SCHON MAL WEG!
IST GUT!
VIELE GRÜSSE AN DEINEN ALTEN FREUND!
GUTE ARBEIT!
VERDAMMT!
ICH MUSS MICH ETWAS BEEILEN!
DIE FÄRBEREI TAKIGUCHI, IN DER ICH ARBEITE…
… IST EINE KLEINE KATAZOME* -FABRIK.
*eine traditionelle Stofffärbetechnik mit Schablonen
NACHDEM ICH ALS KIND EIN WERK MEINES MEISTERS TAKIGUCHI GESEHEN HABE, WOLLTE ICH EBENFALLS FÄRBER WERDEN…
WAHN-SINN!
ECHT JETZT!
… UND FÜHRE NUN EIN ERFÜLLTES LEBEN.
ABER …
… WEIL IN DIESEM GEWERBE ZU WENIG LEUTE ARBEITEN…
… BIN ICH ALS JÜNGSTER FÜR ALLEN MÖGLICHEN KLEINKRAM ZUSTÄNDIG UND BILDE MICH IN DEN PAUSEN EIGENSTÄNDIG WEITER…
… SO DASS ICH KAUM FREIZEIT HABE.
DAS HEISST …
HAH.

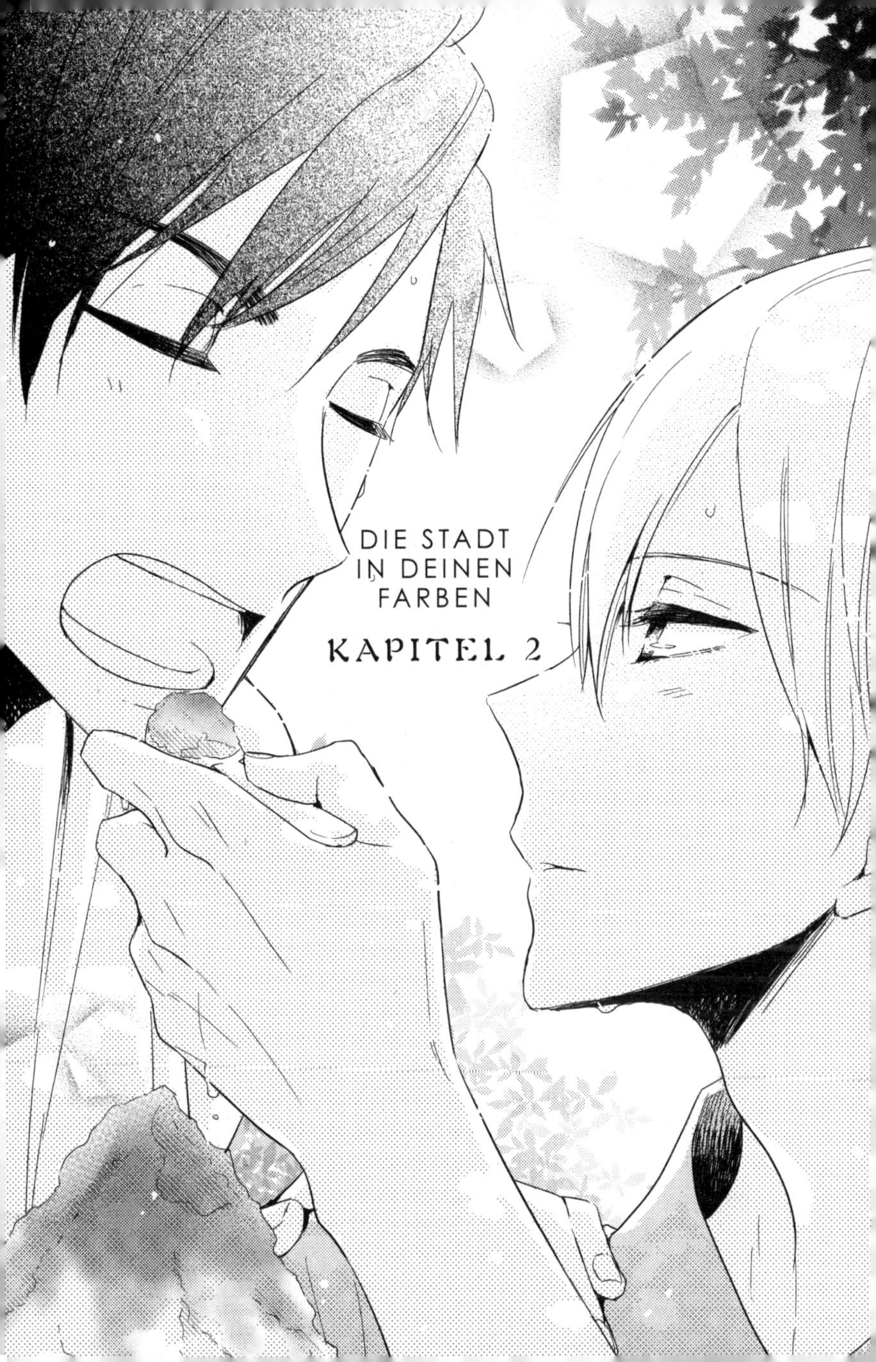
DIE STADT
IN DEINEN
FARBEN
KAPITEL 2

Kapitel 2

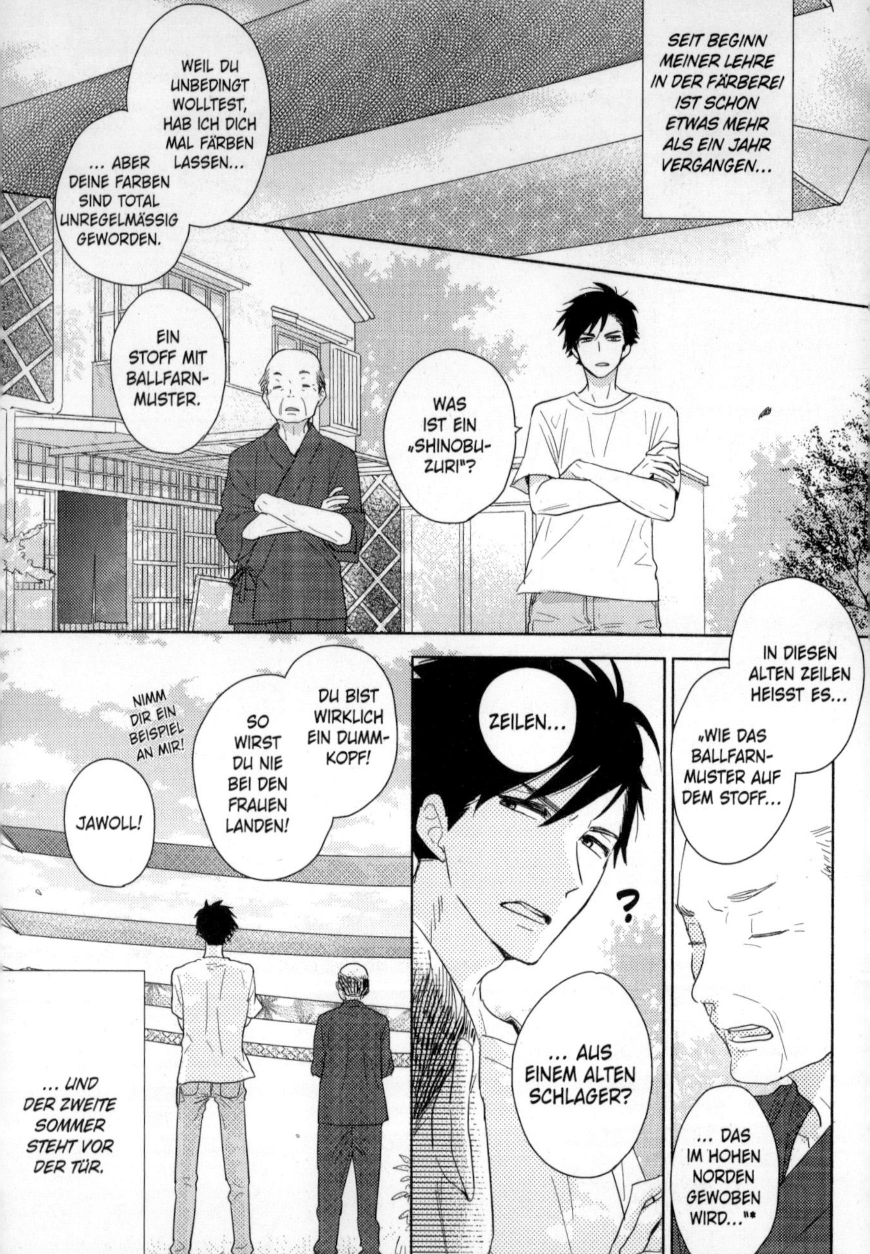

*ein Gedicht aus dem „Ogura Hyakunin Isshu", einer Sammlung alter Waka-Gedichte aus dem Jahr 1235

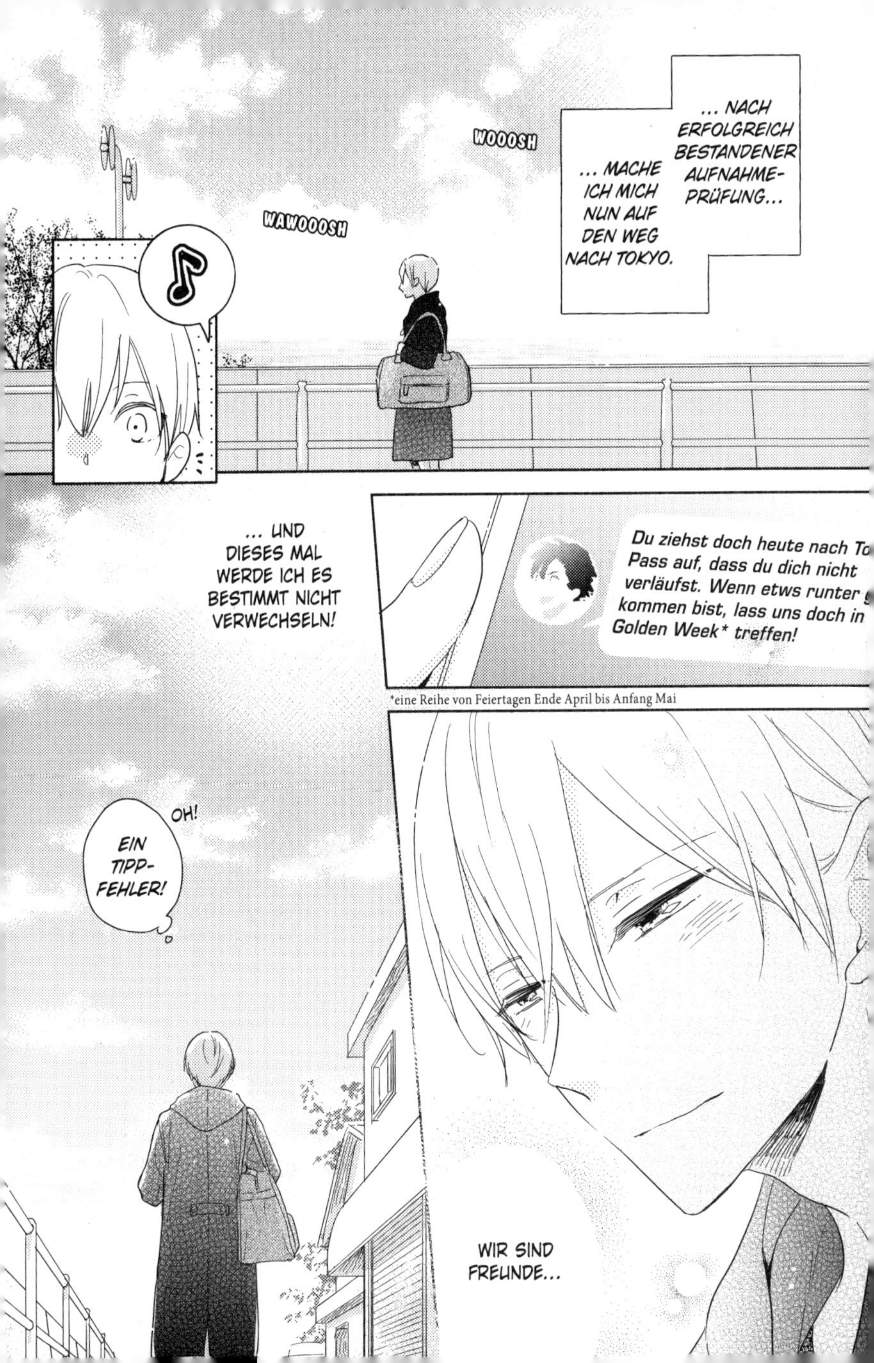

*eine Reihe von Feiertagen Ende April bis Anfang Mai

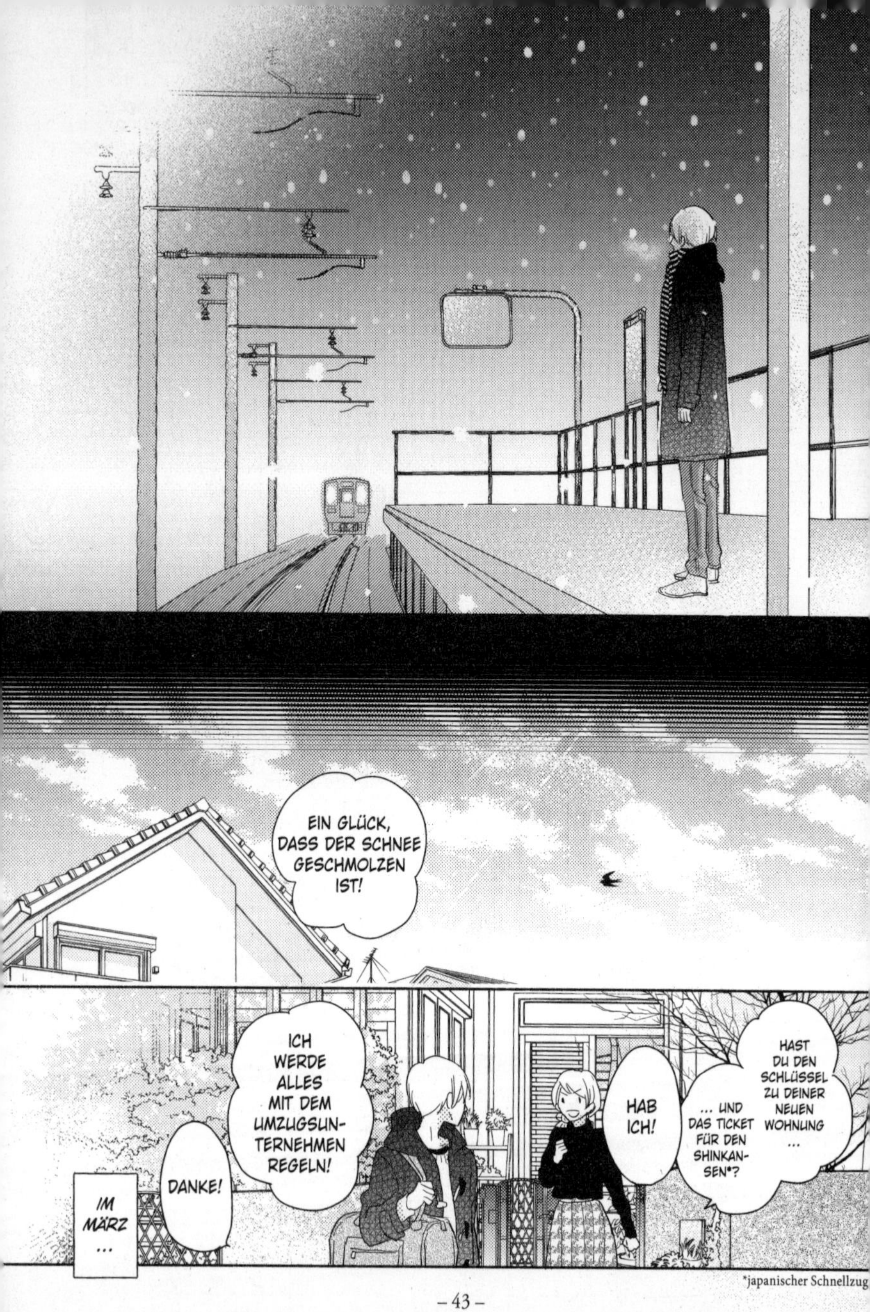

*japanischer Schnellzug

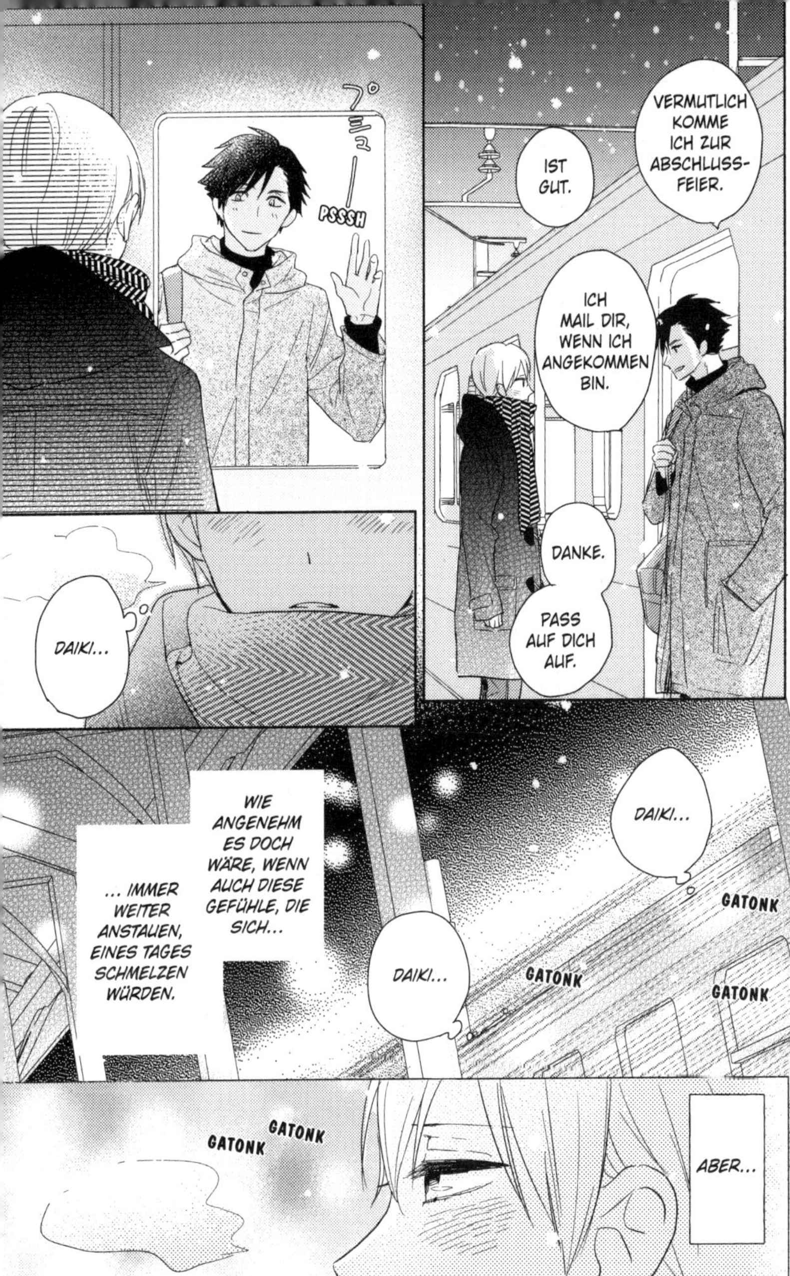
VERMUTLICH KOMME ICH ZUR ABSCHLUSS-FEIER.
IST GUT.
ICH MAIL DIR, WENN ICH ANGEKOMMEN BIN.
DANKE.
PASS AUF DICH AUF.
プシュー
PSSSH
DAIKI…
DAIKI…
GATONK
GATONK
GATONK
DAIKI…
WIE ANGENEHM ES DOCH WÄRE, WENN AUCH DIESE GEFÜHLE, DIE SICH…
… IMMER WEITER ANSTAUEN, EINES TAGES SCHMELZEN WÜRDEN.
ABER…
GATONK
GATONK

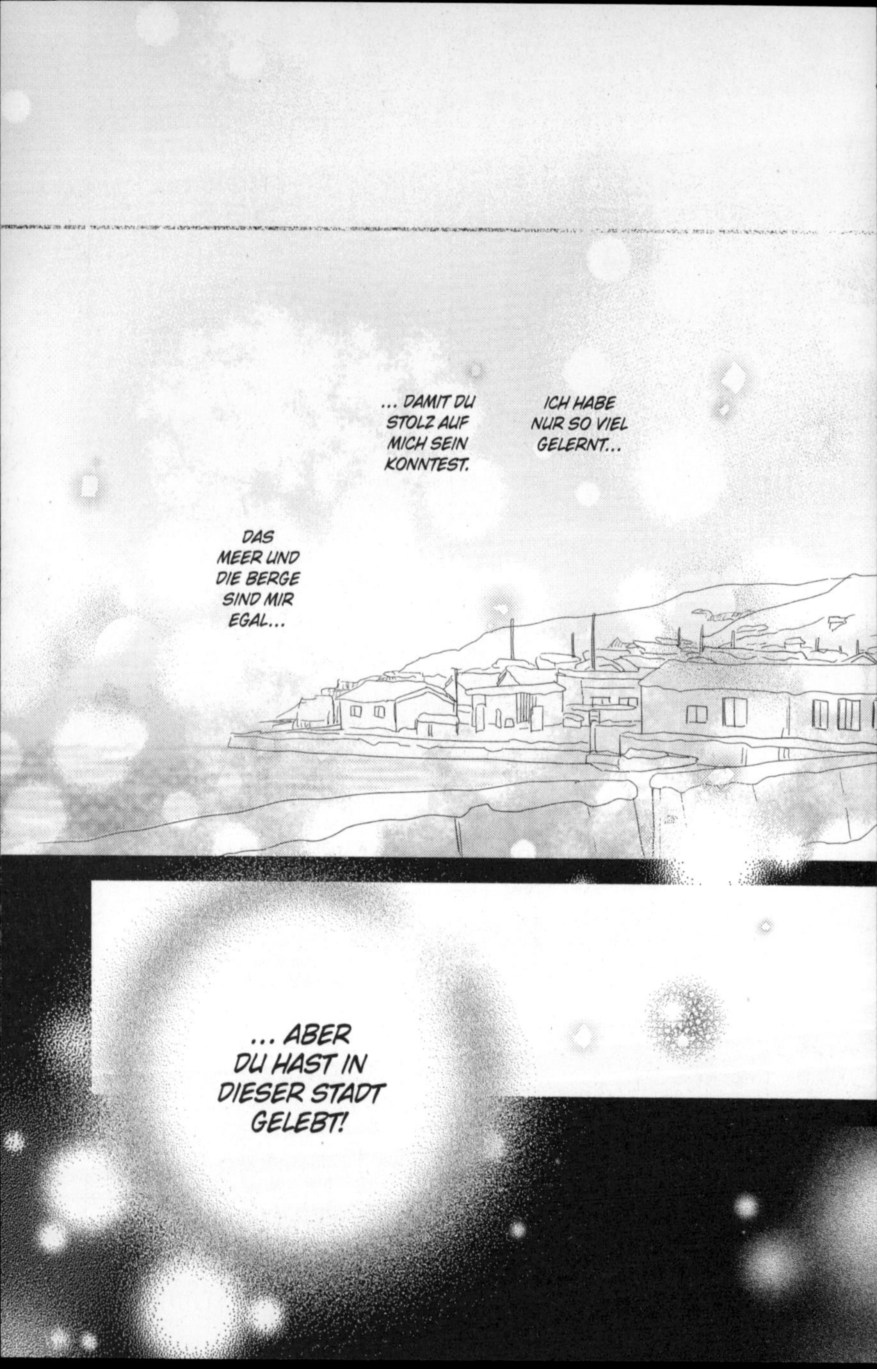
ICH HABE NUR SO VIEL GELERNT...
... DAMIT DU STOLZ AUF MICH SEIN KONNTEST.
DAS MEER UND DIE BERGE SIND MIR EGAL...
... ABER DU HAST IN DIESER STADT GELEBT!

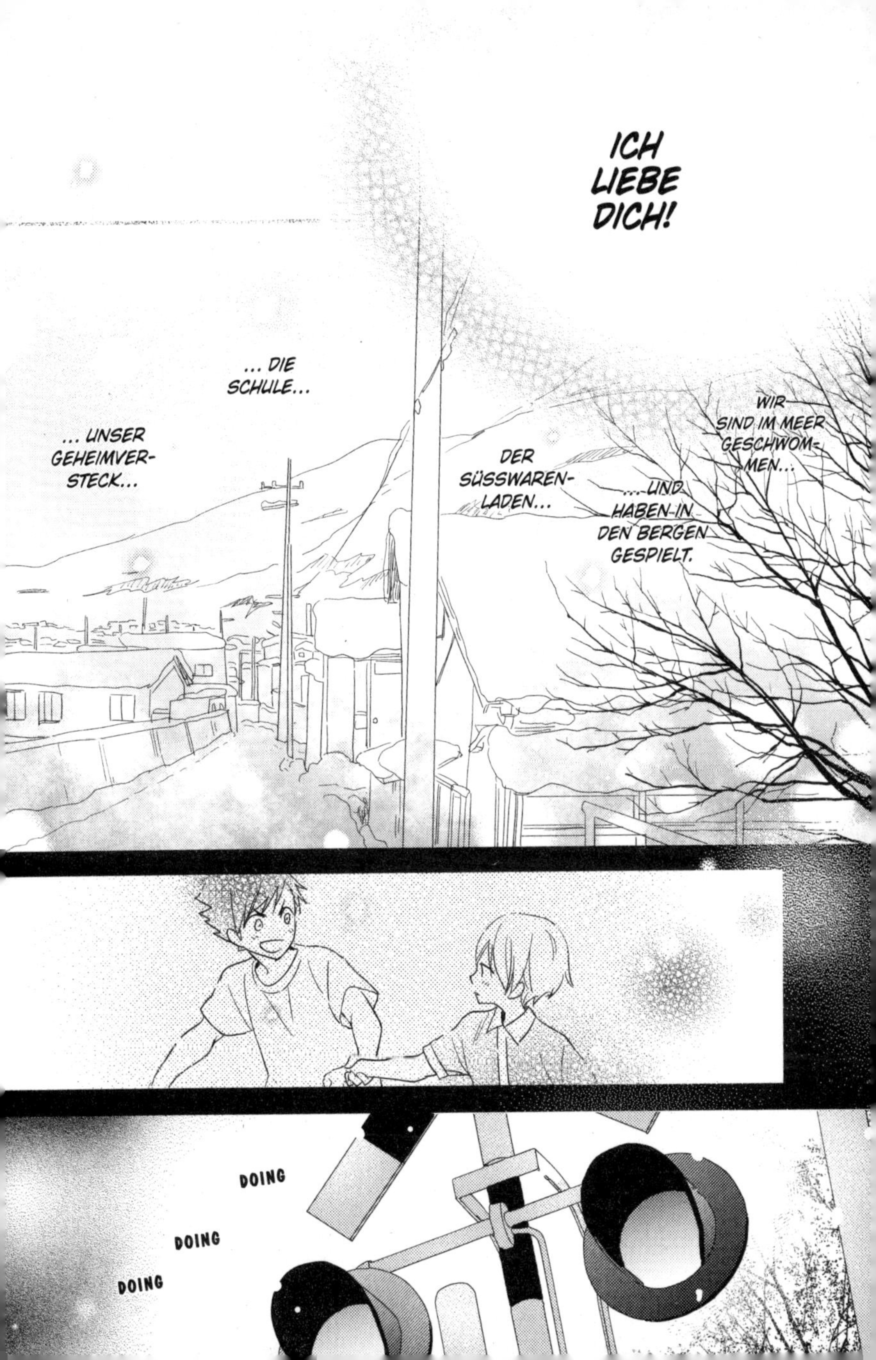
ICH LIEBE DICH!
WIR SIND IM MEER GESCHWOM-MEN...
...UND HABEN IN DEN BERGEN GESPIELT.
DER SÜSSWAREN-LADEN...
... DIE SCHULE...
... UNSER GEHEIMVER-STECK...
DOING
DOING
DOING

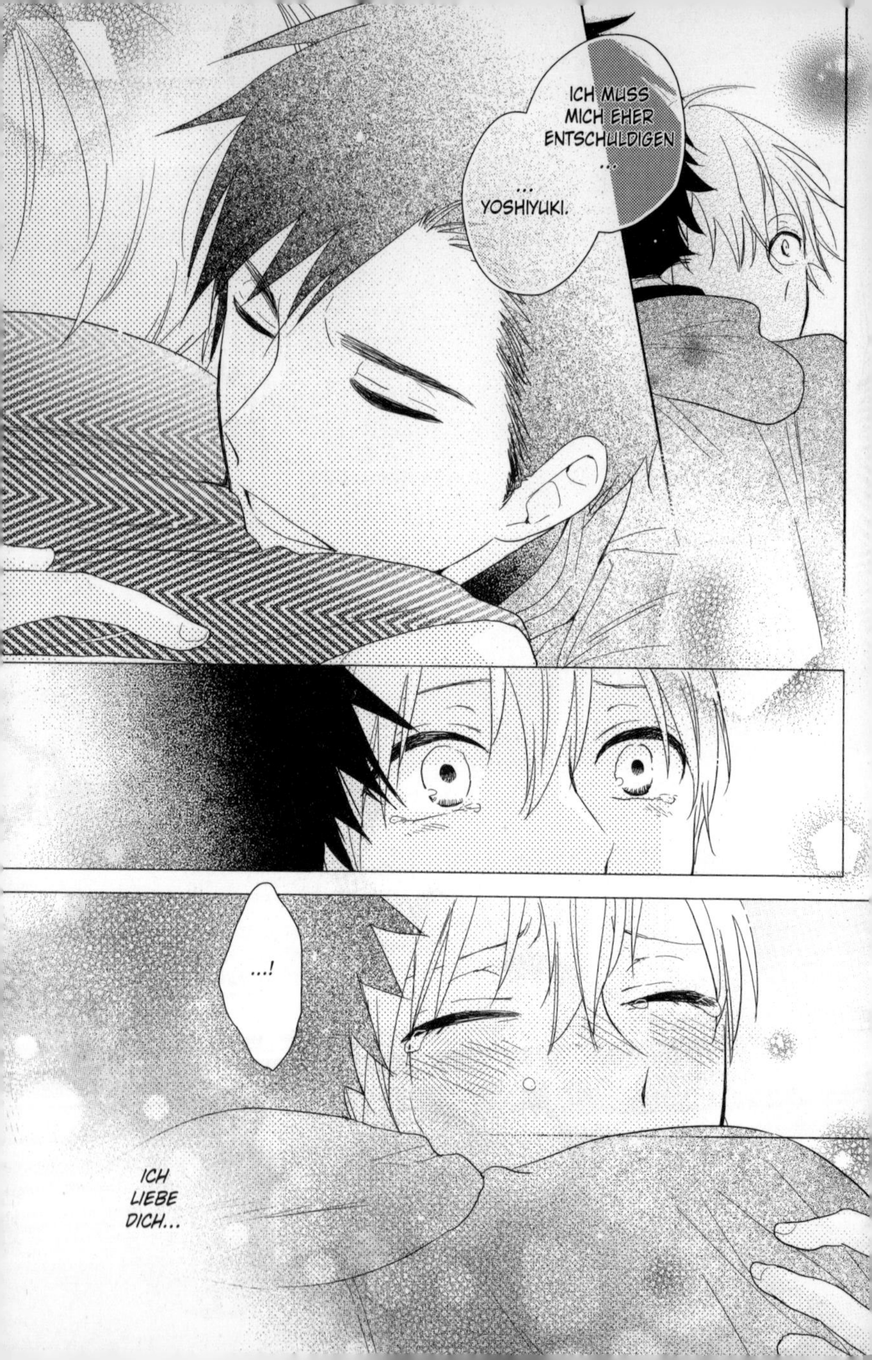
ICH MUSS MICH EHER ENTSCHULDIGEN ...
... YOSHIYUKI.
...!
ICH LIEBE DICH...

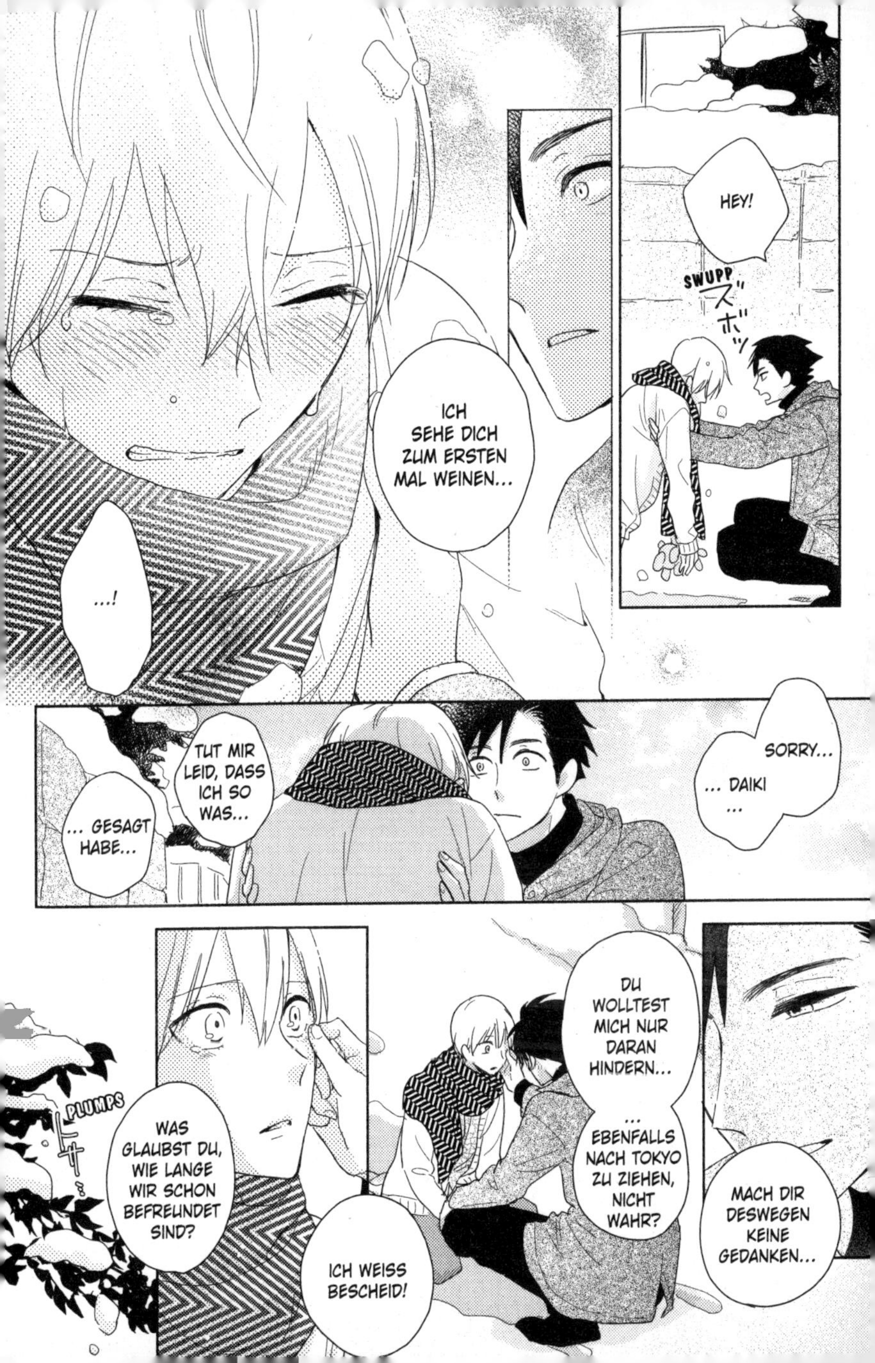
HEY!
SWUPP
ズボッ
ICH SEHE DICH ZUM ERSTEN MAL WEINEN...
...!
SORRY...
... DAIKI ...
TUT MIR LEID, DASS ICH SO WAS...
... GESAGT HABE...
MACH DIR DESWEGEN KEINE GEDANKEN...
DU WOLLTEST MICH NUR DARAN HINDERN...
... EBENFALLS NACH TOKYO ZU ZIEHEN, NICHT WAHR?
ICH WEISS BESCHEID!
WAS GLAUBST DU, WIE LANGE WIR SCHON BEFREUNDET SIND?
PLUMPS
ドサ…

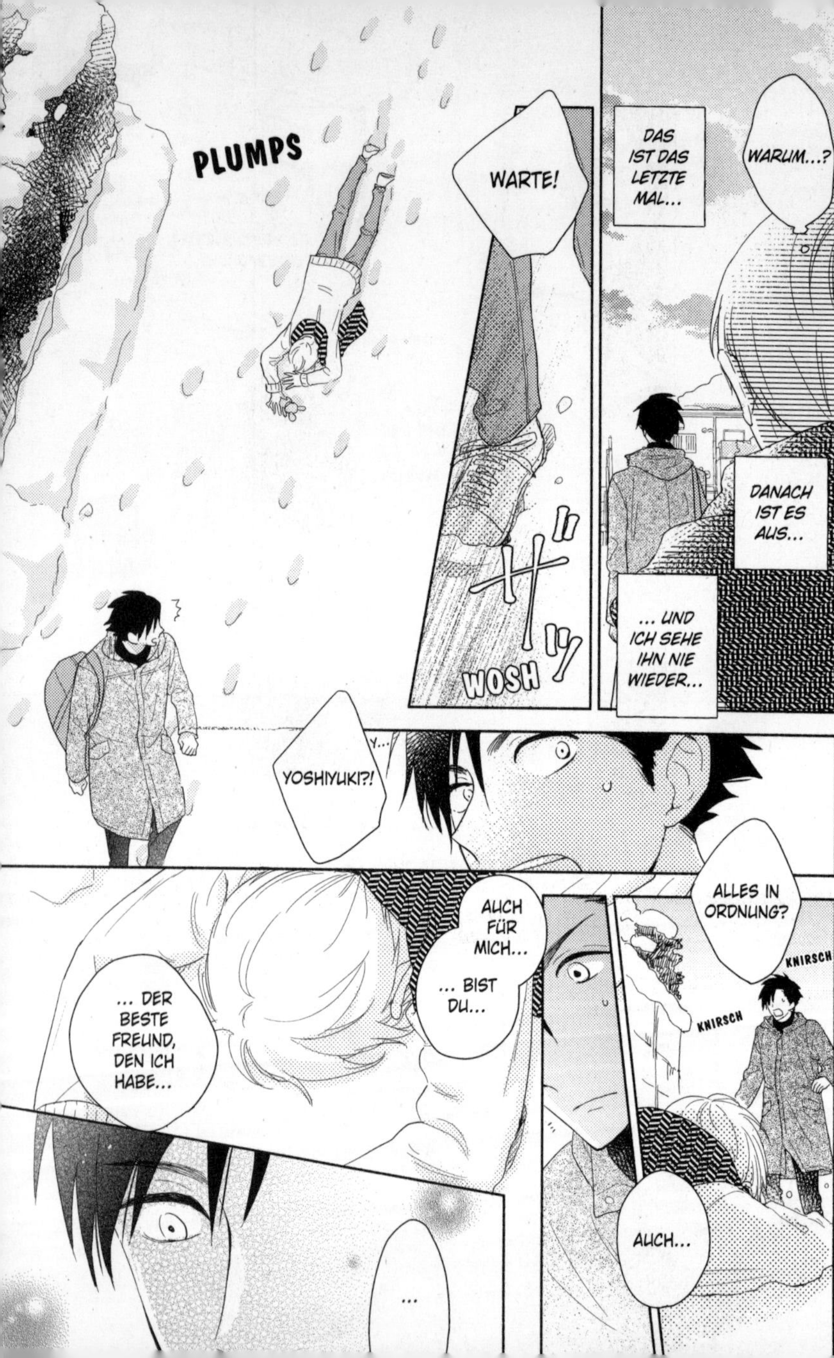
WARUM...?
DAS IST DAS LETZTE MAL...
DANACH IST ES AUS...
... UND ICH SEHE IHN NIE WIEDER...
WARTE!
WOSH
PLUMPS
Y...
YOSHIYUKI?!
ALLES IN ORDNUNG?
KNIRSCH
KNIRSCH
AUCH...
AUCH FÜR MICH...
... BIST DU...
... DER BESTE FREUND, DEN ICH HABE...
...

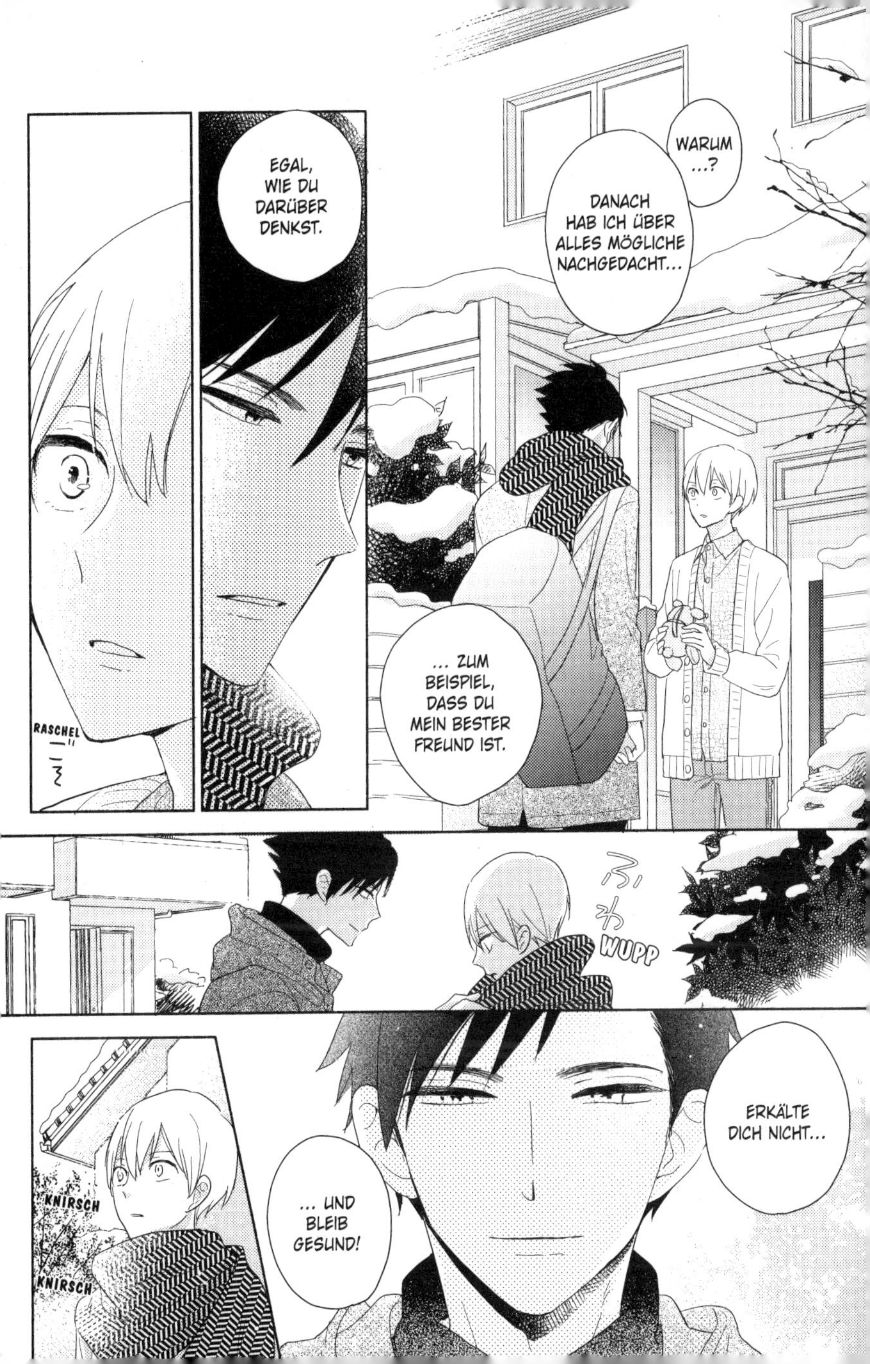
WARUM ...?
DANACH HAB ICH ÜBER ALLES MÖGLICHE NACHGEDACHT...
... ZUM BEISPIEL, DASS DU MEIN BESTER FREUND IST.
EGAL, WIE DU DARÜBER DENKST.
RASCHEL
ふわ
WUPP
ERKÄLTE DICH NICHT...
... UND BLEIB GESUND!
KNIRSCH
KNIRSCH

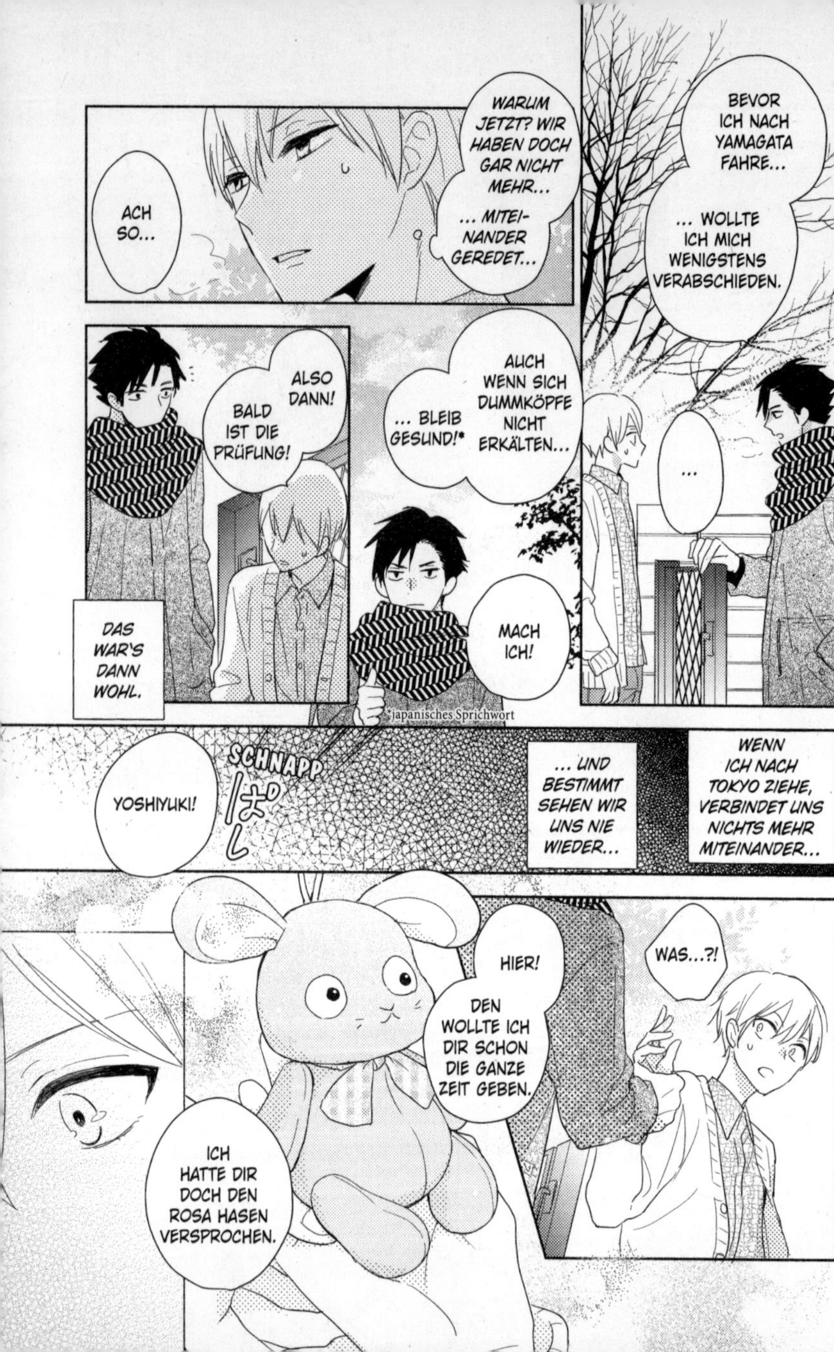

*japanisches Sprichwort

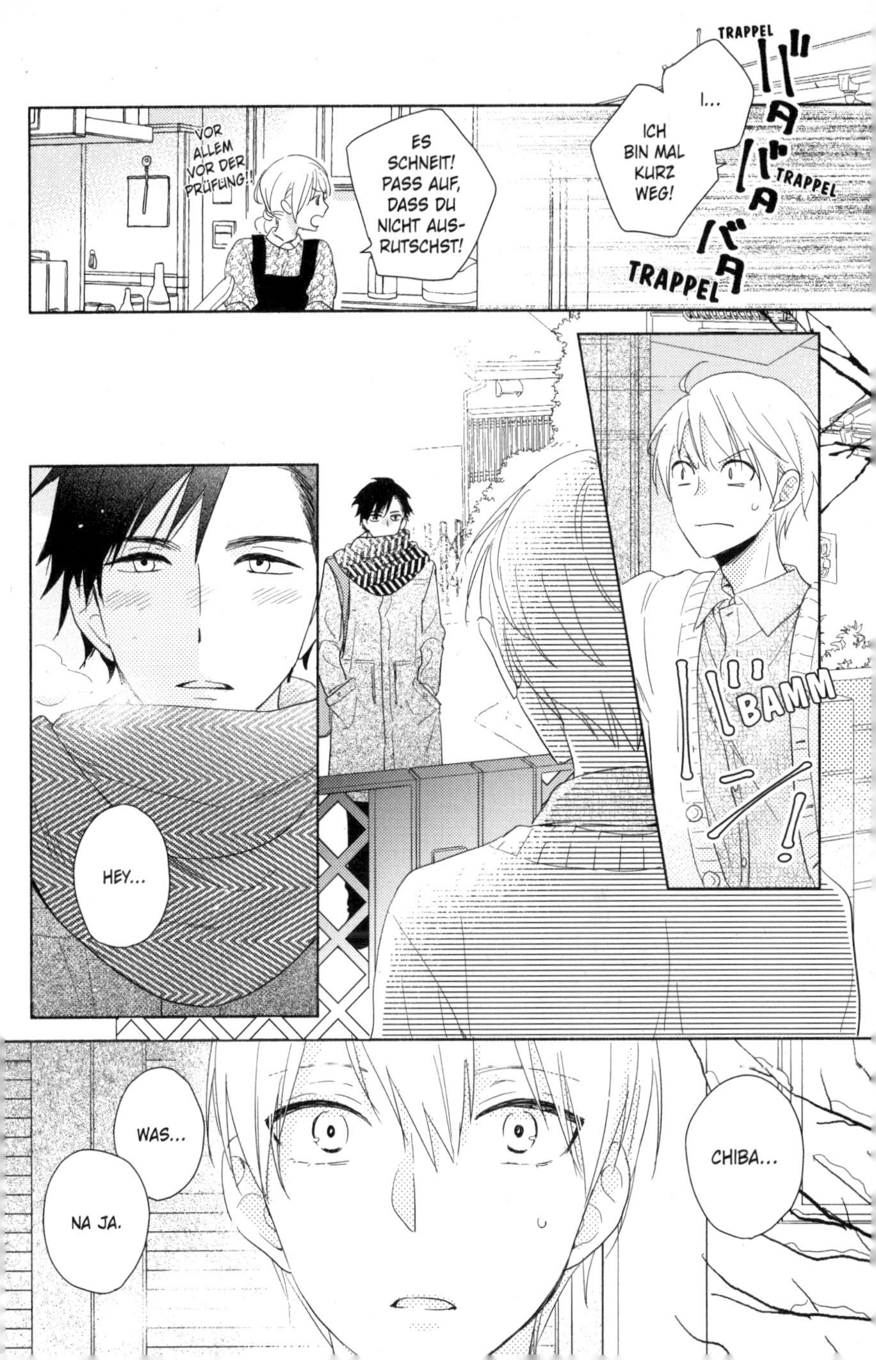
TRAPPEL
TRAPPEL
TRAPPEL
I...
ICH BIN MAL KURZ WEG!
ES SCHNEIT! PASS AUF, DASS DU NICHT AUS-RUTSCHST!
VOR ALLEM VOR DER PRÜFUNG!!
BAMM
HEY...
CHIBA...
WAS...
NA JA.

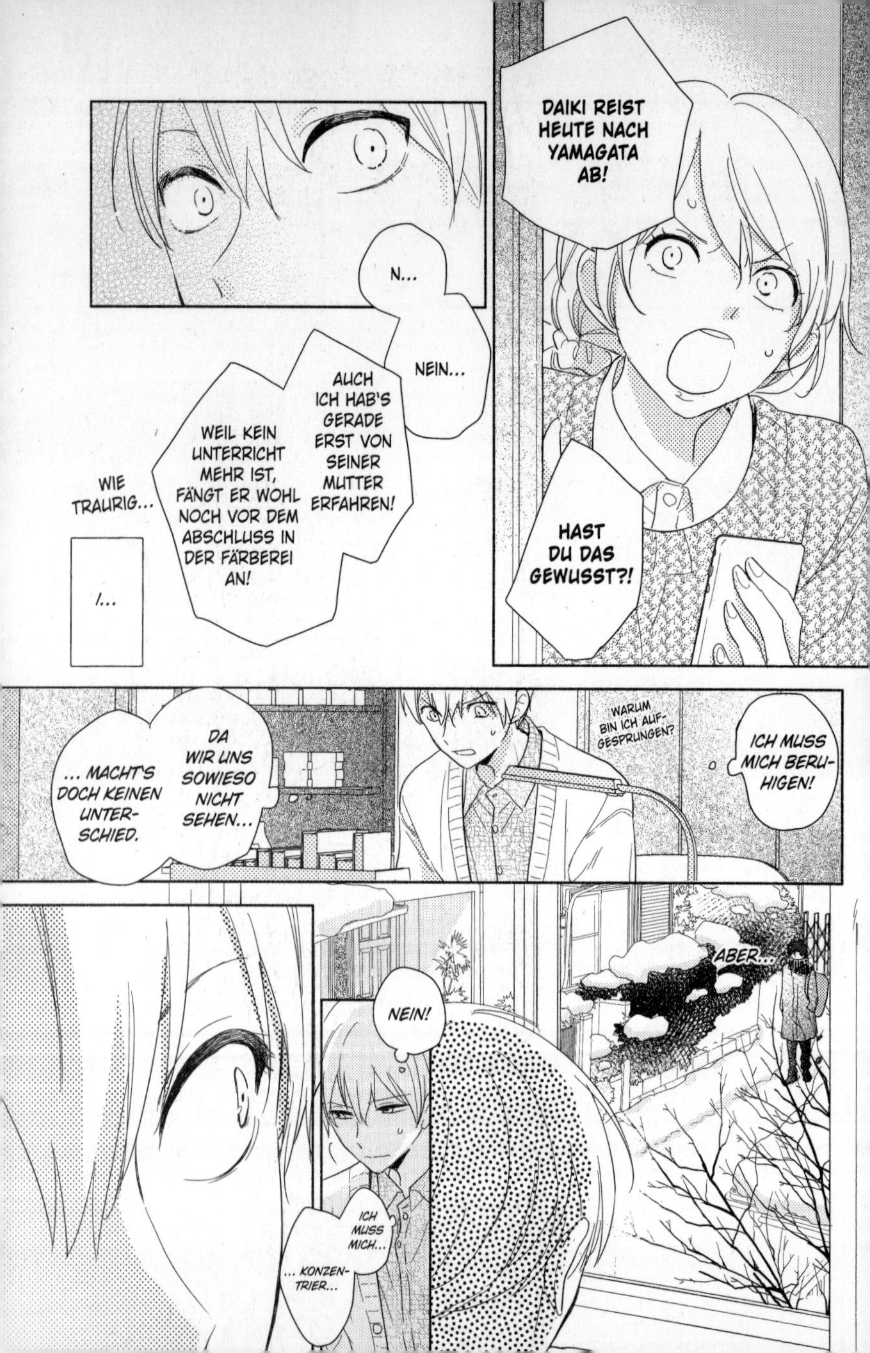
DAIKI REIST HEUTE NACH YAMAGATA AB!
HAST DU DAS GEWUSST?!
N...
NEIN...
AUCH ICH HAB'S GERADE ERST VON SEINER MUTTER ERFAHREN!
WEIL KEIN UNTERRICHT MEHR IST, FÄNGT ER WOHL NOCH VOR DEM ABSCHLUSS IN DER FÄRBEREI AN!
WIE TRAURIG...
I...
ICH MUSS MICH BERUHIGEN!
WARUM BIN ICH AUF-GESPRUNGEN?
DA WIR UNS SOWIESO NICHT SEHEN...
... MACHT'S DOCH KEINEN UNTER-SCHIED.
ABER...
NEIN!
ICH MUSS MICH...
... KONZEN-TRIER...

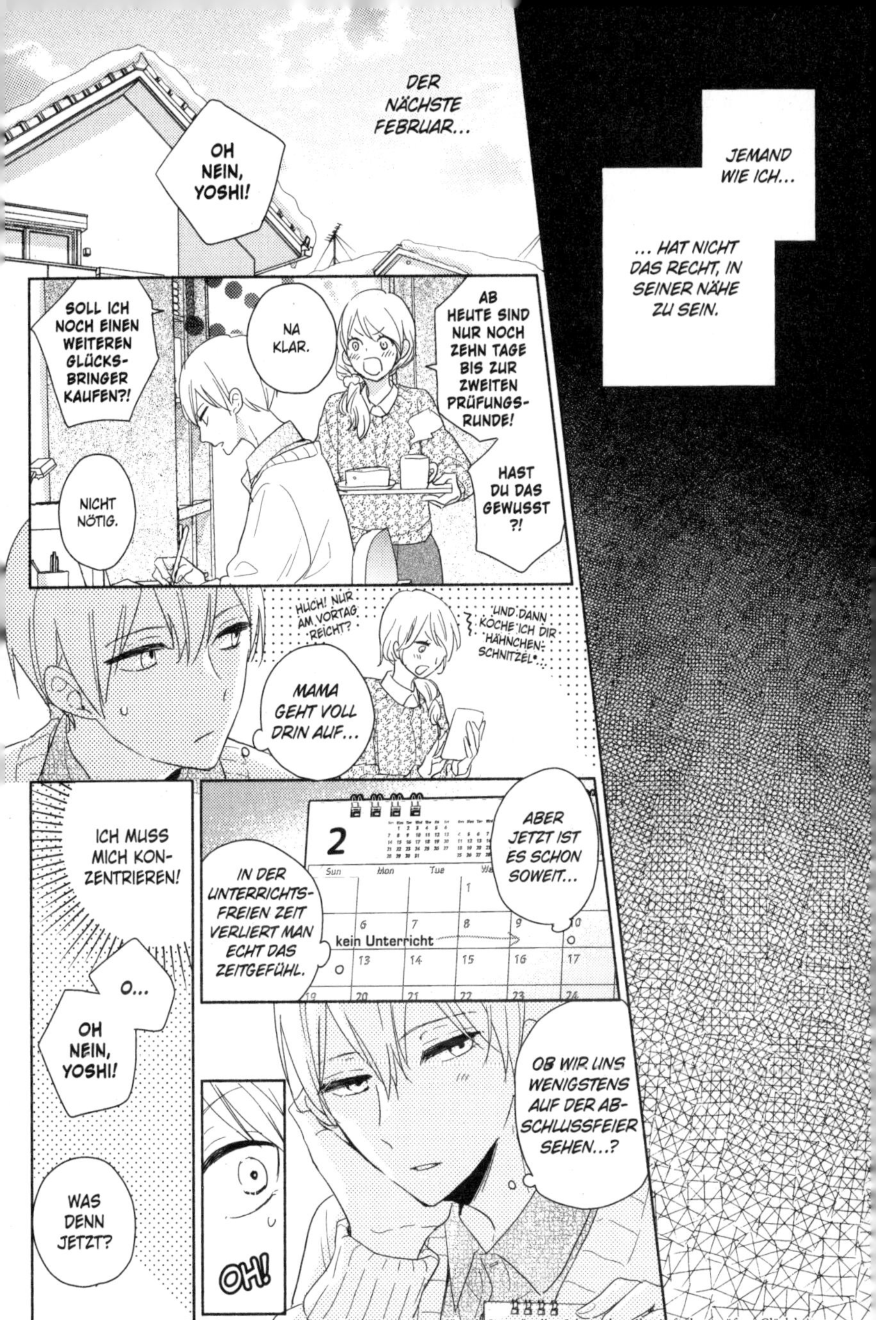

*Aufgrund eines Wortspiels mit „Katsu“ für „Schnitzel“ und „Siegen“ sollen Schnitzel vor der Aufnahmeprüfung Glück bringen.

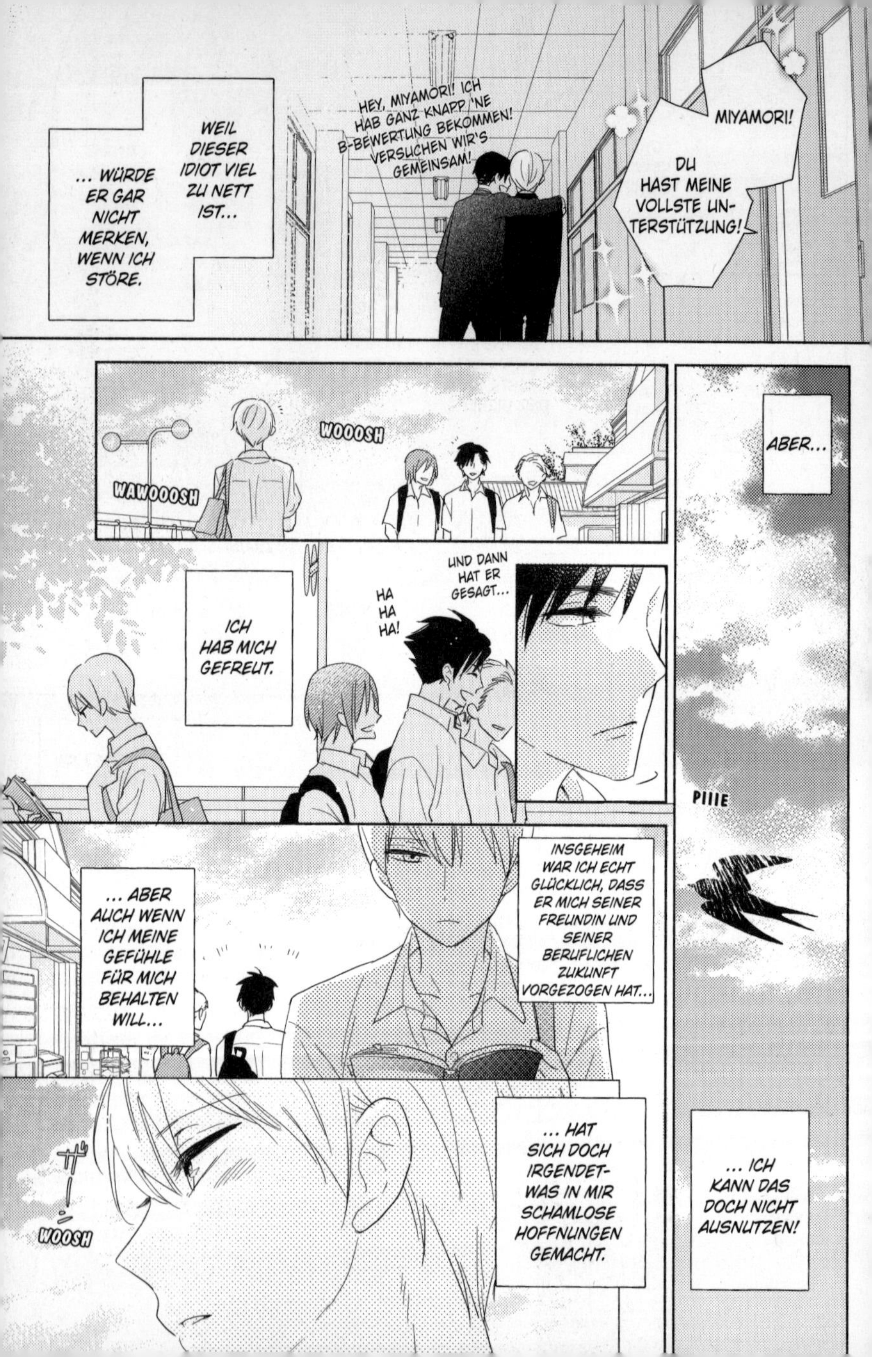
MIYAMORI!
DU HAST MEINE VOLLSTE UNTERSTÜTZUNG!
HEY, MIYAMORI! ICH HAB GANZ KNAPP 'NE B-BEWERTUNG BEKOMMEN! VERSUCHEN WIR'S GEMEINSAM!
WEIL DIESER IDIOT VIEL ZU NETT IST…
… WÜRDE ER GAR NICHT MERKEN, WENN ICH STÖRE.
ABER…
WOOOSH
WAWOOOSH
UND DANN HAT ER GESAGT…
HA HA HA!
ICH HAB MICH GEFREUT.
PIIIE
INSGEHEIM WAR ICH ECHT GLÜCKLICH, DASS ER MICH SEINER FREUNDIN UND SEINER BERUFLICHEN ZUKUNFT VORGEZOGEN HAT…
… ABER AUCH WENN ICH MEINE GEFÜHLE FÜR MICH BEHALTEN WILL…
… ICH KANN DAS DOCH NICHT AUSNUTZEN!
… HAT SICH DOCH IRGENDETWAS IN MIR SCHAMLOSE HOFFNUNGEN GEMACHT.
WOOSH

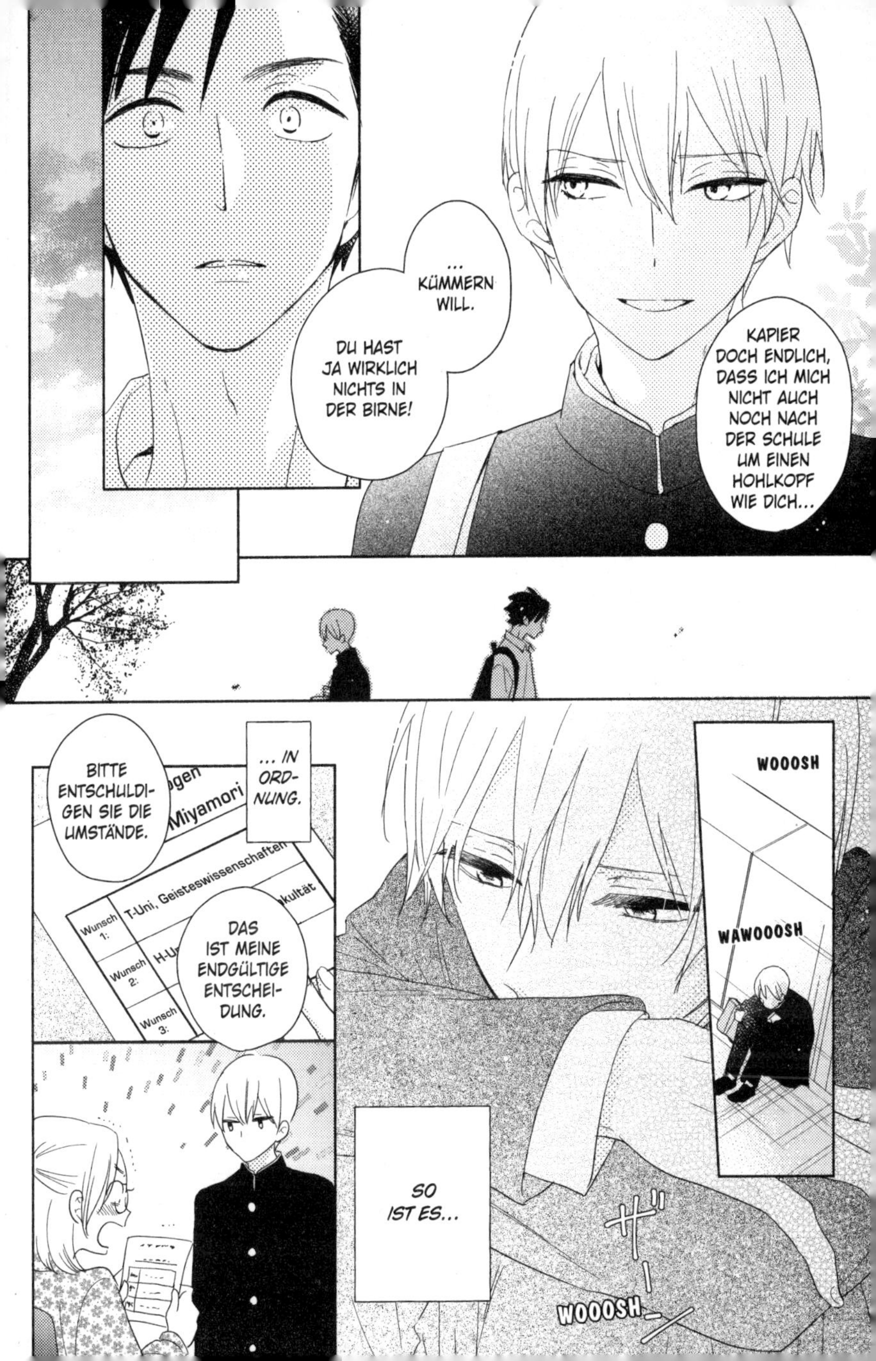
KAPIER DOCH ENDLICH, DASS ICH MICH NICHT AUCH NOCH NACH DER SCHULE UM EINEN HOHLKOPF WIE DICH…
… KÜMMERN WILL.
DU HAST JA WIRKLICH NICHTS IN DER BIRNE!
WOOOSH
WAWOOOSH
SO IST ES…
WOOOSH
… IN ORDNUNG.
BITTE ENTSCHULDIGEN SIE DIE UMSTÄNDE.
Miyamori
T-Uni, Geisteswissenschaften
Wunsch 1:
Wunsch 2:
Wunsch 3:
DAS IST MEINE ENDGÜLTIGE ENTSCHEIDUNG.

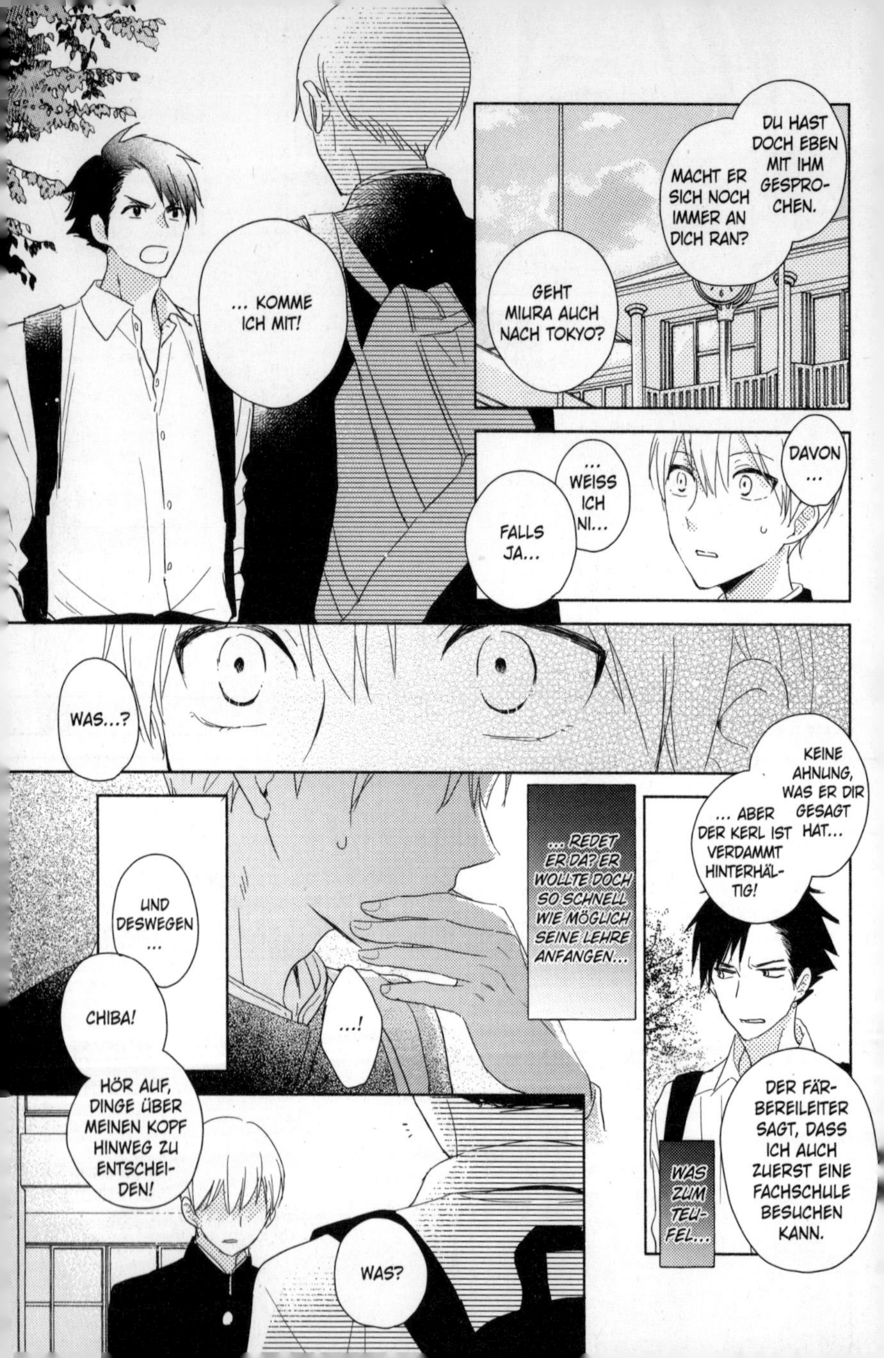
DU HAST DOCH EBEN MIT IHM GESPROCHEN.
MACHT ER SICH NOCH IMMER AN DICH RAN?
GEHT MIURA AUCH NACH TOKYO?
DAVON ...
... WEISS ICH NI...
FALLS JA...
... KOMME ICH MIT!
WAS...?
KEINE AHNUNG, WAS ER DIR GESAGT HAT...
... ABER DER KERL IST VERDAMMT HINTERHÄL-TIG!
DER FÄR-BEREILEITER SAGT, DASS ICH AUCH ZUERST EINE FACHSCHULE BESUCHEN KANN.
WAS ZUM TEU-FEL...
... REDET ER DA? ER WOLLTE DOCH SO SCHNELL WIE MÖGLICH SEINE LEHRE ANFANGEN...
...!
UND DESWEGEN ...
CHIBA!
HÖR AUF, DINGE ÜBER MEINEN KOPF HINWEG ZU ENTSCHEI-DEN!
WAS?

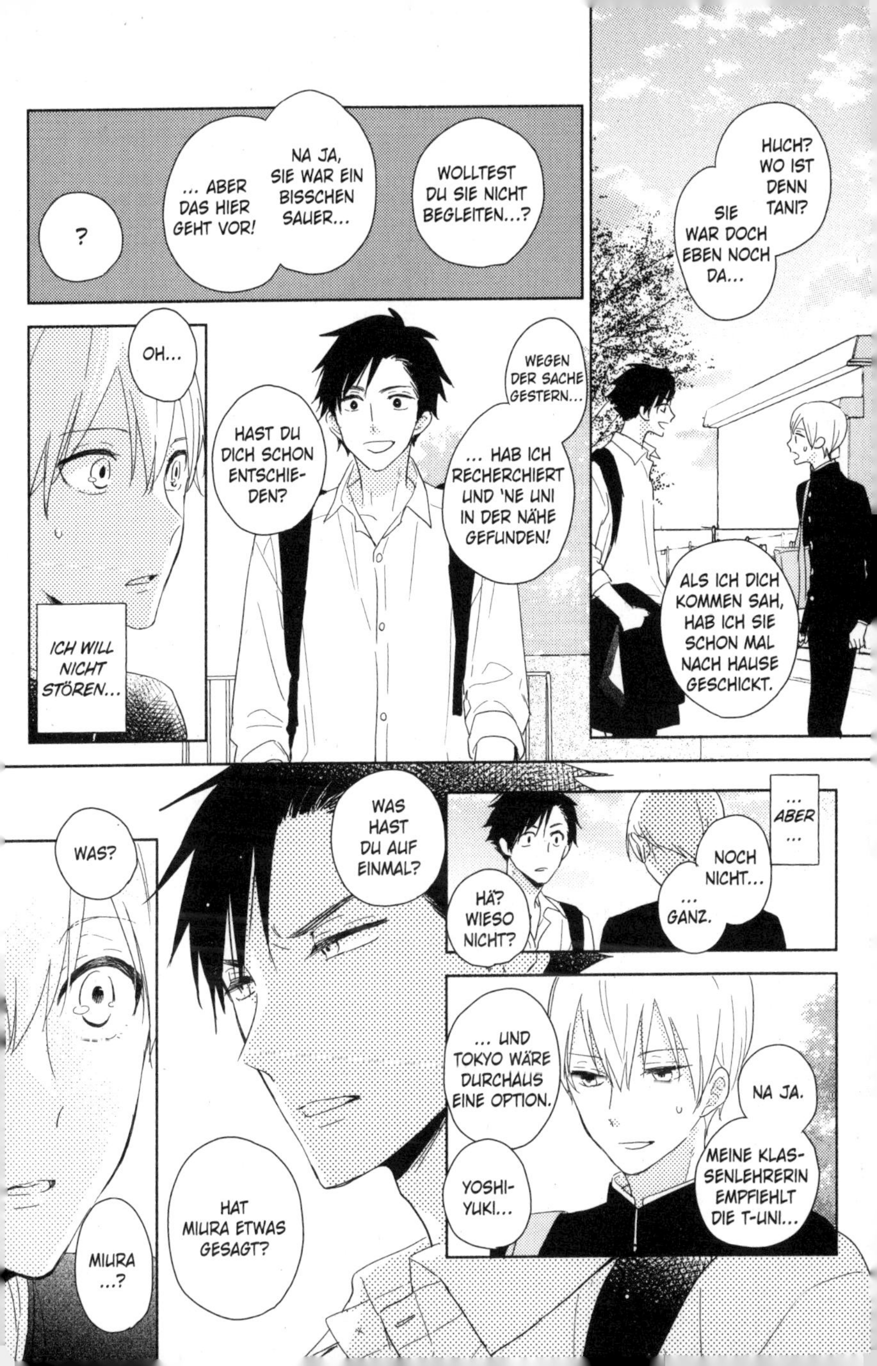
HUCH? WO IST DENN TANI?
SIE WAR DOCH EBEN NOCH DA...
ALS ICH DICH KOMMEN SAH, HAB ICH SIE SCHON MAL NACH HAUSE GESCHICKT.
WOLLTEST DU SIE NICHT BEGLEITEN...?
NA JA, SIE WAR EIN BISSCHEN SAUER...
... ABER DAS HIER GEHT VOR!
?
WEGEN DER SACHE GESTERN...
... HAB ICH RECHERCHIERT UND 'NE UNI IN DER NÄHE GEFUNDEN!
HAST DU DICH SCHON ENTSCHIEDEN?
OH...
ICH WILL NICHT STÖREN...
... ABER ...
NOCH NICHT...
... GANZ.
HÄ? WIESO NICHT?
NA JA.
MEINE KLASSENLEHRERIN EMPFIEHLT DIE T-UNI...
... UND TOKYO WÄRE DURCHAUS EINE OPTION.
YOSHIYUKI...
WAS HAST DU AUF EINMAL?
WAS?
HAT MIURA ETWAS GESAGT?
MIURA ...?

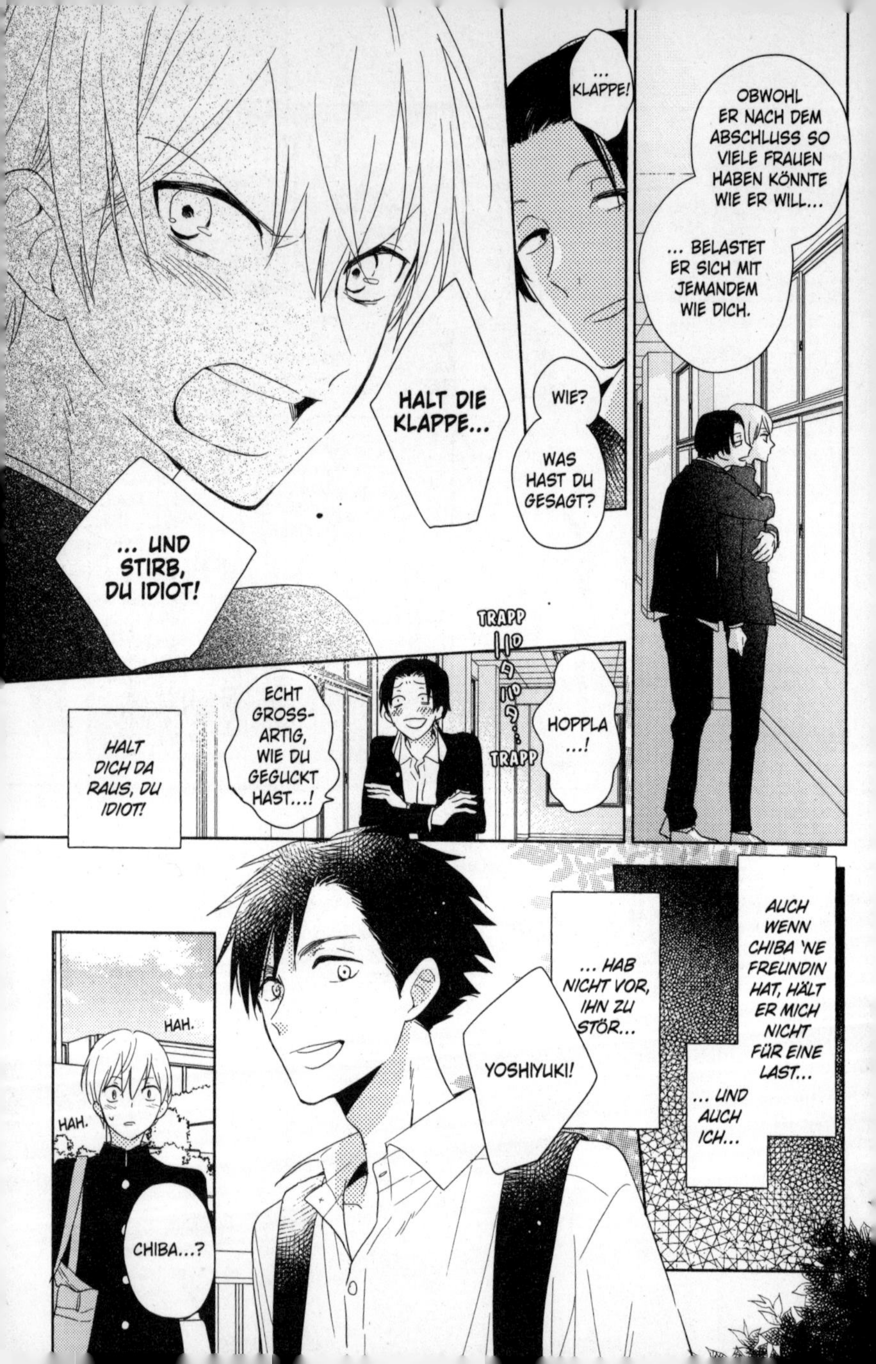

OBWOHL ER NACH DEM ABSCHLUSS SO VIELE FRAUEN HABEN KÖNNTE WIE ER WILL...
... BELASTET ER SICH MIT JEMANDEM WIE DICH.
... KLAPPE!
WIE?
WAS HAST DU GESAGT?
HALT DIE KLAPPE...
... UND STIRB, DU IDIOT!
TRAPP
HOPPLA ...!
TRAPP
ECHT GROSS-ARTIG, WIE DU GEGUCKT HAST...!
HALT DICH DA RAUS, DU IDIOT!
AUCH WENN CHIBA 'NE FREUNDIN HAT, HÄLT ER MICH NICHT FÜR EINE LAST...
... UND AUCH ICH...
... HAB NICHT VOR, IHN ZU STÖR...
YOSHIYUKI!
HAH.
HAH.
CHIBA...?

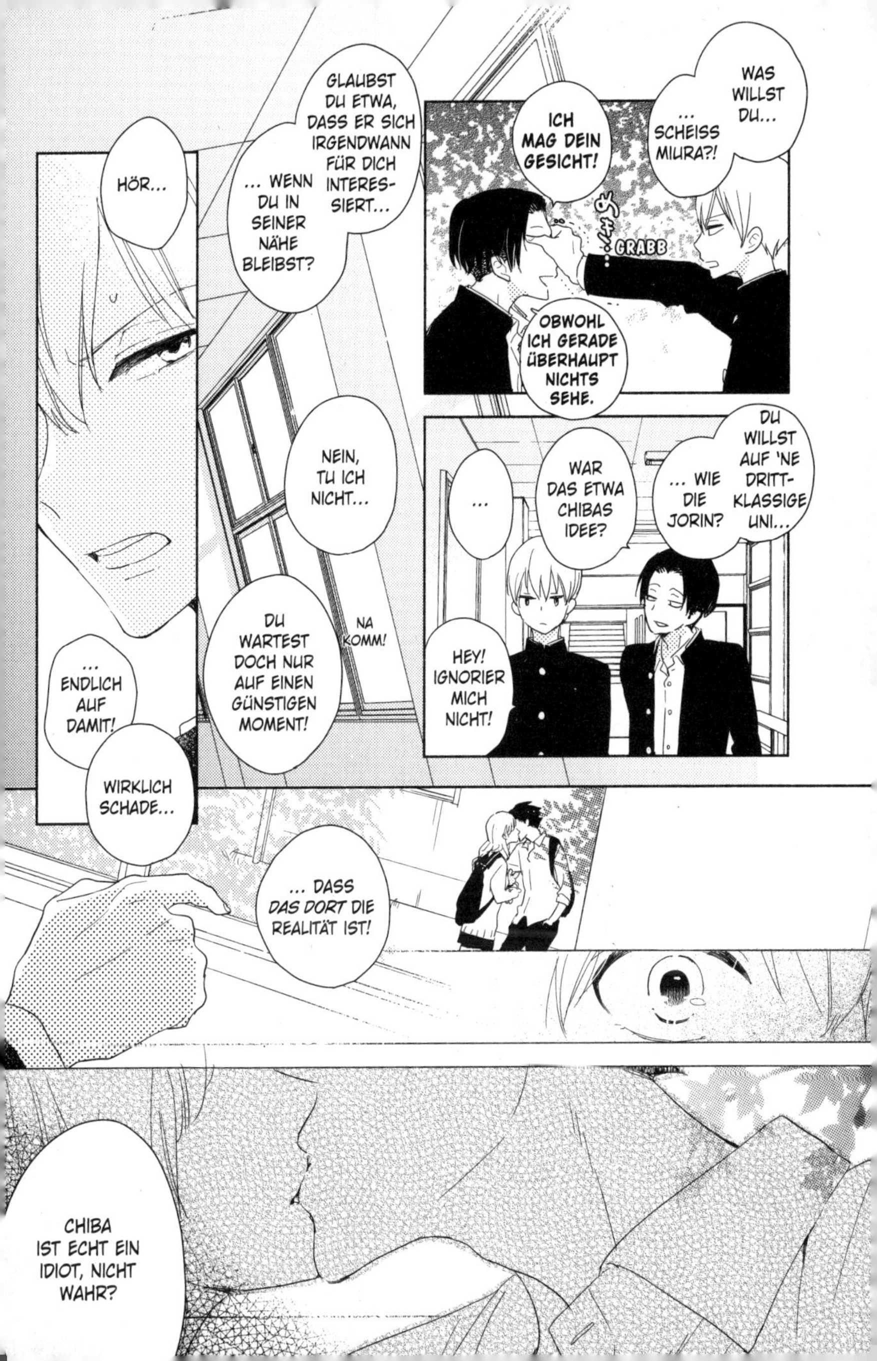
WAS WILLST DU... ... SCHEISS MIURA?!
ICH MAG DEIN GESICHT!
GRABB
OBWOHL ICH GERADE ÜBERHAUPT NICHTS SEHE.
DU WILLST AUF 'NE DRITT-KLASSIGE UNI... ... WIE DIE JORIN?
WAR DAS ETWA CHIBAS IDEE?
...
HEY! IGNORIER MICH NICHT!
GLAUBST DU ETWA, DASS ER SICH IRGENDWANN FÜR DICH INTERES-SIERT...
... WENN DU IN SEINER NÄHE BLEIBST?
HÖR...
NEIN, TU ICH NICHT...
NA KOMM!
DU WARTEST DOCH NUR AUF EINEN GÜNSTIGEN MOMENT!
... ENDLICH AUF DAMIT!
WIRKLICH SCHADE...
... DASS DAS DORT DIE REALITÄT IST!
CHIBA IST ECHT EIN IDIOT, NICHT WAHR?

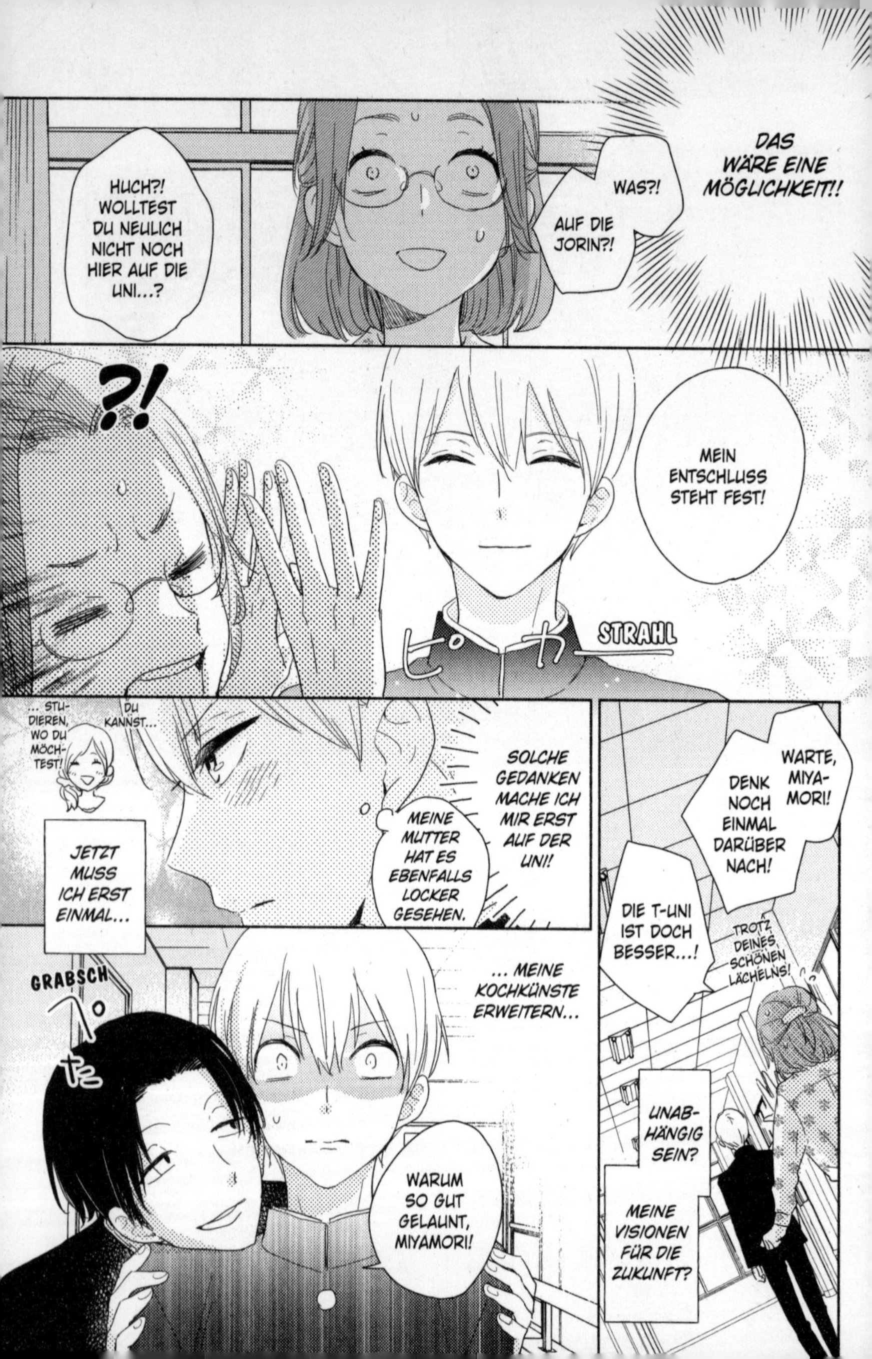
DAS WÄRE EINE MÖGLICHKEIT!!
WAS?!
AUF DIE JORIN?!
HUCH?! WOLLTEST DU NEULICH NICHT NOCH HIER AUF DIE UNI…?
MEIN ENTSCHLUSS STEHT FEST!
STRAHL
?!
WARTE, MIYAMORI!
DENK NOCH EINMAL DARÜBER NACH!
DIE T-UNI IST DOCH BESSER…!
TROTZ DEINES SCHÖNEN LÄCHELNS!
SOLCHE GEDANKEN MACHE ICH MIR ERST AUF DER UNI!
MEINE MUTTER HAT ES EBENFALLS LOCKER GESEHEN.
DU KANNST…
… STUDIEREN, WO DU MÖCHTEST!
JETZT MUSS ICH ERST EINMAL…
… MEINE KOCHKÜNSTE ERWEITERN…
UNABHÄNGIG SEIN?
MEINE VISIONEN FÜR DIE ZUKUNFT?
WARUM SO GUT GELAUNT, MIYAMORI!
GRABSCH

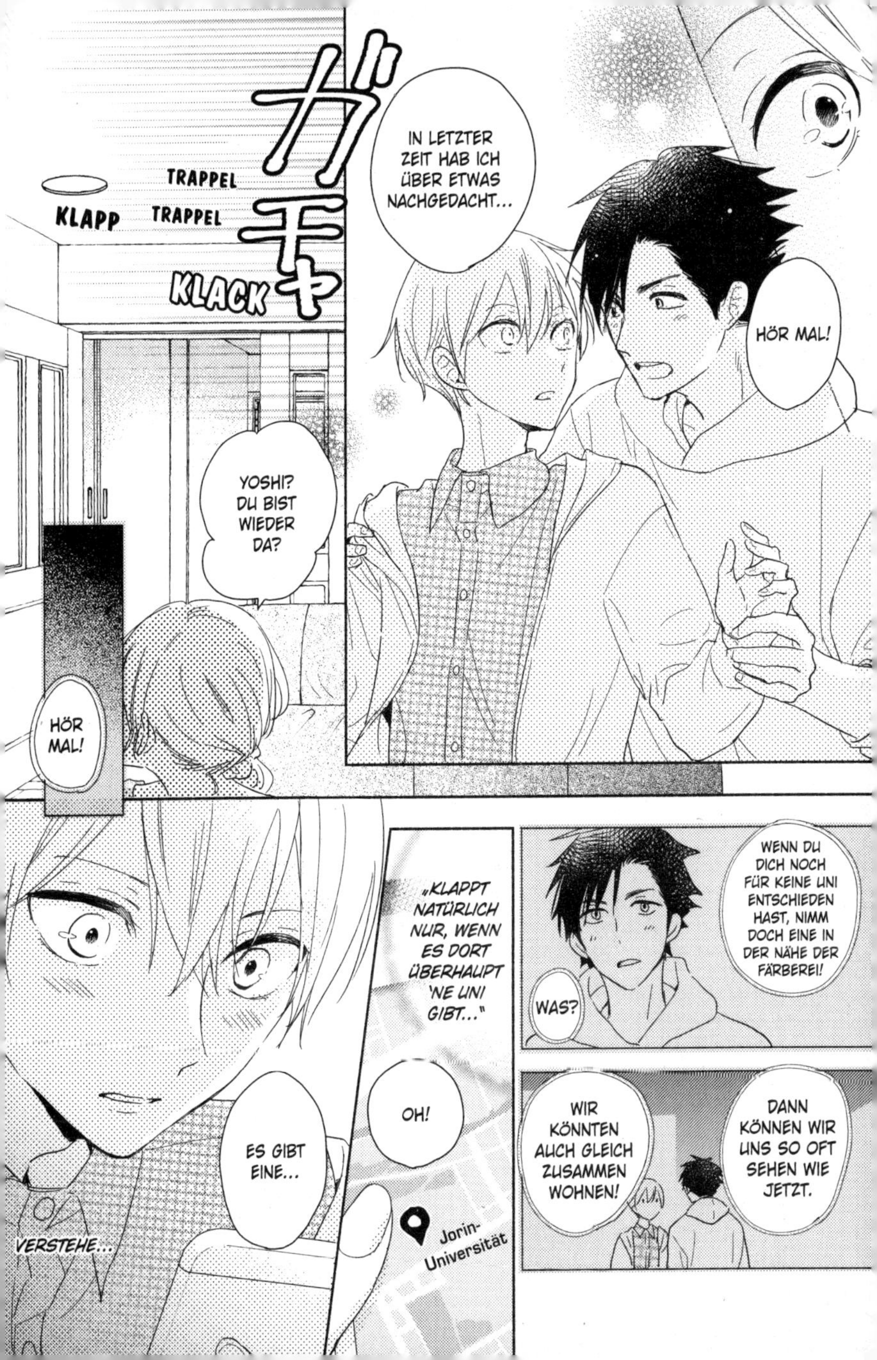

HÖR MAL!
IN LETZTER ZEIT HAB ICH ÜBER ETWAS NACHGEDACHT…
ガチャ
KLACK
TRAPPEL TRAPPEL
KLAPP
YOSHI? DU BIST WIEDER DA?
HÖR MAL!
WENN DU DICH NOCH FÜR KEINE UNI ENTSCHIEDEN HAST, NIMM DOCH EINE IN DER NÄHE DER FÄRBEREI!
WAS?
DANN KÖNNEN WIR UNS SO OFT SEHEN WIE JETZT.
WIR KÖNNTEN AUCH GLEICH ZUSAMMEN WOHNEN!
„KLAPPT NATÜRLICH NUR, WENN ES DORT ÜBERHAUPT 'NE UNI GIBT…"
OH!
Jorin-Universität
ES GIBT EINE…
VERSTEHE…

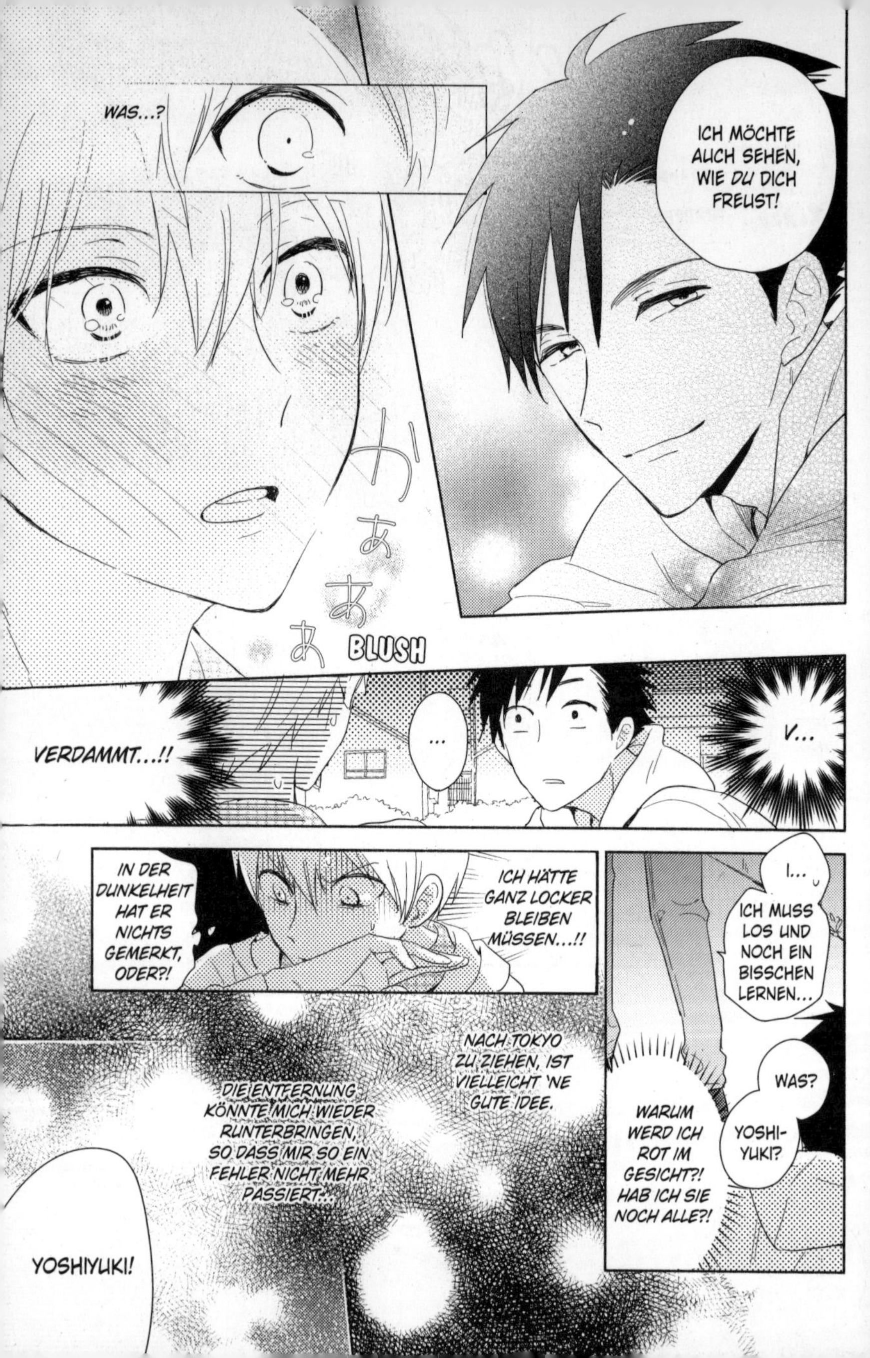

ICH MÖCHTE AUCH SEHEN, WIE *DU* DICH FREUST!
WAS...?
かあああ
BLUSH
V...
...
VERDAMMT...!!
I...
ICH MUSS LOS UND NOCH EIN BISSCHEN LERNEN...
WAS?
YOSHI-YUKI?
WARUM WERD ICH ROT IM GESICHT?! HAB ICH SIE NOCH ALLE?!
ICH HÄTTE GANZ LOCKER BLEIBEN MÜSSEN...!!
IN DER DUNKELHEIT HAT ER NICHTS GEMERKT, ODER?!
NACH TOKYO ZU ZIEHEN, IST VIELLEICHT 'NE GUTE IDEE.
DIE ENTFERNUNG KÖNNTE MICH WIEDER RUNTERBRINGEN, SO DASS MIR SO EIN FEHLER NICHT MEHR PASSIERT...
YOSHIYUKI!

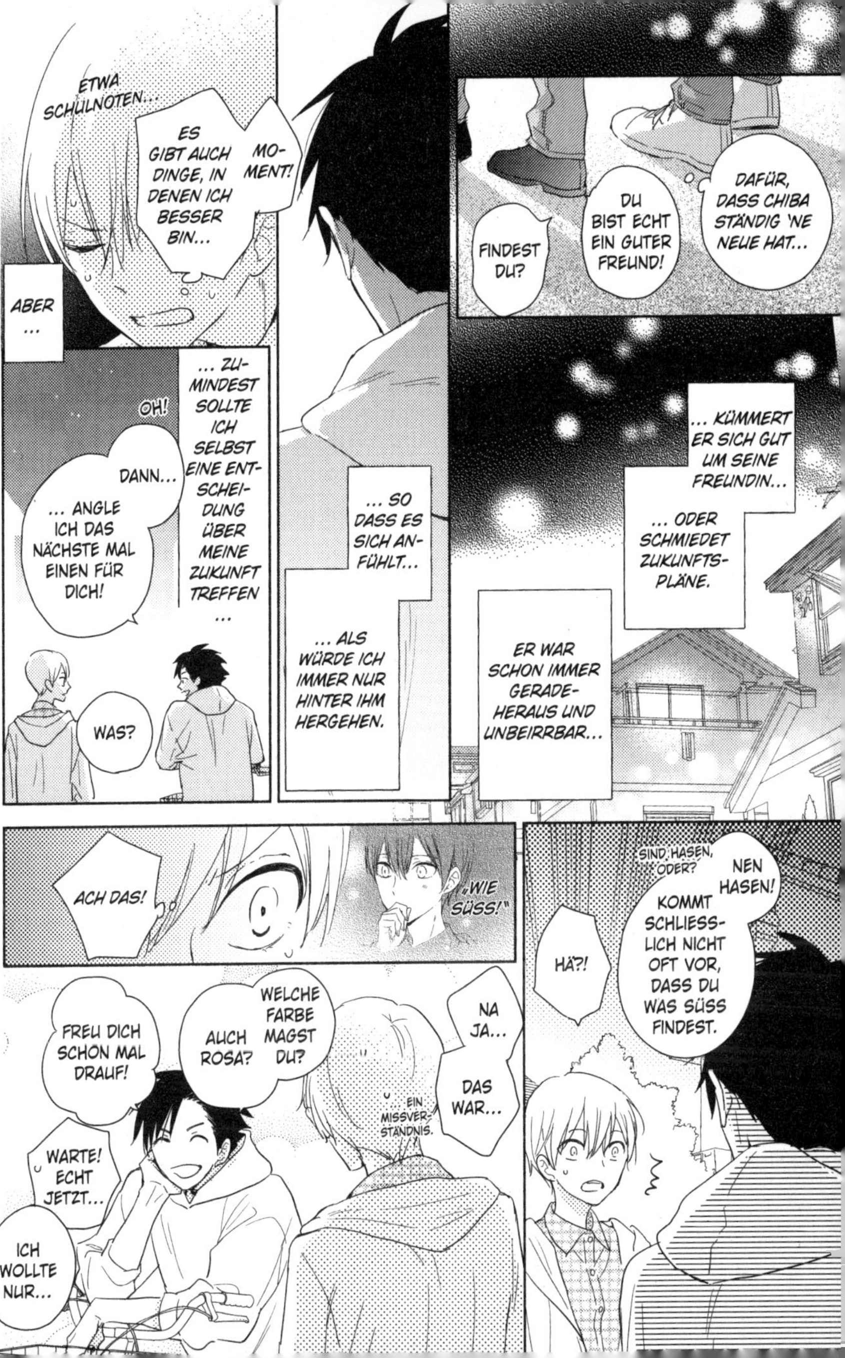
DAFÜR, DASS CHIBA STÄNDIG 'NE NEUE HAT...
DU BIST ECHT EIN GUTER FREUND!
FINDEST DU?
... KÜMMERT ER SICH GUT UM SEINE FREUNDIN...
... ODER SCHMIEDET ZUKUNFTSPLÄNE.
ER WAR SCHON IMMER GERADEHERAUS UND UNBEIRRBAR...
... SO DASS ES SICH ANFÜHLT...
... ALS WÜRDE ICH IMMER NUR HINTER IHM HERGEHEN.
MOMENT!
ES GIBT AUCH DINGE, IN DENEN ICH BESSER BIN...
ETWA SCHULNOTEN...
ABER ...
... ZUMINDEST SOLLTE ICH SELBST EINE ENTSCHEIDUNG ÜBER MEINE ZUKUNFT TREFFEN ...
OH!
DANN...
... ANGLE ICH DAS NÄCHSTE MAL EINEN FÜR DICH!
WAS?
NEN HASEN!
SIND HASEN, ODER?
KOMMT SCHLIESSLICH NICHT OFT VOR, DASS DU WAS SÜSS FINDEST.
HÄ?!
„WIE SÜSS!"
ACH DAS!
NA JA...
DAS WAR...
EIN MISSVERSTÄNDNIS.
WELCHE FARBE MAGST DU?
AUCH ROSA?
FREU DICH SCHON MAL DRAUF!
WARTE! ECHT JETZT...
ICH WOLLTE NUR...

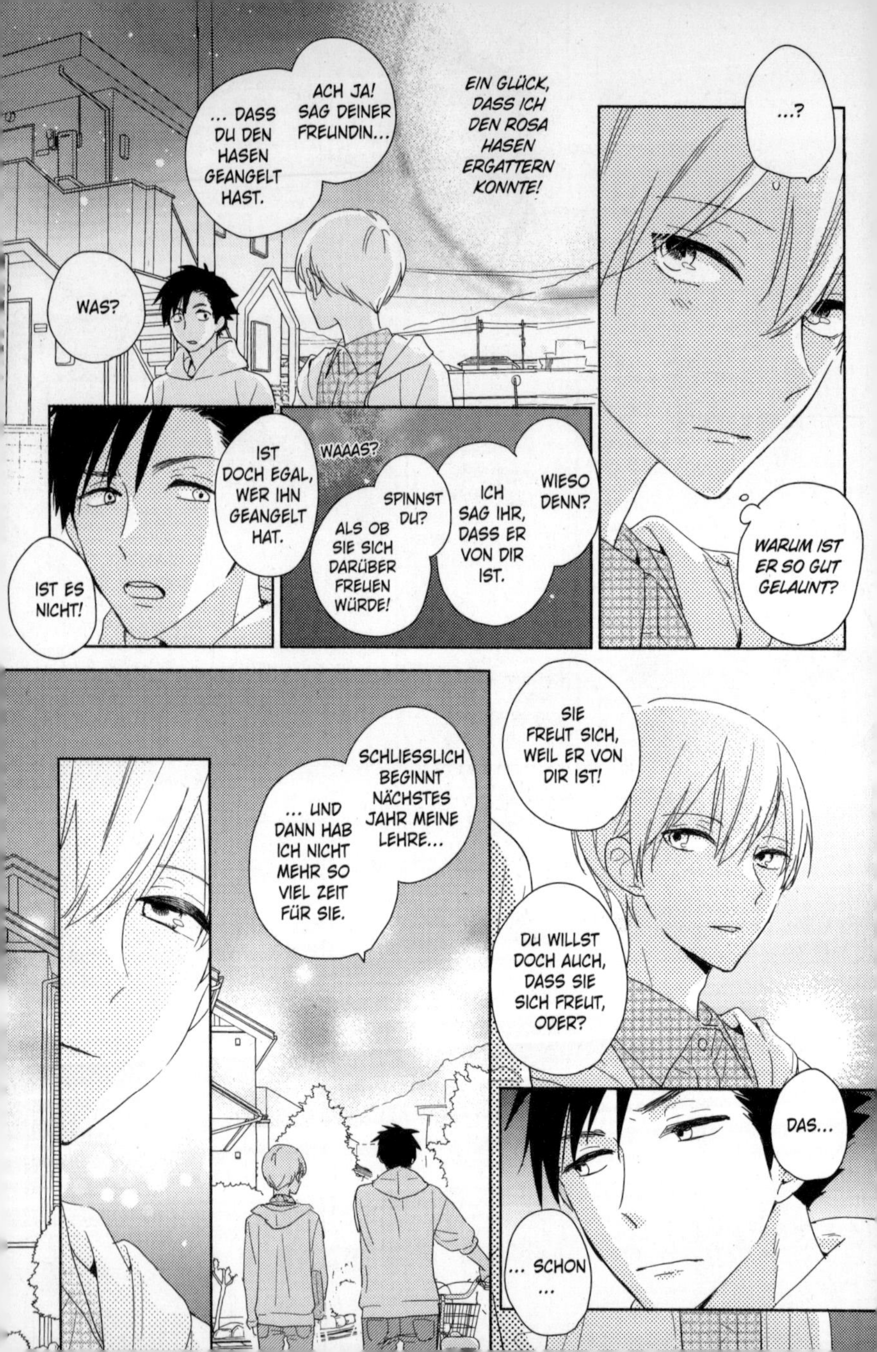
EIN GLÜCK, DASS ICH DEN ROSA HASEN ERGATTERN KONNTE!
ACH JA! SAG DEINER FREUNDIN...
... DASS DU DEN HASEN GEANGELT HAST.
WAS?
...?
WIESO DENN?
ICH SAG IHR, DASS ER VON DIR IST.
WAAAS?
SPINNST DU?
ALS OB SIE SICH DARÜBER FREUEN WÜRDE!
IST DOCH EGAL, WER IHN GEANGELT HAT.
IST ES NICHT!
WARUM IST ER SO GUT GELAUNT?
SIE FREUT SICH, WEIL ER VON DIR IST!
DU WILLST DOCH AUCH, DASS SIE SICH FREUT, ODER?
DAS...
... SCHON ...
SCHLIESSLICH BEGINNT NÄCHSTES JAHR MEINE LEHRE...
... UND DANN HAB ICH NICHT MEHR SO VIEL ZEIT FÜR SIE.

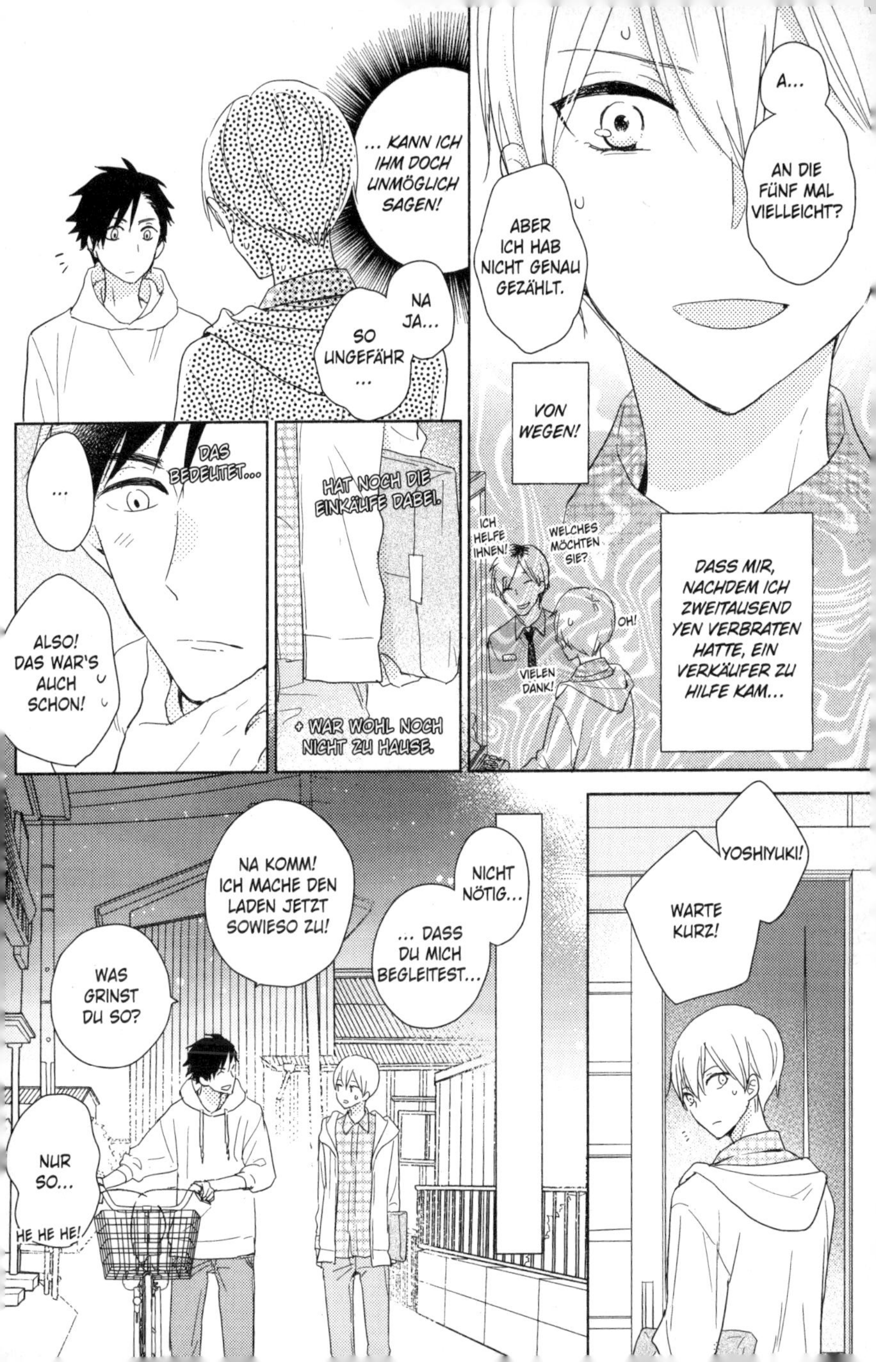
A…
AN DIE FÜNF MAL VIELLEICHT?
ABER ICH HAB NICHT GENAU GEZÄHLT.
VON WEGEN!
DASS MIR, NACHDEM ICH ZWEITAUSEND YEN VERBRATEN HATTE, EIN VERKÄUFER ZU HILFE KAM…
WELCHES MÖCHTEN SIE?
ICH HELFE IHNEN!
OH!
VIELEN DANK!
… KANN ICH IHM DOCH UNMÖGLICH SAGEN!
NA JA…
SO UNGEFÄHR …
HAT NOCH DIE EINKÄUFE DABEI.
+ WAR WOHL NOCH NICHT ZU HAUSE.
DAS BEDEUTET…
…
ALSO! DAS WAR'S AUCH SCHON!
YOSHIYUKI!
WARTE KURZ!
NICHT NÖTIG…
… DASS DU MICH BEGLEITEST…
NA KOMM! ICH MACHE DEN LADEN JETZT SOWIESO ZU!
WAS GRINST DU SO?
NUR SO…
HE HE HE!

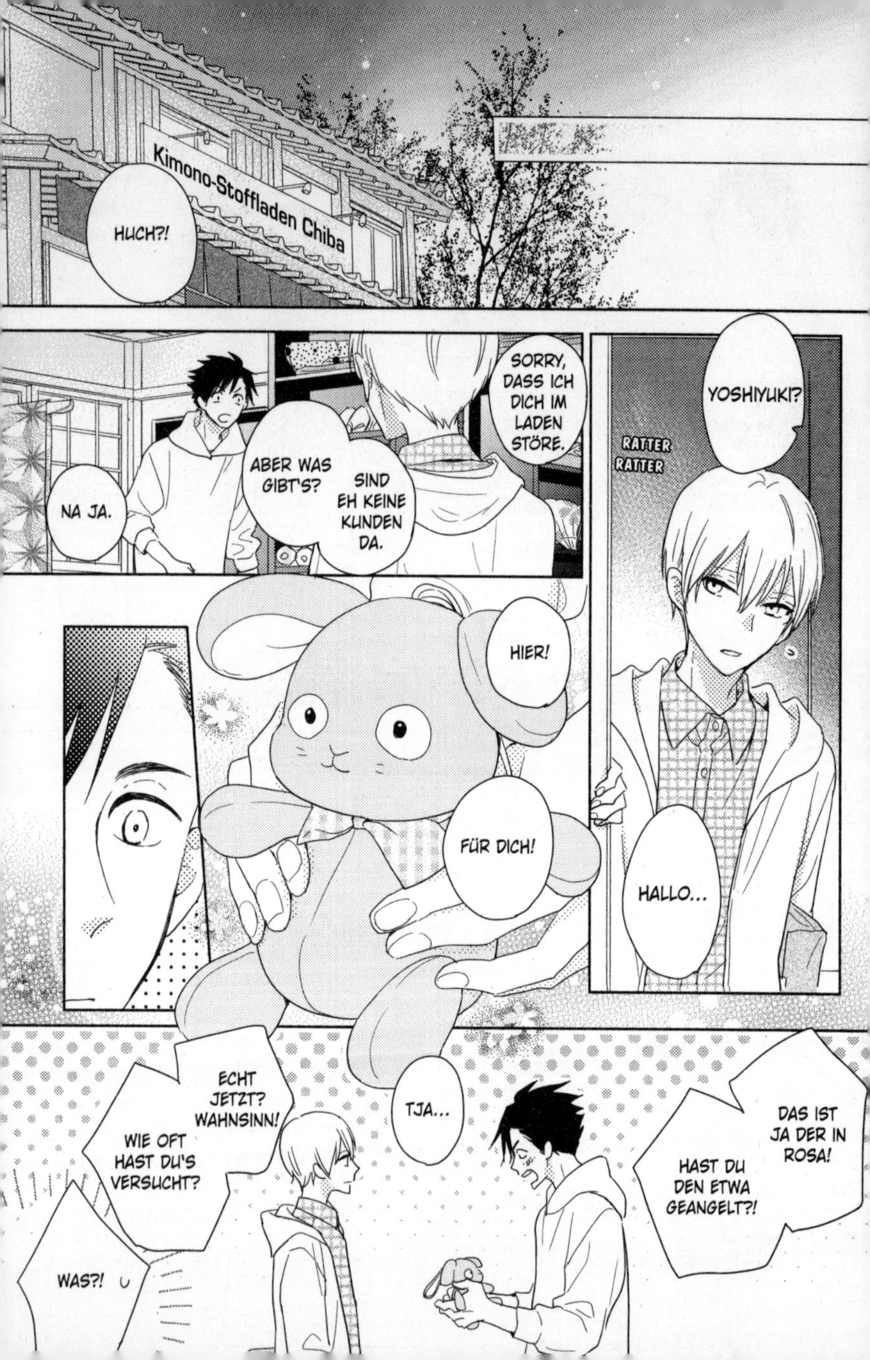
Kimono-Stoffladen Chiba
HUCH?!
YOSHIYUKI?
RATTER RATTER
HALLO…
SORRY, DASS ICH DICH IM LADEN STÖRE.
SIND EH KEINE KUNDEN DA.
ABER WAS GIBT'S?
NA JA.
HIER!
FÜR DICH!
DAS IST JA DER IN ROSA!
HAST DU DEN ETWA GEANGELT?!
TJA…
ECHT JETZT? WAHNSINN!
WIE OFT HAST DU'S VERSUCHT?
WAS?!

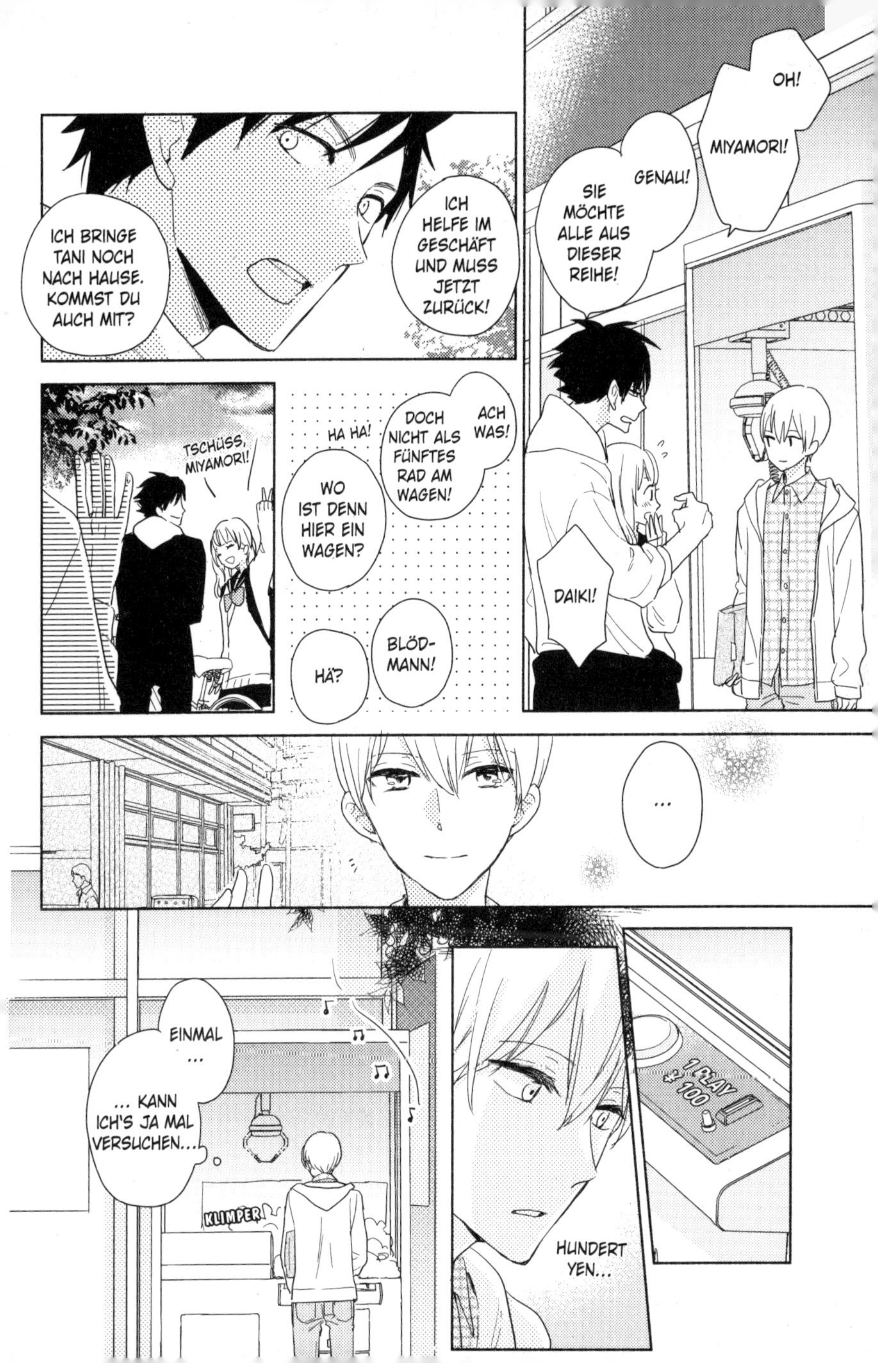
OH!
MIYAMORI!
GENAU!
SIE MÖCHTE ALLE AUS DIESER REIHE!
DAIKI!
ICH HELFE IM GESCHÄFT UND MUSS JETZT ZURÜCK!
ICH BRINGE TANI NOCH NACH HAUSE. KOMMST DU AUCH MIT?
ACH WAS!
DOCH NICHT ALS FÜNFTES RAD AM WAGEN!
HA HA!
WO IST DENN HIER EIN WAGEN?
BLÖD-MANN!
HÄ?
TSCHÜSS, MIYAMORI!
…
1 PLAY ¥100
HUNDERT YEN…
EINMAL …
… KANN ICH'S JA MAL VERSUCHEN…
KLIMPER

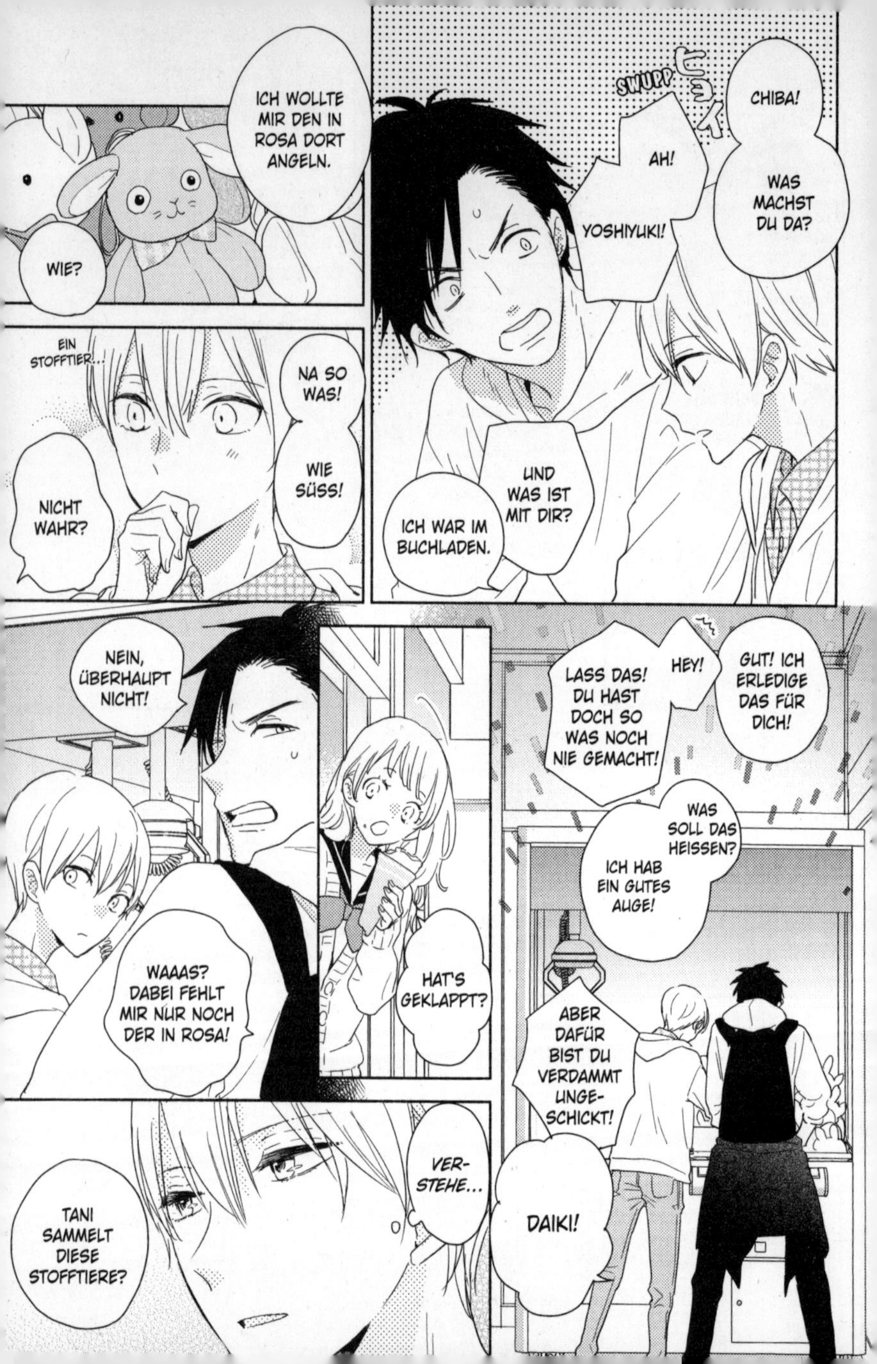

CHIBA!
WAS MACHST DU DA?
SWUPP
ヒョイ
AH!
YOSHIYUKI!
UND WAS IST MIT DIR?
ICH WAR IM BUCHLADEN.
ICH WOLLTE MIR DEN IN ROSA DORT ANGELN.
WIE?
NA SO WAS!
WIE SÜSS!
EIN STOFFTIER...
NICHT WAHR?
GUT! ICH ERLEDIGE DAS FÜR DICH!
HEY!
LASS DAS! DU HAST DOCH SO WAS NOCH NIE GEMACHT!
WAS SOLL DAS HEISSEN?
ICH HAB EIN GUTES AUGE!
ABER DAFÜR BIST DU VERDAMMT UNGE-SCHICKT!
DAIKI!
HAT'S GEKLAPPT?
NEIN, ÜBERHAUPT NICHT!
WAAAS? DABEI FEHLT MIR NUR NOCH DER IN ROSA!
VER-STEHE...
TANI SAMMELT DIESE STOFFTIERE?

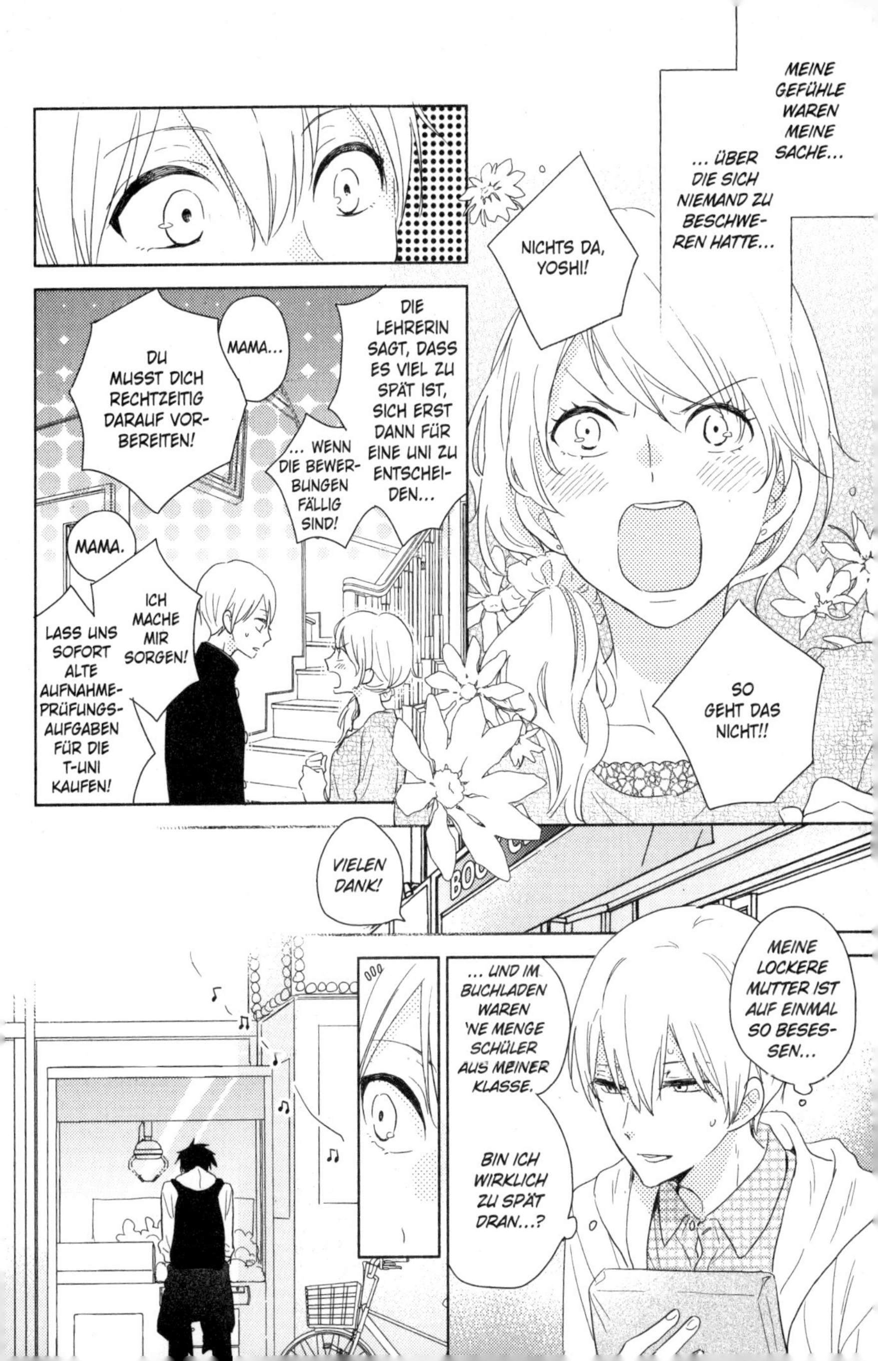
MEINE GEFÜHLE WAREN MEINE SACHE …
… ÜBER DIE SICH NIEMAND ZU BESCHWEREN HATTE …
NICHTS DA, YOSHI!
SO GEHT DAS NICHT!!
DIE LEHRERIN SAGT, DASS ES VIEL ZU SPÄT IST, SICH ERST DANN FÜR EINE UNI ZU ENTSCHEIDEN …
… WENN DIE BEWERBUNGEN FÄLLIG SIND!
MAMA …
DU MUSST DICH RECHTZEITIG DARAUF VORBEREITEN!
MAMA.
ICH MACHE MIR SORGEN!
LASS UNS SOFORT ALTE AUFNAHMEPRÜFUNGSAUFGABEN FÜR DIE T-UNI KAUFEN!
VIELEN DANK!
MEINE LOCKERE MUTTER IST AUF EINMAL SO BESESSEN …
… UND IM BUCHLADEN WAREN 'NE MENGE SCHÜLER AUS MEINER KLASSE.
BIN ICH WIRKLICH ZU SPÄT DRAN …?

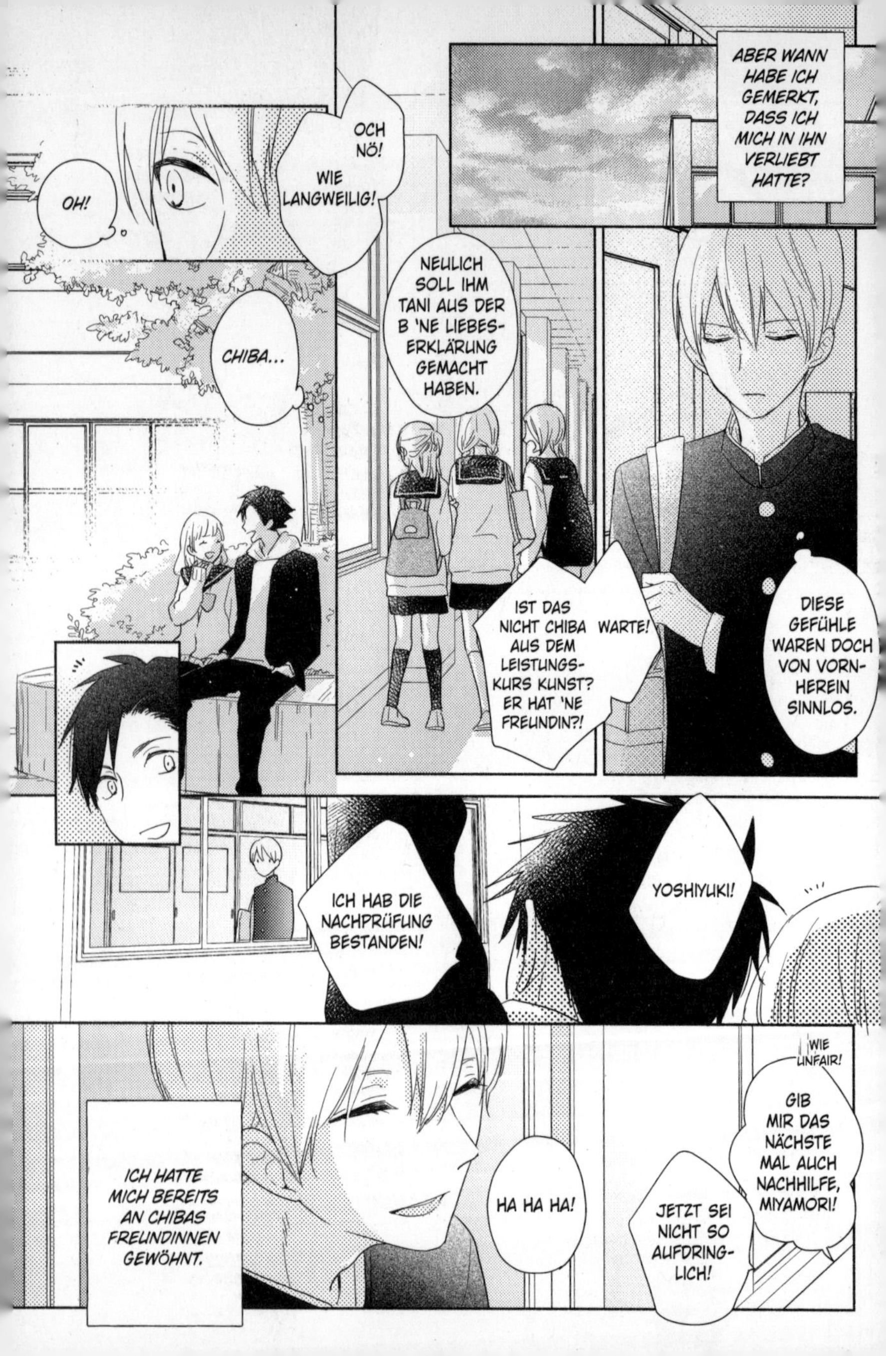
ABER WANN HABE ICH GEMERKT, DASS ICH MICH IN IHN VERLIEBT HATTE?
NEULICH SOLL IHM TANI AUS DER B 'NE LIEBESERKLÄRUNG GEMACHT HABEN.
IST DAS NICHT CHIBA AUS DEM LEISTUNGSKURS KUNST? ER HAT 'NE FREUNDIN?!
WARTE!
OCH NÖ! WIE LANGWEILIG!
OH!
CHIBA…
DIESE GEFÜHLE WAREN DOCH VON VORNHEREIN SINNLOS.
YOSHIYUKI!
ICH HAB DIE NACHPRÜFUNG BESTANDEN!
WIE UNFAIR!
GIB MIR DAS NÄCHSTE MAL AUCH NACHHILFE, MIYAMORI!
JETZT SEI NICHT SO AUFDRING-LICH!
HA HA HA!
ICH HATTE MICH BEREITS AN CHIBAS FREUNDINNEN GEWÖHNT.

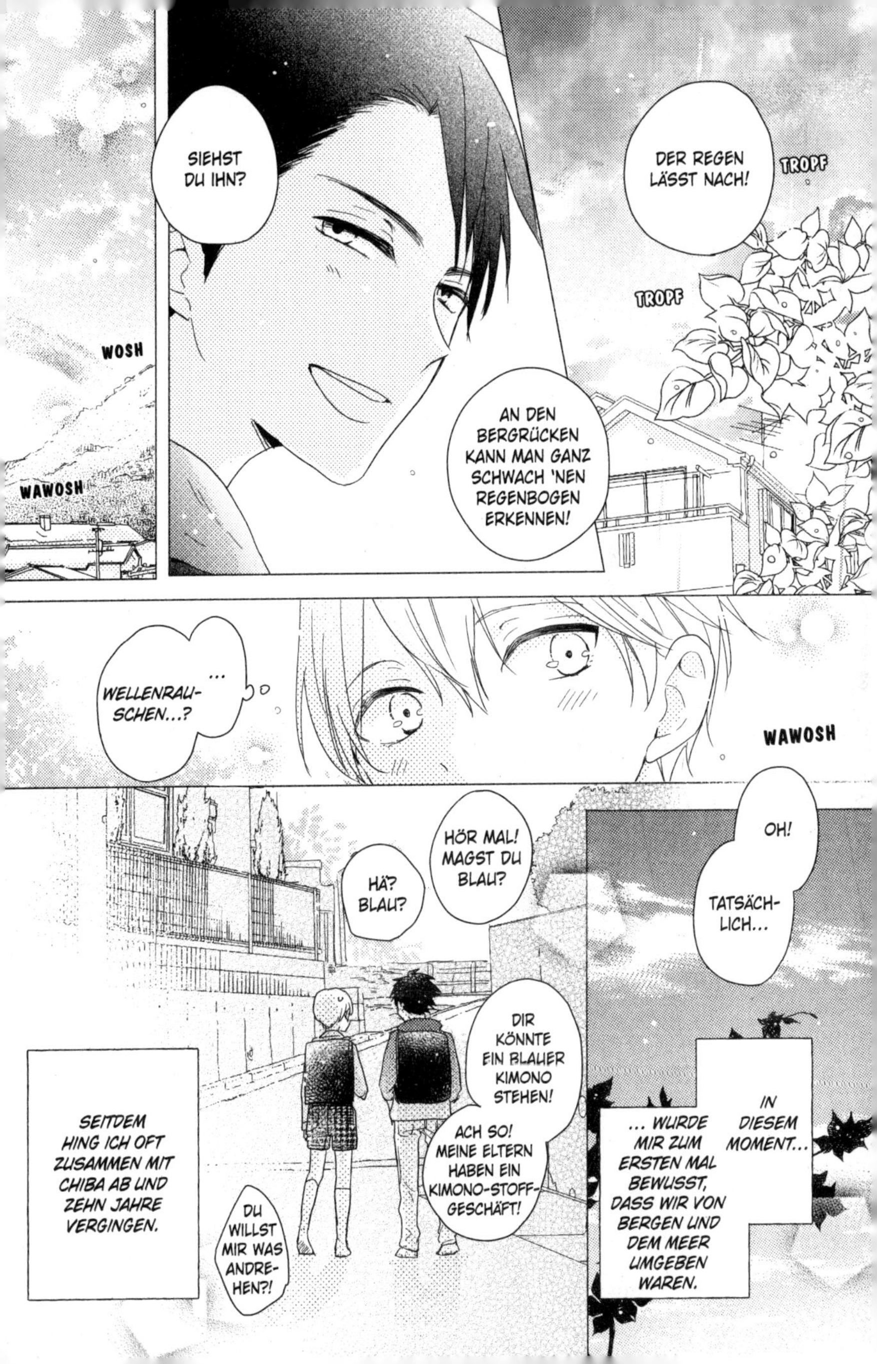
TROPF
DER REGEN LÄSST NACH!
TROPF
SIEHST DU IHN?
AN DEN BERGRÜCKEN KANN MAN GANZ SCHWACH 'NEN REGENBOGEN ERKENNEN!
WOSH
WAWOSH
WAWOSH
... WELLENRAUSCHEN...?
OH!
TATSÄCHLICH...
IN DIESEM MOMENT...
... WURDE MIR ZUM ERSTEN MAL BEWUSST, DASS WIR VON BERGEN UND DEM MEER UMGEBEN WAREN.
HÖR MAL! MAGST DU BLAU?
HÄ? BLAU?
DIR KÖNNTE EIN BLAUER KIMONO STEHEN!
ACH SO! MEINE ELTERN HABEN EIN KIMONO-STOFF-GESCHÄFT!
DU WILLST MIR WAS ANDREHEN?!
SEITDEM HING ICH OFT ZUSAMMEN MIT CHIBA AB UND ZEHN JAHRE VERGINGEN.

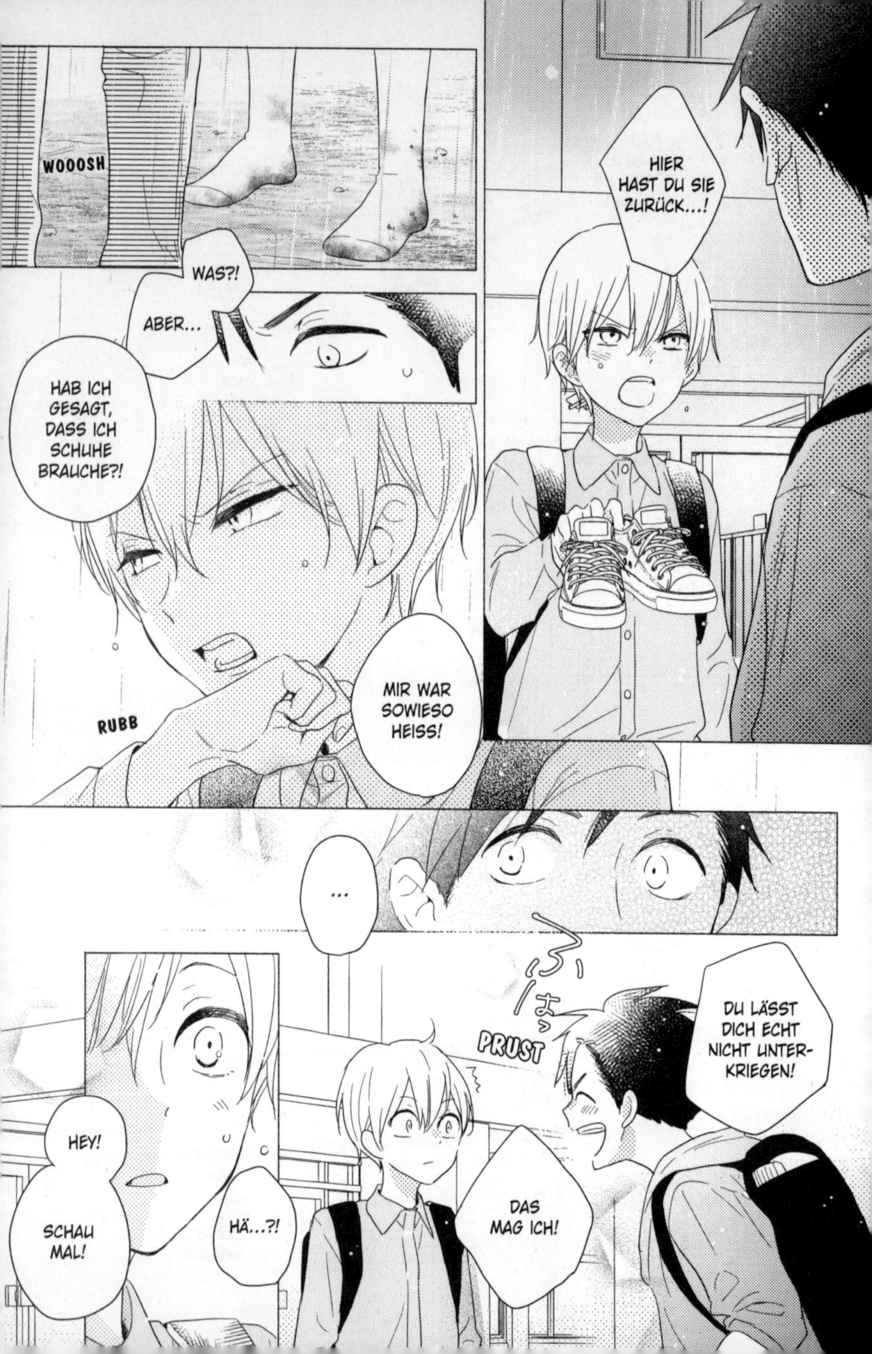

HIER HAST DU SIE ZURÜCK...!
WOOOSH
WAS?!
ABER...
HAB ICH GESAGT, DASS ICH SCHUHE BRAUCHE?!
MIR WAR SOWIESO HEISS!
RUBB
...
ふはっ
PRUST
DU LÄSST DICH ECHT NICHT UNTER-KRIEGEN!
DAS MAG ICH!
HÄ...?!
HEY!
SCHAU MAL!

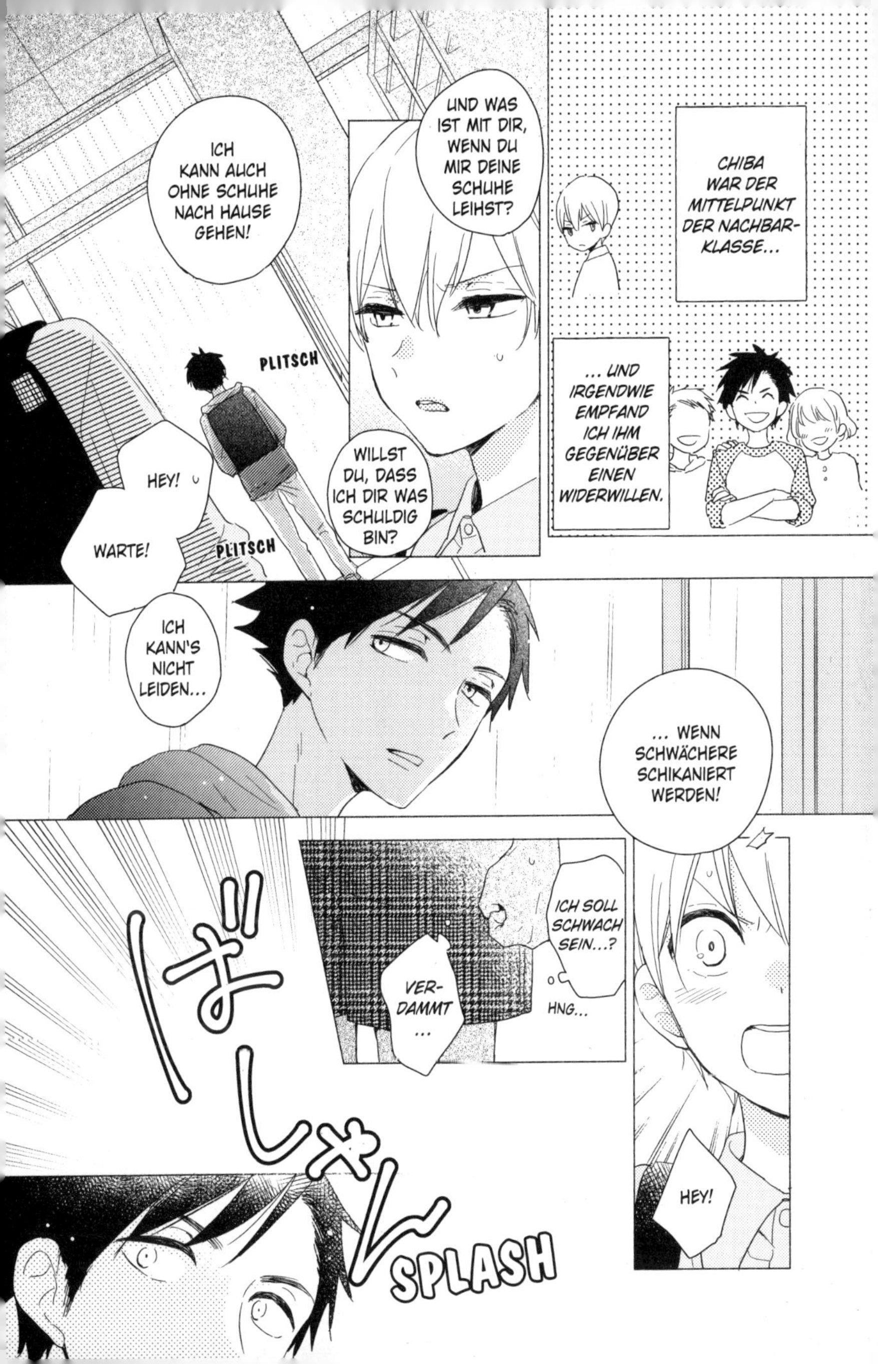
CHIBA WAR DER MITTELPUNKT DER NACHBAR-KLASSE…
… UND IRGENDWIE EMPFAND ICH IHM GEGENÜBER EINEN WIDERWILLEN.
UND WAS IST MIT DIR, WENN DU MIR DEINE SCHUHE LEIHST?
WILLST DU, DASS ICH DIR WAS SCHULDIG BIN?
ICH KANN AUCH OHNE SCHUHE NACH HAUSE GEHEN!
PLITSCH
PLITSCH
HEY!
WARTE!
ICH KANN'S NICHT LEIDEN…
… WENN SCHWÄCHERE SCHIKANIERT WERDEN!
HEY!
ICH SOLL SCHWACH SEIN…?
HNG…
VER-DAMMT …
ばしゃ
SPLASH

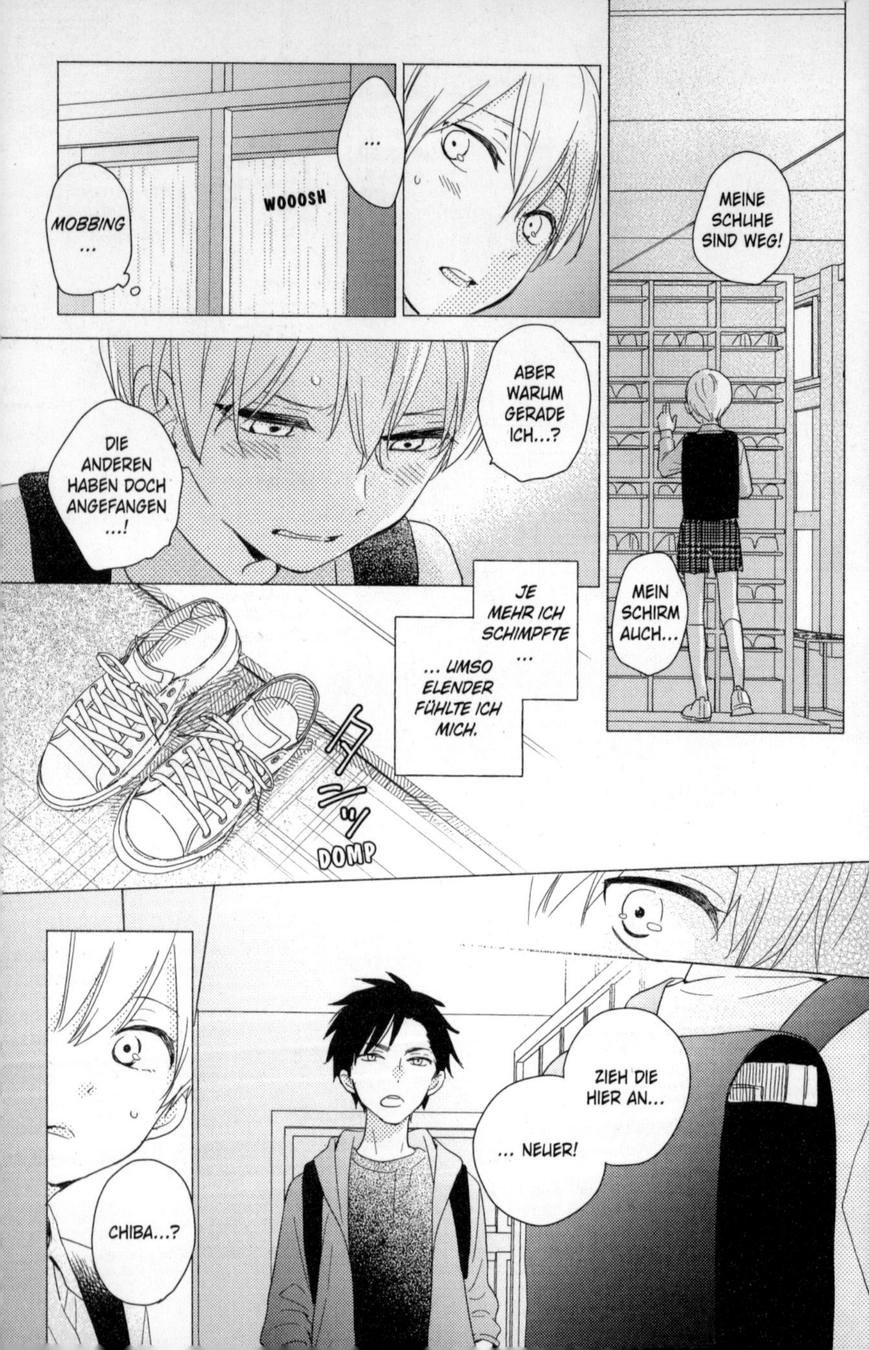

MEINE SCHUHE SIND WEG!
MEIN SCHIRM AUCH...
...
WOOOSH
MOBBING ...
ABER WARUM GERADE ICH...?
DIE ANDEREN HABEN DOCH ANGEFANGEN ...!
JE MEHR ICH SCHIMPFTE ...
... UMSO ELENDER FÜHLTE ICH MICH.
DOMP
ZIEH DIE HIER AN...
... NEUER!
CHIBA...?

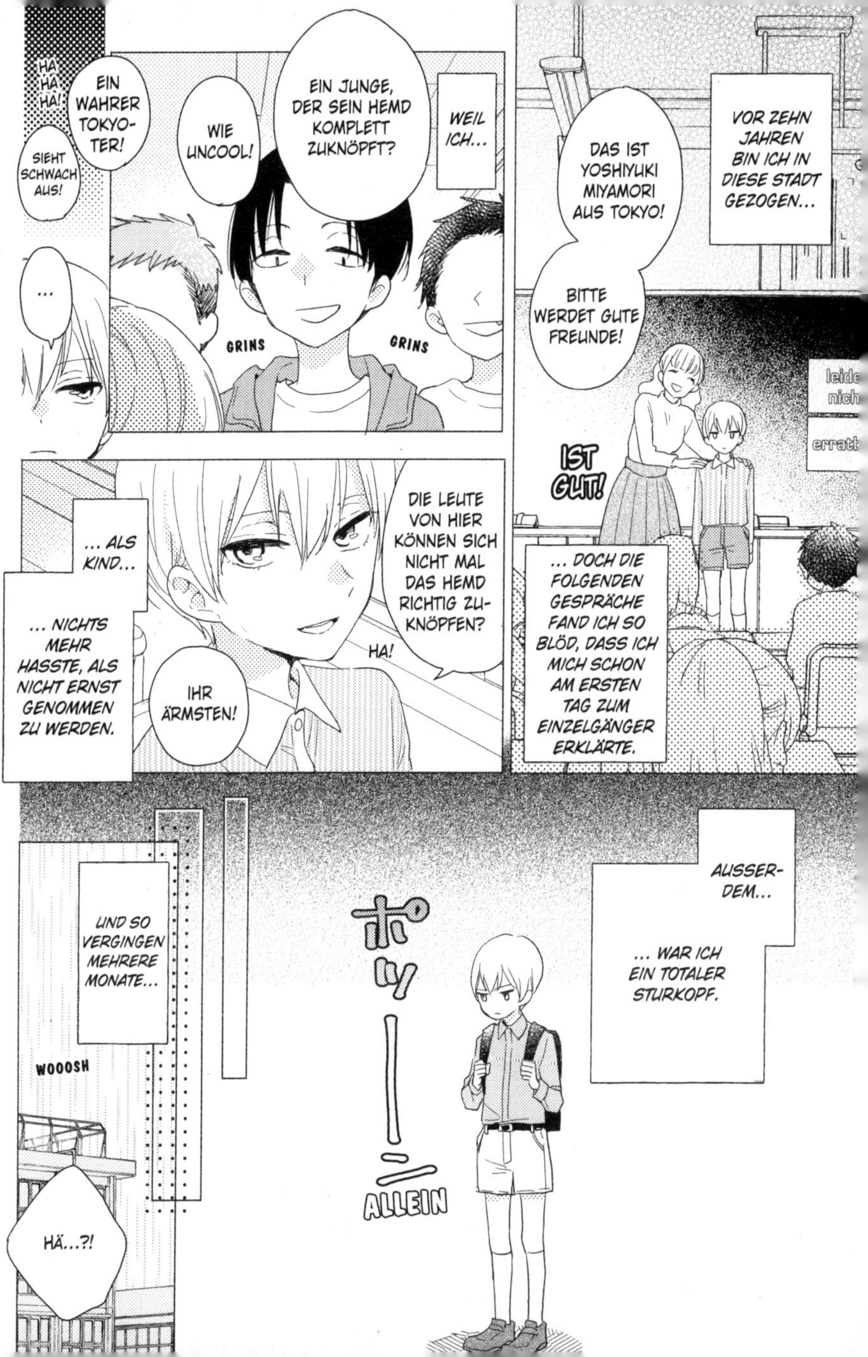
VOR ZEHN JAHREN BIN ICH IN DIESE STADT GEZOGEN…
DAS IST YOSHIYUKI MIYAMORI AUS TOKYO!
BITTE WERDET GUTE FREUNDE!
IST GUT!
… DOCH DIE FOLGENDEN GESPRÄCHE FAND ICH SO BLÖD, DASS ICH MICH SCHON AM ERSTEN TAG ZUM EINZELGÄNGER ERKLÄRTE.
WEIL ICH…
EIN JUNGE, DER SEIN HEMD KOMPLETT ZUKNÖPFT?
WIE UNCOOL!
EIN WAHRER TOKYO-TER!
HA HA HA!
SIEHT SCHWACH AUS!
GRINS
GRINS
…
DIE LEUTE VON HIER KÖNNEN SICH NICHT MAL DAS HEMD RICHTIG ZU-KNÖPFEN?
HA!
IHR ÄRMSTEN!
… ALS KIND…
… NICHTS MEHR HASSTE, ALS NICHT ERNST GENOMMEN ZU WERDEN.
AUSSER-DEM…
… WAR ICH EIN TOTALER STURKOPF.
ポツーン
ALLEIN
UND SO VERGINGEN MEHRERE MONATE…
WOOOSH
HÄ…?!

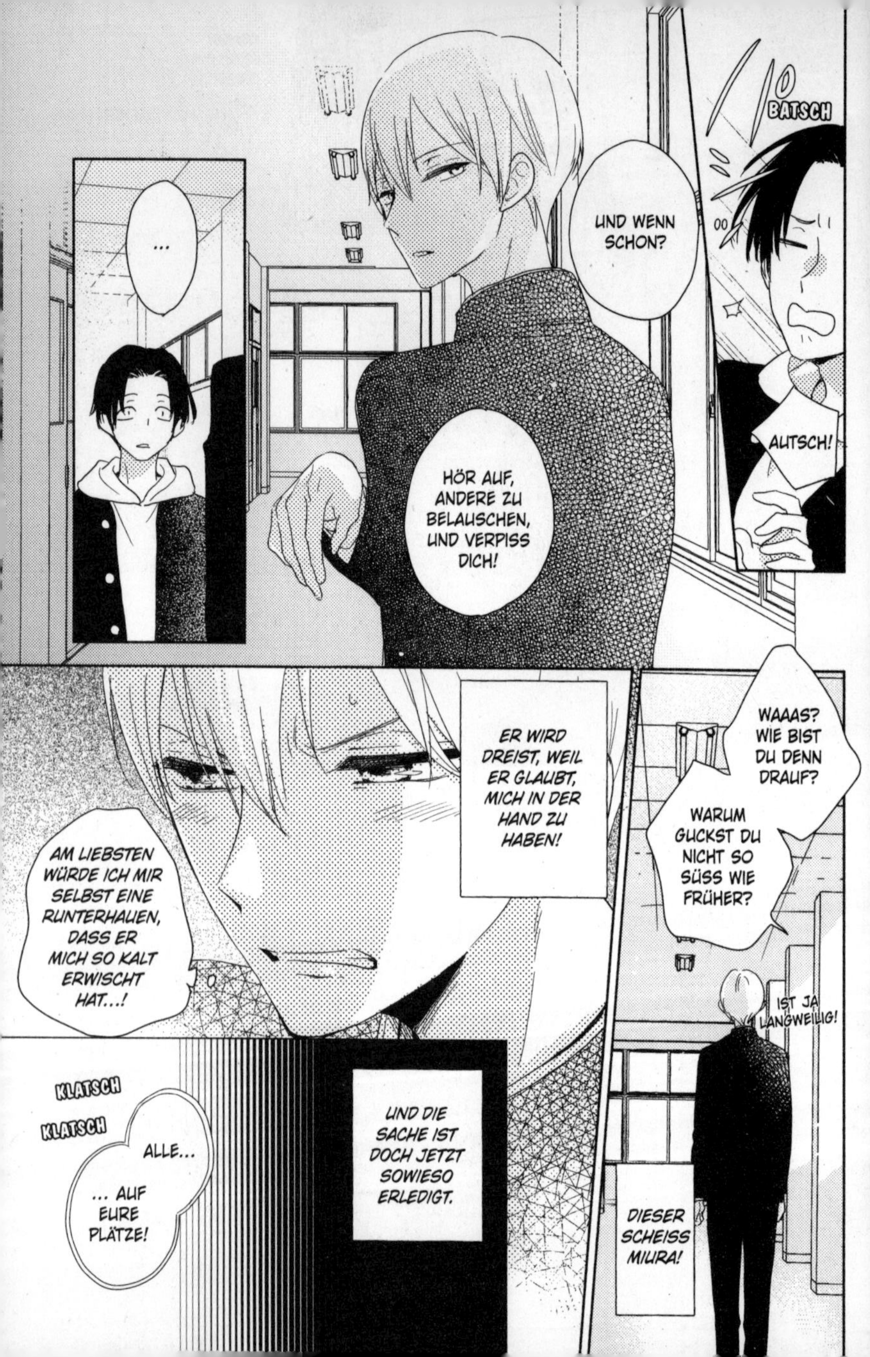
BATSCH
UND WENN SCHON?
AUTSCH!
HÖR AUF, ANDERE ZU BELAUSCHEN, UND VERPISS DICH!
...
WAAAS? WIE BIST DU DENN DRAUF?
WARUM GUCKST DU NICHT SO SÜSS WIE FRÜHER?
IST JA LANGWEILIG!
DIESER SCHEISS MIURA!
ER WIRD DREIST, WEIL ER GLAUBT, MICH IN DER HAND ZU HABEN!
AM LIEBSTEN WÜRDE ICH MIR SELBST EINE RUNTERHAUEN, DASS ER MICH SO KALT ERWISCHT HAT...!
UND DIE SACHE IST DOCH JETZT SOWIESO ERLEDIGT.
KLATSCH
KLATSCH
ALLE...
... AUF EURE PLÄTZE!

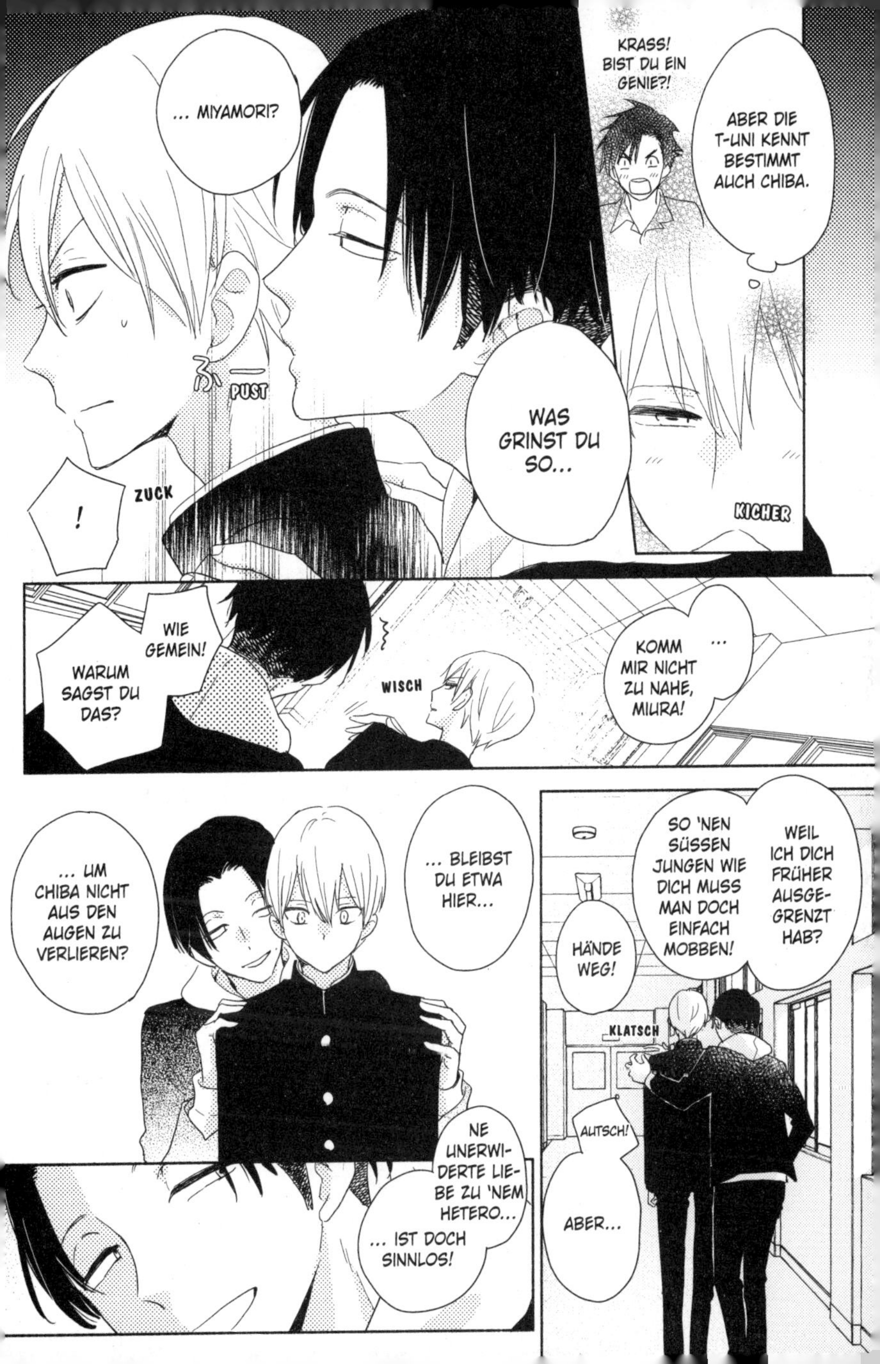
KRASS! BIST DU EIN GENIE?!
ABER DIE T-UNI KENNT BESTIMMT AUCH CHIBA.
WAS GRINST DU SO…
KICHER
… MIYAMORI?
ふー PUST
ZUCK
!
… KOMM MIR NICHT ZU NAHE, MIURA!
WISCH
WIE GEMEIN!
WARUM SAGST DU DAS?
WEIL ICH DICH FRÜHER AUSGE-GRENZT HAB?
SO 'NEN SÜSSEN JUNGEN WIE DICH MUSS MAN DOCH EINFACH MOBBEN!
HÄNDE WEG!
KLATSCH
AUTSCH!
ABER…
… BLEIBST DU ETWA HIER…
… UM CHIBA NICHT AUS DEN AUGEN ZU VERLIEREN?
NE UNERWIDERTE LIE-BE ZU 'NEM HETERO…
… IST DOCH SINNLOS!

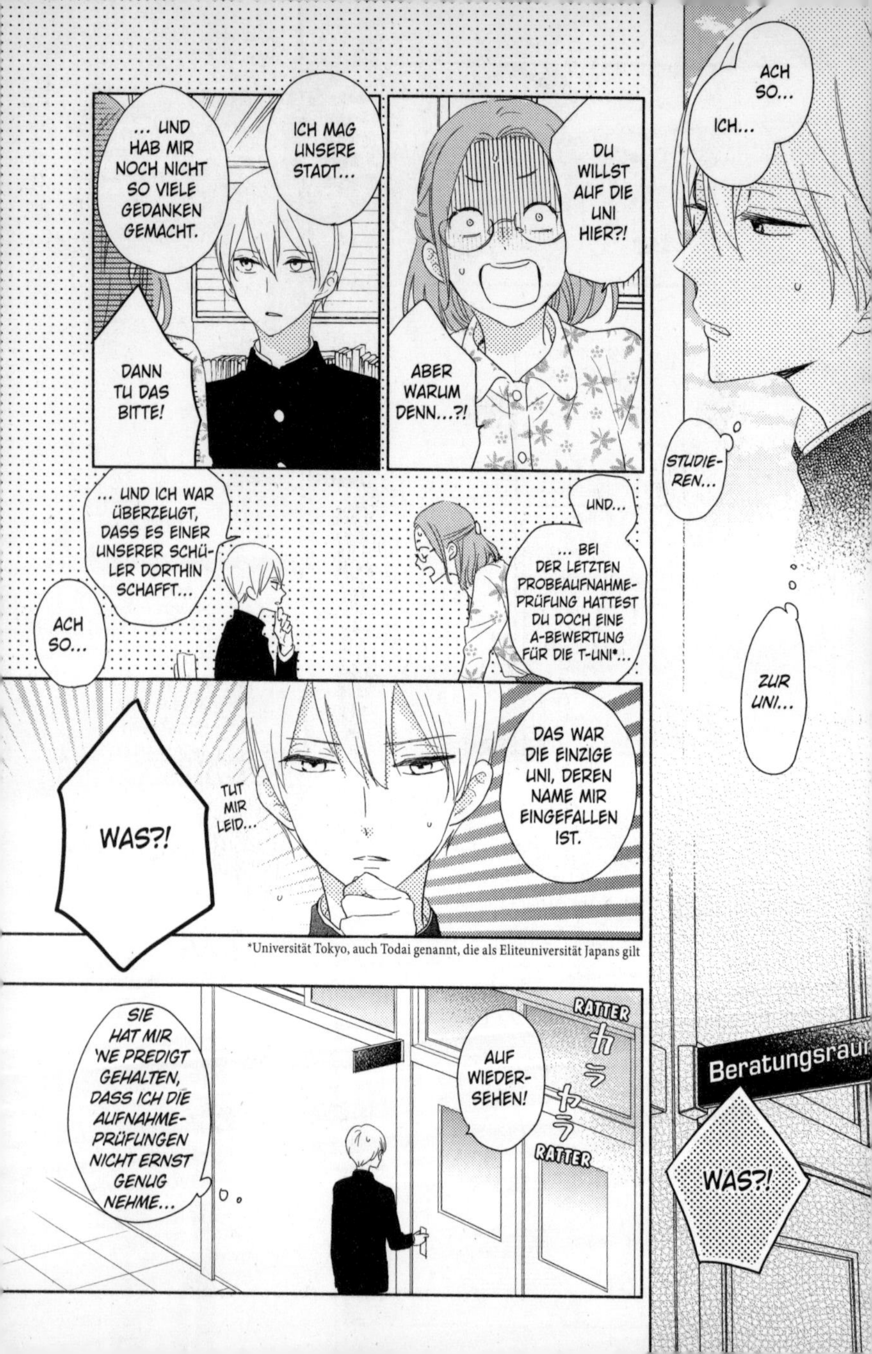

*Universität Tokyo, auch Todai genannt, die als Eliteuniversität Japans gilt

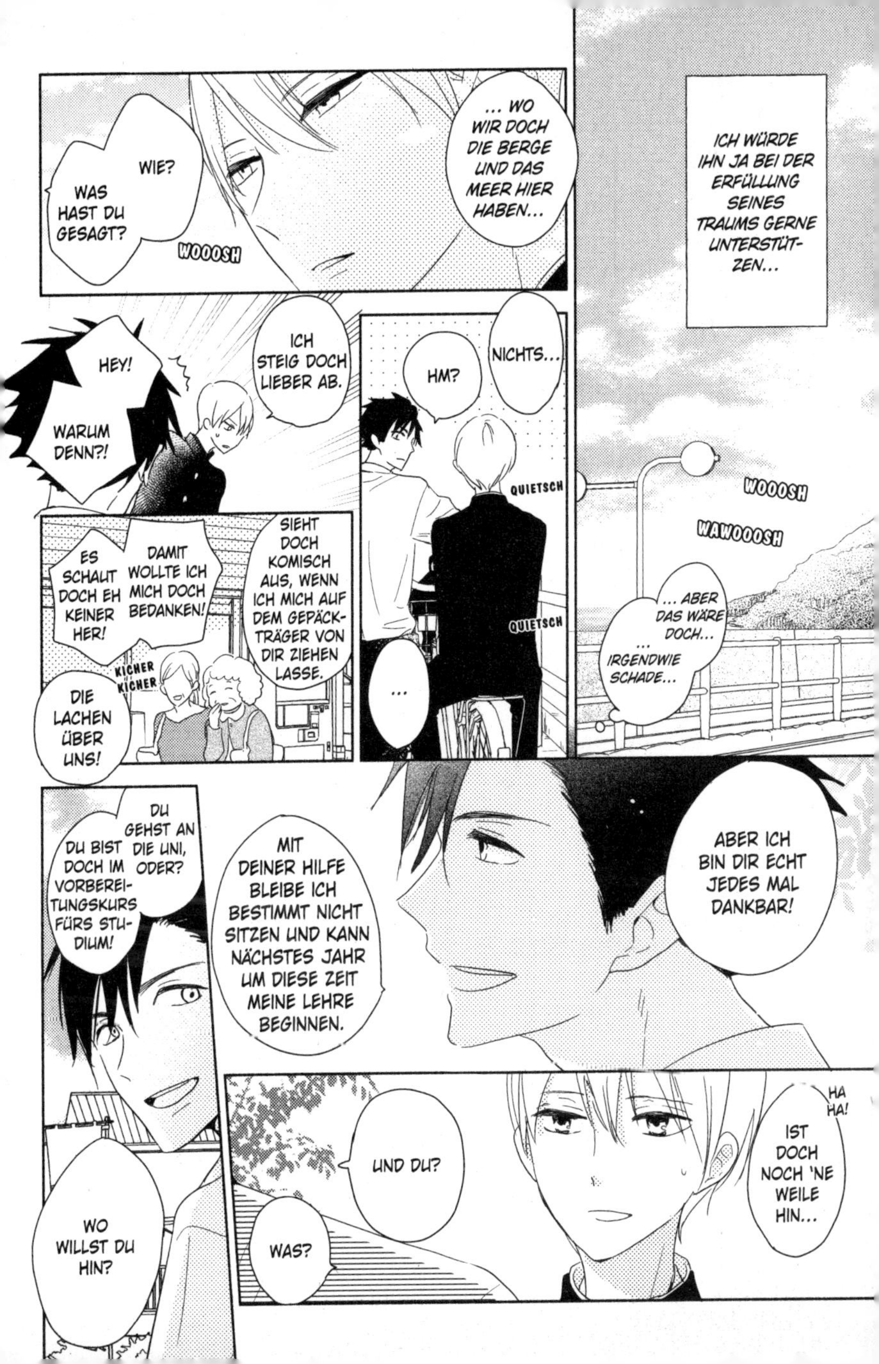
ICH WÜRDE IHN JA BEI DER ERFÜLLUNG SEINES TRAUMS GERNE UNTERSTÜT-ZEN…
… WO WIR DOCH DIE BERGE UND DAS MEER HIER HABEN…
WIE?
WAS HAST DU GESAGT?
WOOOSH
WOOOSH
WAWOOOSH
… ABER DAS WÄRE DOCH…
… IRGENDWIE SCHADE…
NICHTS…
HM?
QUIETSCH
QUIETSCH
…
ICH STEIG DOCH LIEBER AB.
HEY!
WARUM DENN?!
SIEHT DOCH KOMISCH AUS, WENN ICH MICH AUF DEM GEPÄCK-TRÄGER VON DIR ZIEHEN LASSE.
DAMIT WOLLTE ICH MICH DOCH BEDANKEN!
ES SCHAUT DOCH EH KEINER HER!
KICHER KICHER
DIE LACHEN ÜBER UNS!
ABER ICH BIN DIR ECHT JEDES MAL DANKBAR!
MIT DEINER HILFE BLEIBE ICH BESTIMMT NICHT SITZEN UND KANN NÄCHSTES JAHR UM DIESE ZEIT MEINE LEHRE BEGINNEN.
DU GEHST AN DIE UNI, ODER?
DU BIST DOCH IM VORBEREI-TUNGSKURS FÜRS STU-DIUM!
HA HA!
IST DOCH NOCH 'NE WEILE HIN…
UND DU?
WAS?
WO WILLST DU HIN?

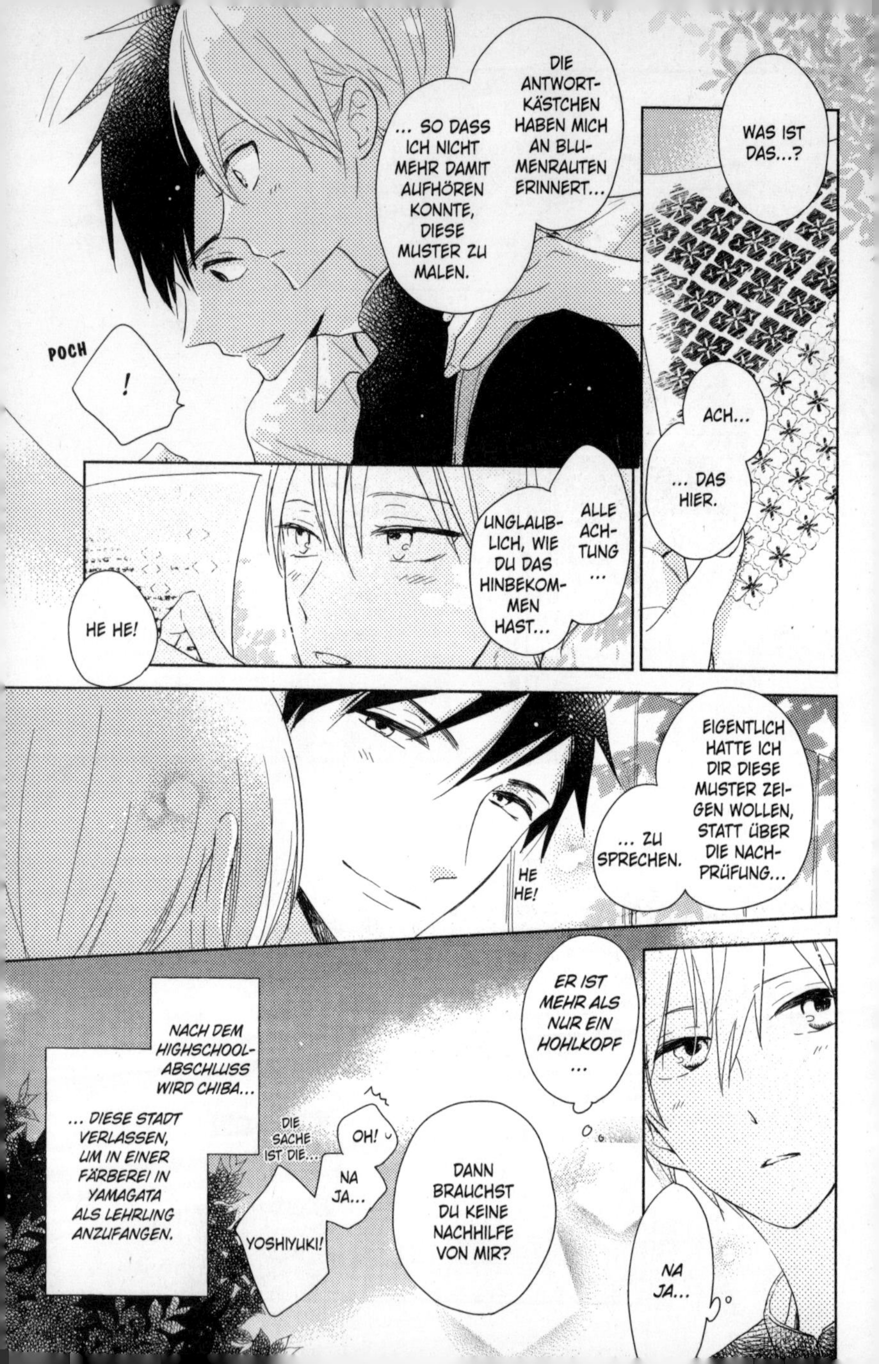
WAS IST DAS...?
ACH...
... DAS HIER.
DIE ANTWORTKÄSTCHEN HABEN MICH AN BLUMENRAUTEN ERINNERT...
... SO DASS ICH NICHT MEHR DAMIT AUFHÖREN KONNTE, DIESE MUSTER ZU MALEN.
POCH
!
ALLE ACHTUNG ...
UNGLAUBLICH, WIE DU DAS HINBEKOMMEN HAST...
HE HE!
EIGENTLICH HATTE ICH DIR DIESE MUSTER ZEIGEN WOLLEN, STATT ÜBER DIE NACHPRÜFUNG...
... ZU SPRECHEN.
HE HE!
ER IST MEHR ALS NUR EIN HOHLKOPF ...
NA JA...
DANN BRAUCHST DU KEINE NACHHILFE VON MIR?
OH!
NA JA...
DIE SACHE IST DIE...
YOSHIYUKI!
NACH DEM HIGHSCHOOL-ABSCHLUSS WIRD CHIBA...
... DIESE STADT VERLASSEN, UM IN EINER FÄRBEREI IN YAMAGATA ALS LEHRLING ANZUFANGEN.

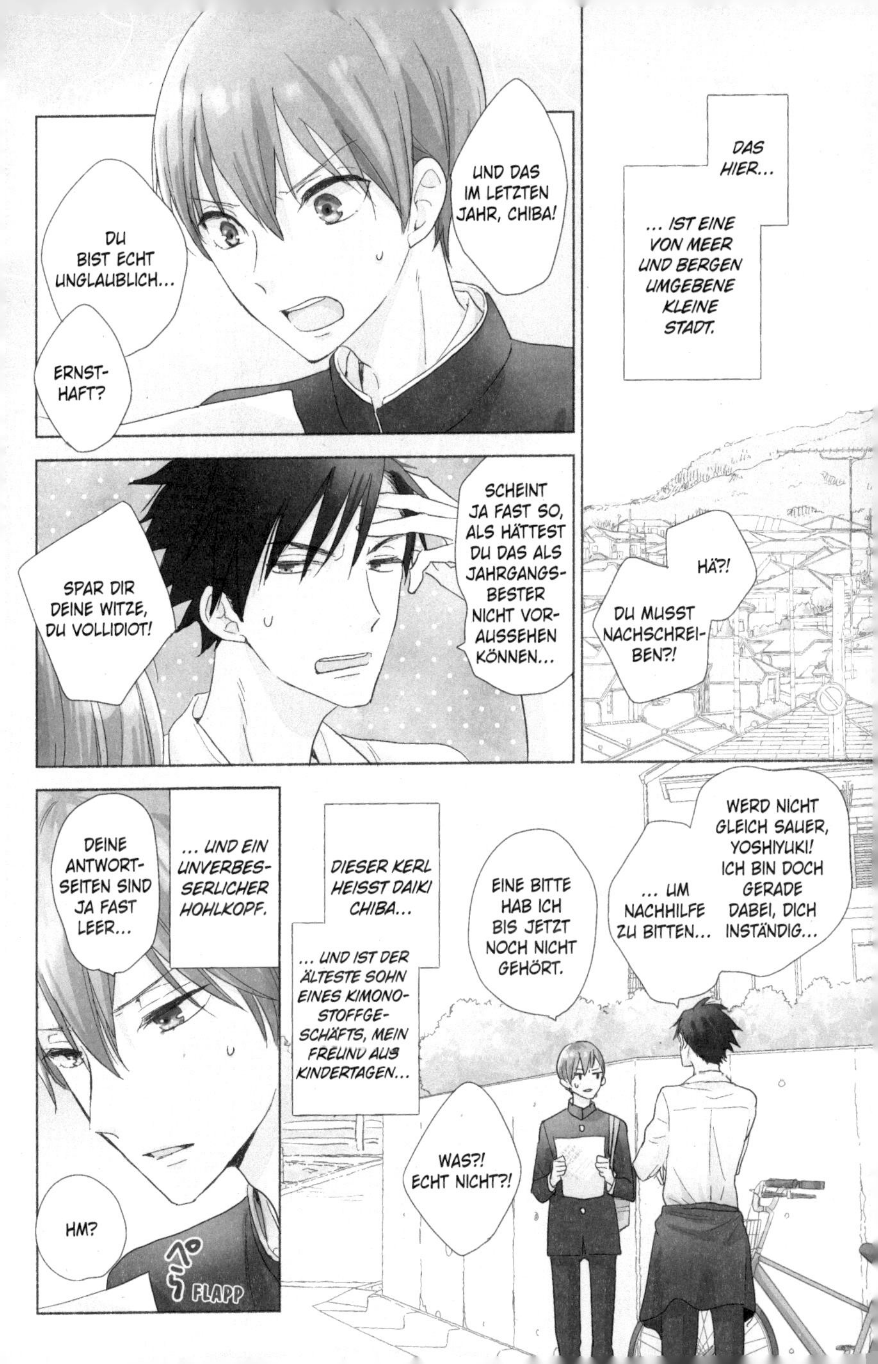
DAS HIER…
… IST EINE VON MEER UND BERGEN UMGEBENE KLEINE STADT.
UND DAS IM LETZTEN JAHR, CHIBA!
DU BIST ECHT UNGLAUBLICH…
ERNST-HAFT?
HÄ?!
DU MUSST NACHSCHREI-BEN?!
SCHEINT JA FAST SO, ALS HÄTTEST DU DAS ALS JAHRGANGS-BESTER NICHT VOR-AUSSEHEN KÖNNEN…
SPAR DIR DEINE WITZE, DU VOLLIDIOT!
WERD NICHT GLEICH SAUER, YOSHIYUKI! ICH BIN DOCH GERADE DABEI, DICH INSTÄNDIG…
… UM NACHHILFE ZU BITTEN…
EINE BITTE HAB ICH BIS JETZT NOCH NICHT GEHÖRT.
WAS?! ECHT NICHT?!
DIESER KERL HEISST DAIKI CHIBA…
… UND IST DER ÄLTESTE SOHN EINES KIMONO-STOFFGE-SCHÄFTS, MEIN FREUND AUS KINDERTAGEN…
… UND EIN UNVERBES-SERLICHER HOHLKOPF.
DEINE ANTWORT-SEITEN SIND JA FAST LEER…
HM?
FLAPP

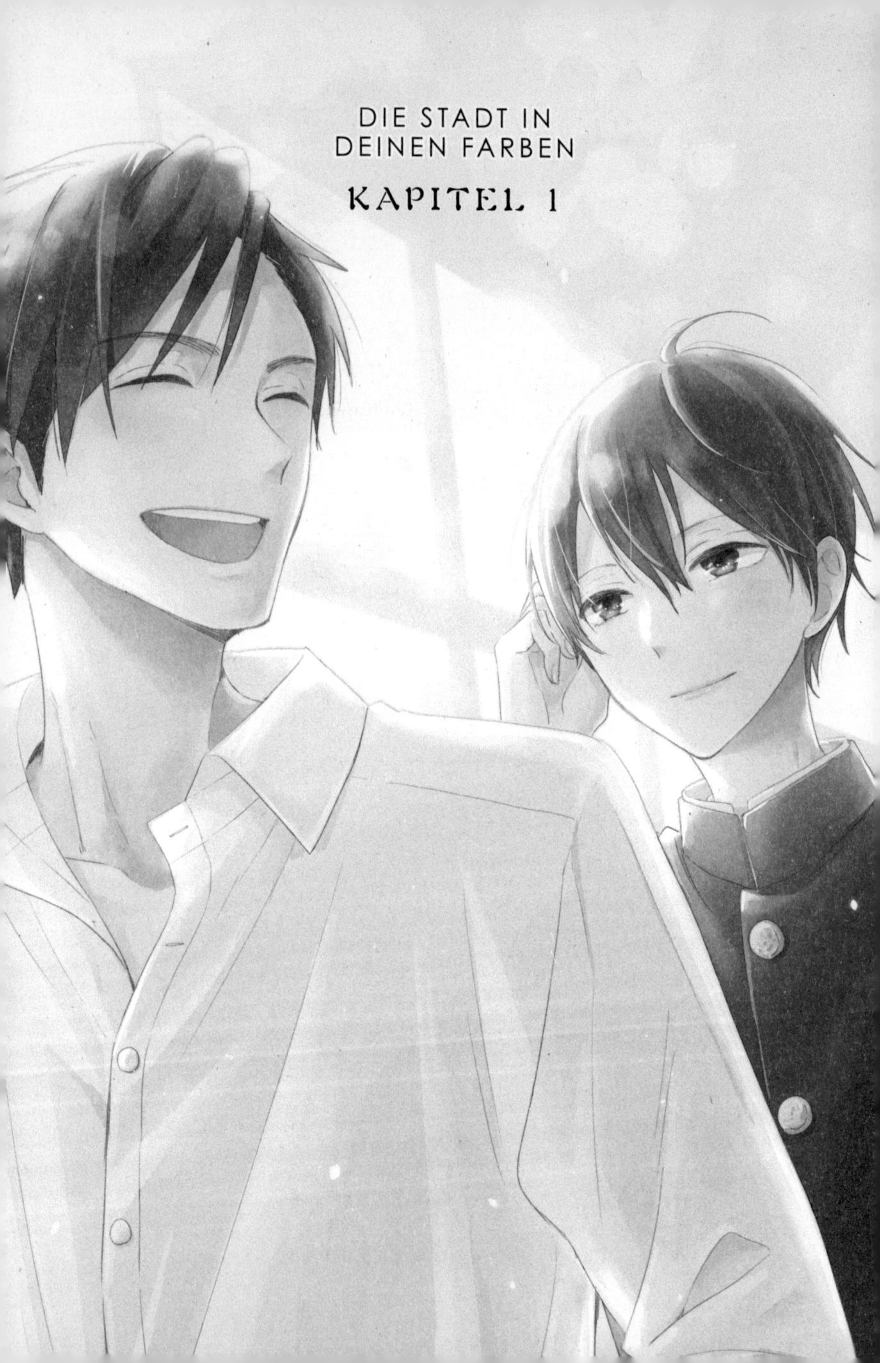
DIE STADT IN
DEINEN FARBEN
KAPITEL 1

Die Stadt in deinen Farben

Die Stadt in deinen Farben

Das Liebeslied im Käfig

Heimkehr

Die Stadt in deinen Farben

MISO UMEDA